Anna Heuberger

DAS GROSSE DIY GESCHENKE BUCH

Liebevolle Mitbringsel und besondere Aufmerksamkeiten für Freunde und Familie

Für Florian, Elisabeth und Thomas.

CV

INHALT

Einleitung 9

GRUNDLAGEN 11

Materialien 13

Werkzeuge 18

Techniken 25

GESCHENKE SELBER MACHEN 31

PROJEKTE AUS PAPIER

Magnolien aus Papier 32

Pfingstrosen aus Krepppapier 42

Gummibaum „Tineke" aus Aquarellpapier 50

PROJEKTE MIT PFLANZEN UND BLUMEN

Trockenblumenkranz als Wandschmuck 58

· ganzer Kranz 60

· halber Kranz 64

Blumenkranz als Haarschmuck 66

· Haarkranz mit Satinband 72

Trockenblumenschachtel 76

Nachhaltiges Konfetti aus Trockenblumen 80

Badekugeln mit getrockneten Blumen 84

GESCHENKE VERPACKEN 93

VERPACKUNGEN AUS PAPIER

Schachtel in Herzform 94

Schachtel mit Papier überziehen 98

Geschenkpapier bedrucken 102

Geschenkpapier bemalen/beschreiben 106

Geschenkpapier mit Cut-Outs 110

· mit Herzen 112

· mit Schriftzug 116

Schleifen aus Papier 118

Origamischleife 122

Geschenkanhänger mit marmoriertem Papier 134

Bonbon-Geschenkboxen 140

VERPACKUNGEN AUS STOFF

Furoshiki-Tuch nähen 144

· Bücher einpacken 148

· Flasche einpacken 152

· zwei Flaschen einpacken 154

· rechteckiges Geschenk einpacken 156

· quadratisches Geschenk einpacken 158

KARTEN & KUVERTS 161

KARTEN

Karte mit gepressten Blumen 162

3D-Karte mit Pompons zu Ostern 166

Pop-up-Karte mit Torte 170

3D-Karte mit Blumengruß 174

KUVERTS

Kuverts selber machen 178

Download/Vorlagen 182

Über die Autorin 184

Danke! 184

Bezugsquellen 186

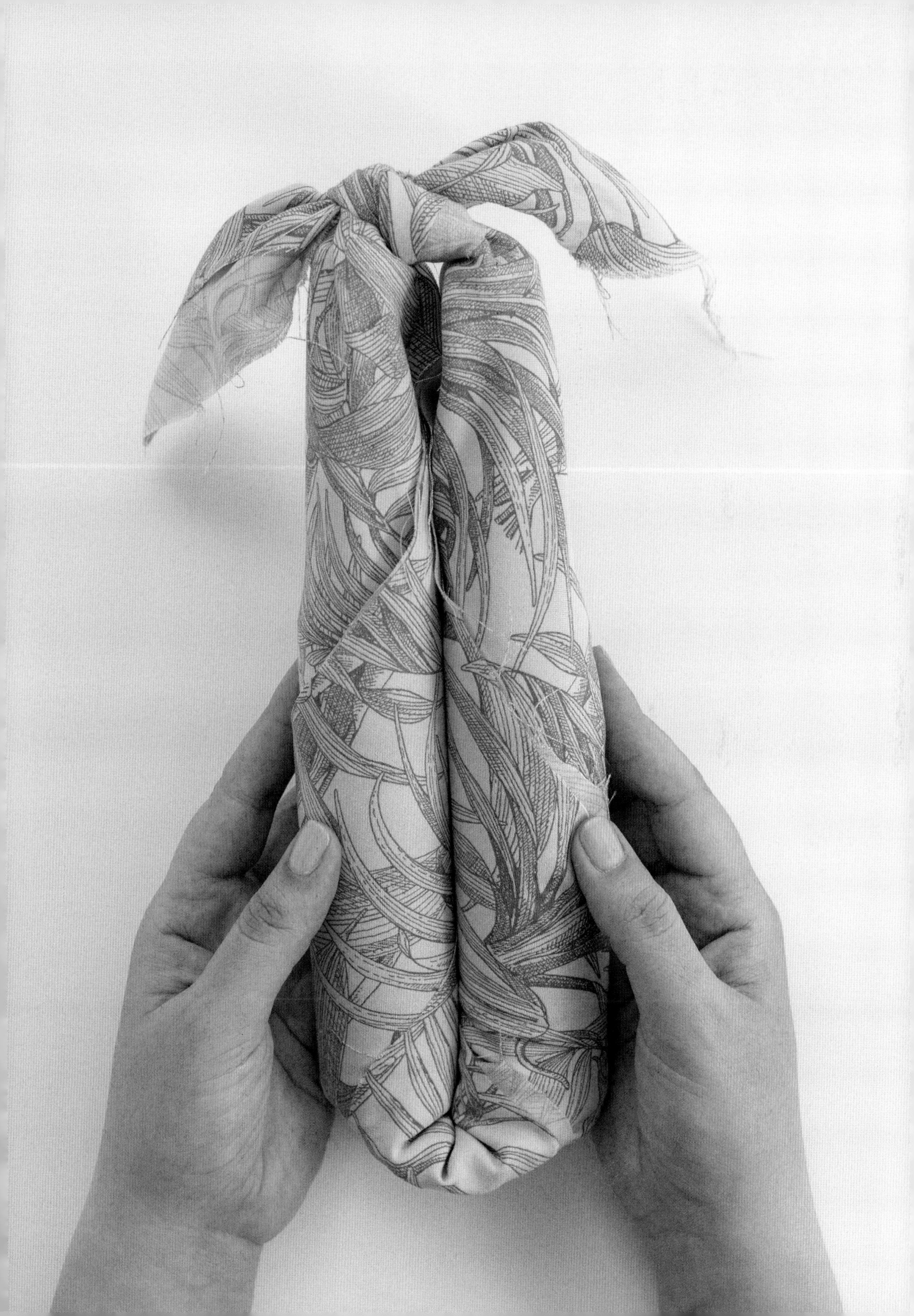

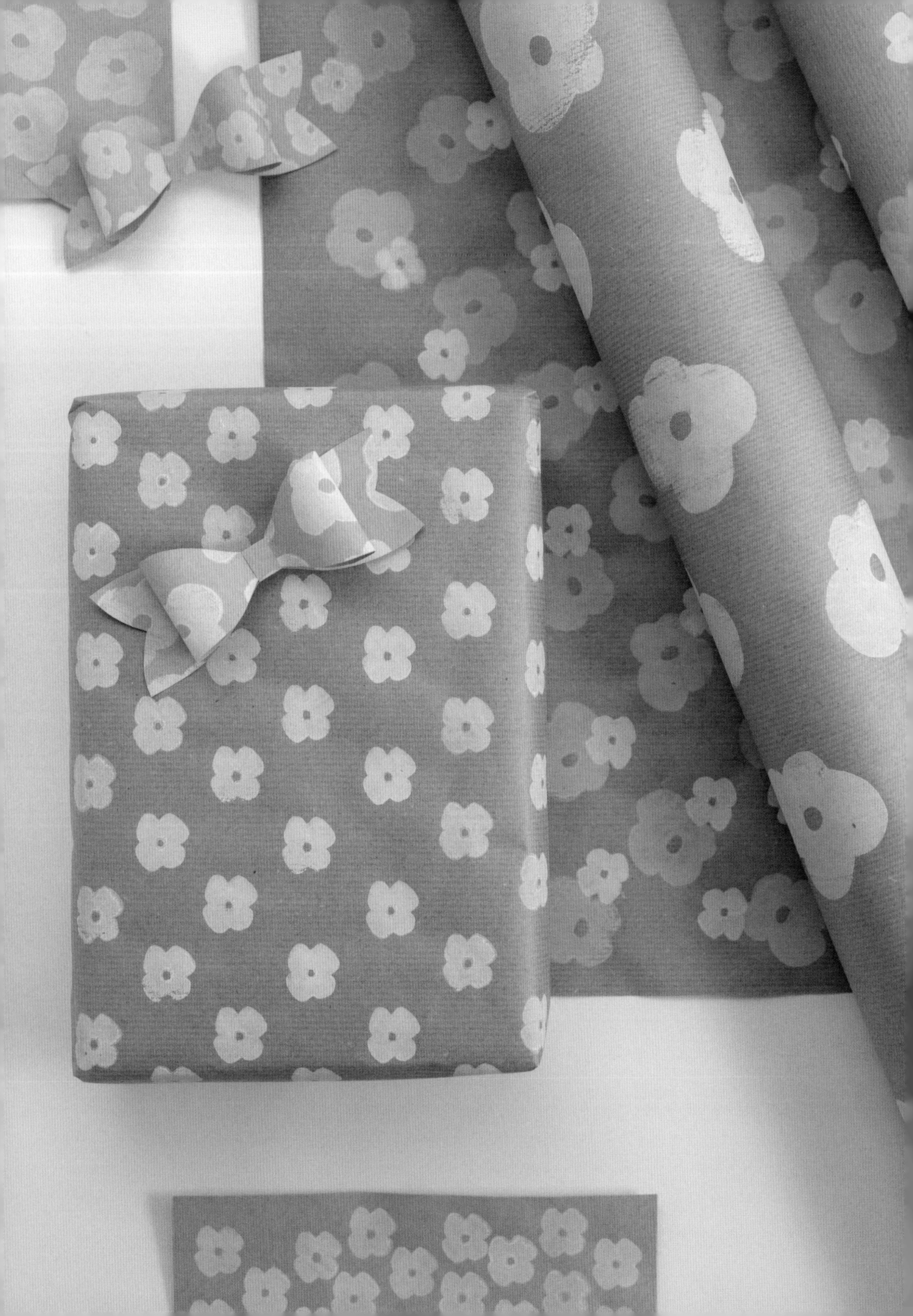

EINLEITUNG

Die Liebe zu Papier und Blumen begleitet mich seit meiner Kindheit. Papier war und ist immer schon eines meiner liebsten Medien, um kreativ zu arbeiten. In meiner Heimatstadt Wien und auch auf Reisen in andere Städte sind Papeterien sowie außergewöhnliche Pflanzen- und Blumengeschäfte für mich ähnliche Fixpunkte wie die herkömmlichen Sehenswürdigkeiten. Das sorgfältig ausgewählte Sortiment an Farben und Formen ist in diesen Geschäften eine hohe Kunst und zieht mich einfach magisch in den Bann. Es steigen geradezu Glücksgefühle in mir auf, wenn ich eine wunderschön gewachsene Pflanze oder einen gebundenen Blumenstrauß sehe; aber auch schön gebundene Notizbücher, die einladen, kreative Ideen auf den leeren Seiten niederzuschreiben, sammle ich seit Jahren. Die Blätter von Papieren und Pflanzen zu berühren und ihre Haptik zu spüren, ist fast schon ein sinnliches Erlebnis und lässt sofort an unzählige Projekte denken, die daraus entstehen könnten. Gerade in kleinen Tätigkeiten, wie dem Arrangieren eines Blumenstraußes oder Falten von Papier, kann ich meine Gedanken ordnen und zur Ruhe finden.

Daher war es beim Aussuchen der Projekte für dieses Buch, in dem es um selbst gemachte Geschenke geht, eigentlich recht schnell klar, worin der Fokus liegen wird. Ich freue mich, wenn ich Arbeiten aus Blumen und Papier geschenkt bekomme, ebenso gerne gestalte ich sie selbst, daher verschenke ich sie auch außerordentlich gerne. So habe ich aus vielen Ideen 30 Projekte ausgewählt, die sowohl für Anfänger:innen als auch für fortgeschrittene Selbermacher:innen als Inspiration dienen, um selbst kreativ zu werden und das eine oder andere Papier aus der Schublade für ein Kreativprojekt zu verwenden.

Meine Kreativität habe ich schon als Kind ausgelebt. Angefangen – quasi hauptberuflich – zu basteln, habe ich während meiner Studienzeit, und nach meinem Universitätsabschluss habe ich mich damit selbstständig gemacht. Durch meine Arbeit mit *we love handmade* habe ich die Freiheit, mich in unterschiedlichen Projekten künstlerisch auszuleben. Dieses Buch ist eine Einladung dazu, dabei mitzumachen.

GRUNDLAGEN

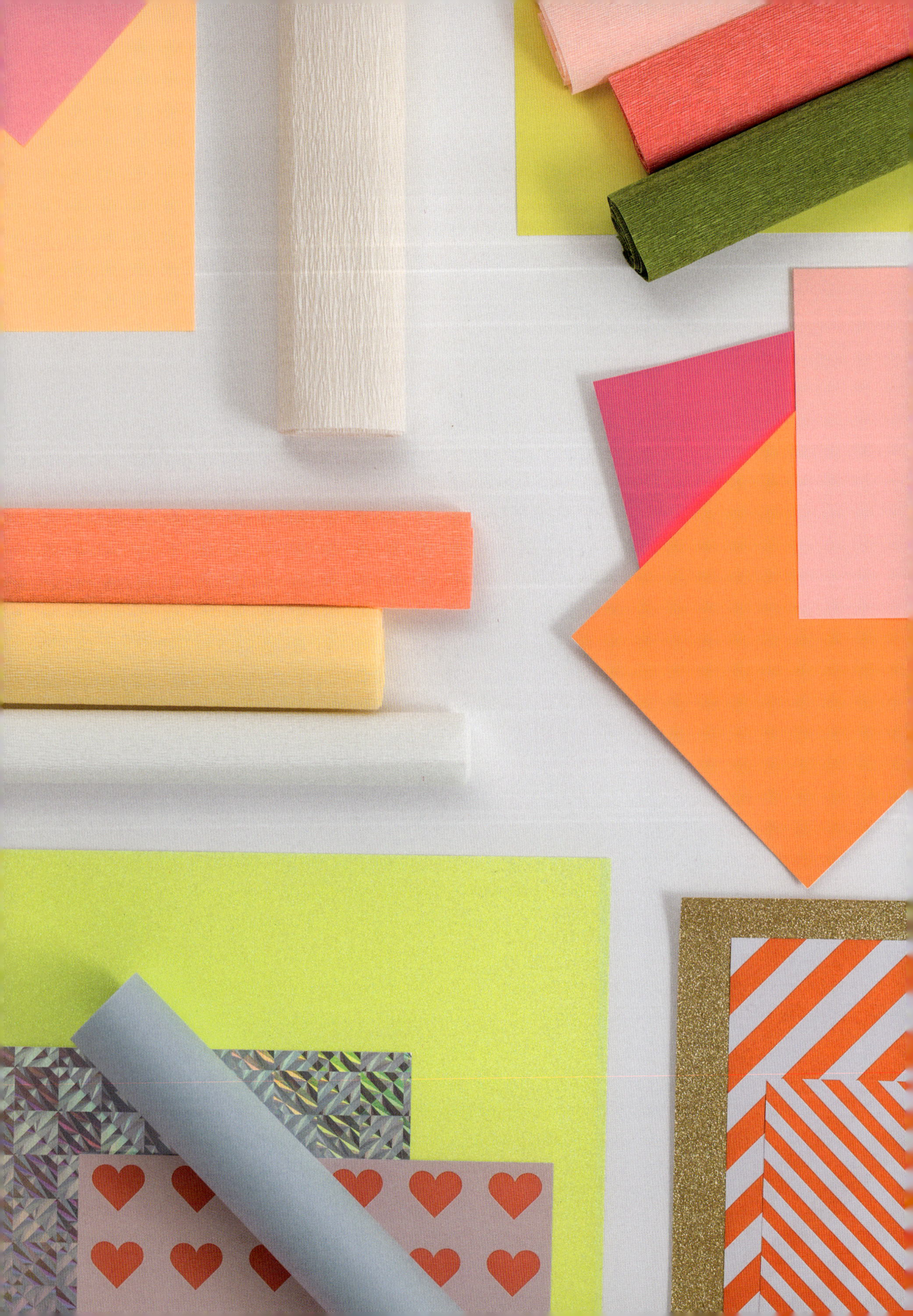

MATERIALIEN

Diese Materialien und Werkzeuge brauchst du für die Projekte in diesem Buch. Du bekommst das meiste wahrscheinlich im Kunstfachhandel, im Bastelgeschäft, im Supermarkt oder in der Apotheke. Falls nicht, wirst du bestimmt im Onlinehandel fündig. Um dir die lange Suche zu ersparen, kannst du ganz einfach einen Blick in die von mir erstellte Liste mit sämtlichen Bezugsquellen auf Seite 186 werfen.

PAPIERE

Für die meisten Projekte in diesem Buch benötigst du Papier im Format DIN A4.
Gut zu wissen: Der Unterschied zwischen Papier und Karton ist allein das Gewicht. Allgemein gebräuchlich ist bei Papierstärken von bis 150 g/m² von Papier und ab 150 g/m² von Karton die Rede.
Folgende Papiersorten kommen für die Projekte in diesem Buch zum Einsatz:

Kopier-, Drucker- bzw. Universalpapier benötigst du für Vorlagen, zum Zeichnen und Skizzieren von Motiven und zum Testen deiner Projekte. Normalerweise hat dieses Papier eine Stärke von 90 bis 100 g/m² und das Format DIN A4.
Für Vorlagen eignet sich besonders Druckerpapier der Stärke 160 g/m², um sie mehrmals verwenden zu können.

Tonpapier, Tonzeichenpapier oder Tonkarton ist, je nach Stärke, farbiges Papier oder farbiger Karton. Es handelt sich hierbei um gänzlich durchgefärbte Zellstoffmasse, aus dem das Papier hergestellt wird. Dadurch ist das Papier auch an den Schnittstellen bunt und nicht weiß, wie bei einem bedruckten Motivpapier.

Kraftpapier ist eine Papiersorte mit hoher Festigkeit und wird vor allem für Papiertüten, Papierklebeband oder Kuverts bzw. Versandmaterial verwendet. Kraftpapier ist meist in unterschiedlichen Brauntönen erhältlich. Mittlerweile gibt es jedoch auch weißes und blaues Kraftpapier in Rollen.

Krepppapier ist der Überbegriff für verschiedene gekreppte Papiere, zum Beispiel Feinkrepp, Bastelkrepp, Alukrepp und Floristenkrepp. Manche Krepppapiere sind wasserfest, andere kannst du farblich mit Wasser verändern. Dafür kannst du zum Beispiel zu einem Wassertankpinsel greifen. Für dieses Buch wurde ausschließlich Floristenkrepp mit 250-prozentiger Dehnbarkeit verwendet. Dadurch können ganz besondere Kreativprojekte umgesetzt werden.

Löschpapier ist ein ungeleimtes und wenig gepresstes Papier. Daher nimmt es hervorragend verschiedene Flüssigkeiten auf. In diesem Buch wird es verwendet, um Blumen und Blätter zwischen Buch- und Magazinseiten zu pressen. So entstehen keine unschönen Flecken im Buch.

Motiv- oder Musterpapiere sind meistens in Form von Einzelblättern oder in einem geleimten Block erhältlich. Auf verschiedene Papiersorten sind in diesem Fall unterschiedliche Muster oder Motive gedruckt und können zum Basteln verwendet werden. Motivpapier ist meistens in unterschiedlichen Stärken und Größen erhältlich.

Seidenpapier ist die Bezeichnung für sehr dünnes, leichtes und meist transparentes Papier mit einer Maximalstärke von 30 g/m². Dieses Papier ist üblicherweise in Bögen in der Größe von mindestens DIN A3 im Künstlerbedarf erhältlich.

Packpapier ist der Oberbegriff für eine Gruppe von Papieren; es wird meist als reißfestes Verpackungs- und Versandmaterial verwendet. Üblicherweise ist Packpapier in Rollen und in der Farbe Braun erhältlich. Zum Packpapier zählen unter anderem auch Kraftpapier, Seidenpapier und Wellpappe.

Japanpapier ist ein handgeschöpftes, transparentes Papier aus Japan und heißt auf Japanisch *washi* oder *wagami*. Aus diesem Papier werden auch die sogenannten Washi-Tapes oder auch Washi-Klebebänder hergestellt.

Origamipapier ist der Oberbegriff für verschiedene Papiere, die für die Kunst des Papierfaltens, das Origami, verwendet werden. Traditionell sind Origamipapiere einseitig bedruckt, die Rückseite ist weiß. Die meist verbreiteten Origamipapiere sind heutzutage jedoch beidseitig und durchgängig eingefärbt oder haben auf beiden Seiten ein Muster. Besonders gut für die dreidimensionale Falttechnik eignen sich sehr dünne und vor allem widerstandsfähige Papiere.

PFLANZEN

Kreativprojekte mit Pflanzen liebe ich besonders! Folgende Blumen- und Pflanzenarten finden sich in den DIY-Anleitungen in diesem Buch.

Trockenblumen sind, wie der Name schon sagt, getrocknete Blumen. Unter dem Oberbegriff sind aber auch Gräser, Blätter, Äste, Früchte und Kräuter gefasst.

Gepresste Blumen sind auch getrocknete Blumen, die beim Trocknen flach gepresst werden. Es gibt unterschiedliche Möglichkeiten, Blumen zu pressen, dies wird auf den Seiten 25 bis 29 genauer erklärt.

Blätter und Zweige, zum Beispiel die von Eukalyptus oder Farnen sowie Olivenzweige eignen sich hervorragend für diverse DIY-Projekte. Du kannst sie vor allem als Füllmaterial für Blumenkränze verwenden. Sobald du die Blätter oder Zweige gekauft oder gesammelt hast, schneide sie mit einer Blumenschere zurecht und stelle sie in eine Vase mit frischem Wasser, bis du sie verwendest.

Blumen können getrocknet, aber auch frisch geschnitten für Kreativprojekte verarbeitet werden. Als Deko sind diese Projekte ganz besondere Hingucker!

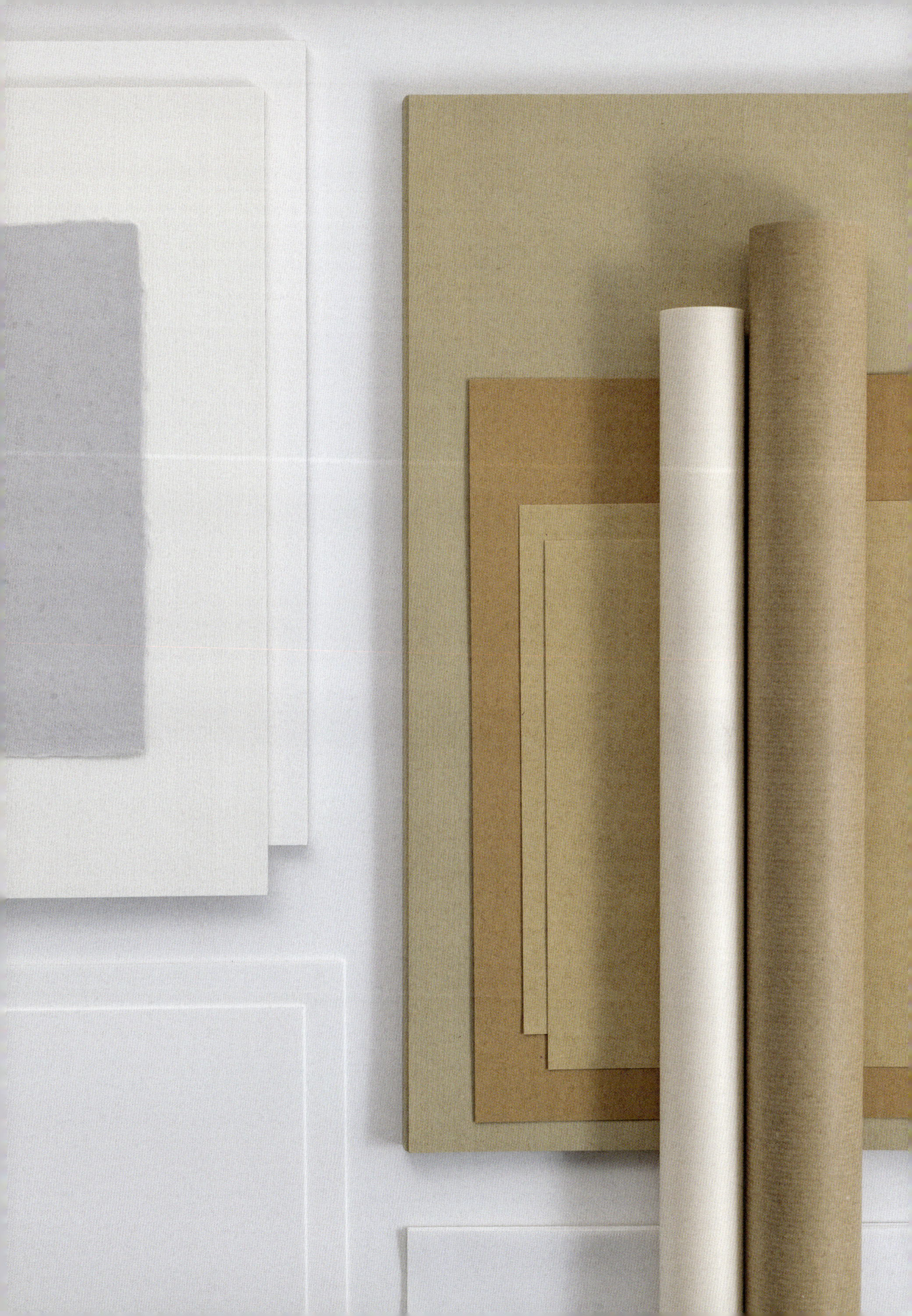

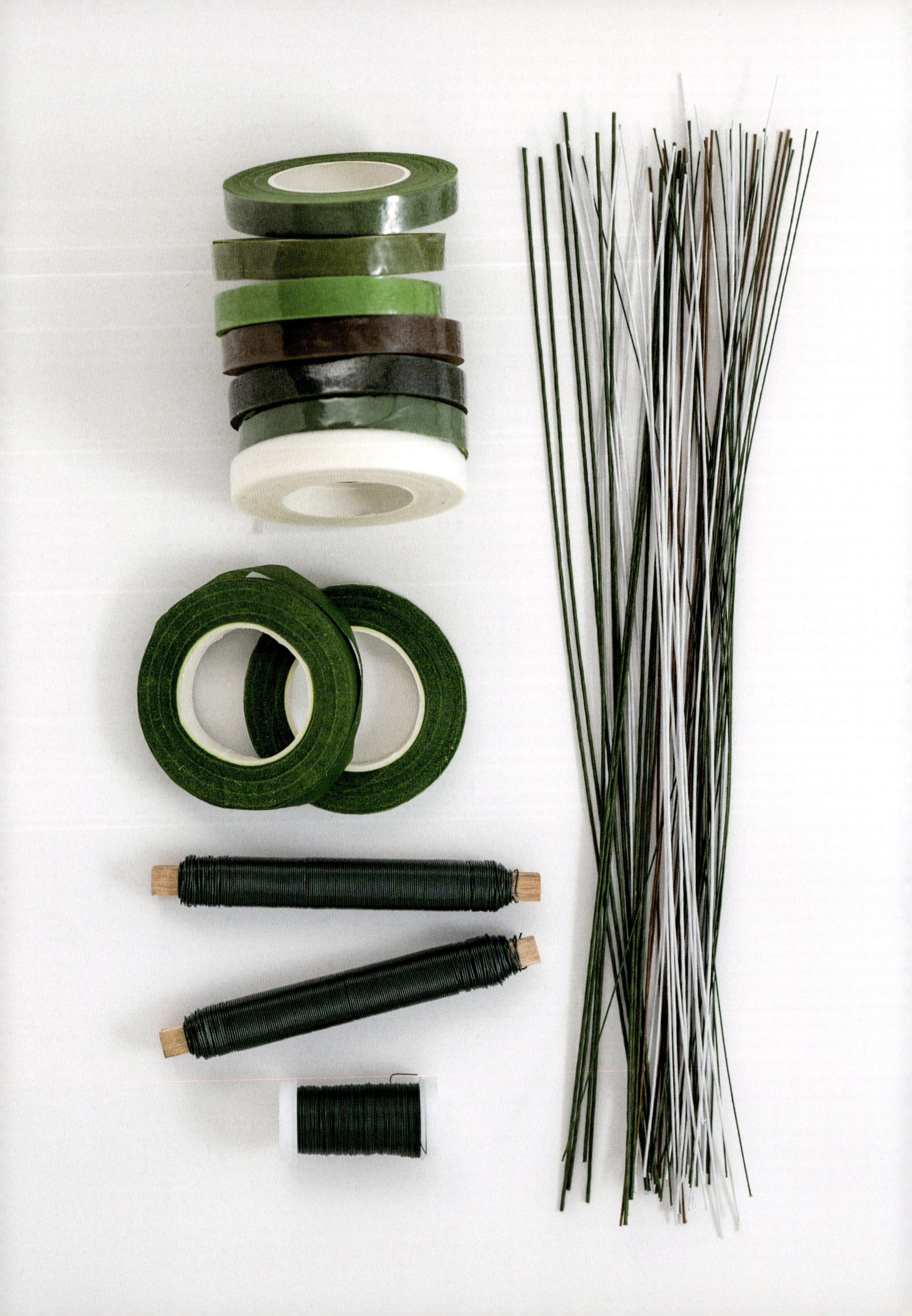

WEITERE MATERIALIEN

Marker werden auch Faserstifte genannt und sind hochwertige Filzstifte. Es gibt sowohl wasserfeste als auch wasserlösliche Marker. Permanentmarker sind lichtbeständig, trocknen schnell und sie können nicht mehr von der Oberfläche weggewischt werden. Marker können auch speziell für bestimmte Oberflächen geeignet sein: für Papier, Textilien, Whiteboard, Metall, Glas, Keramik und vieles mehr.

Wachsmalkreide gibt es wasserfest sowie wasservermalbar und kann für unterschiedliche Projekte eingesetzt werden: üblicherweise als Schreib- und Malwerkzeug, aber auch im geschmolzenen Zustand für andere dekorative Projekte. Wachsmalkreide ist nicht mit Ölkreide zu verwechseln.

Floristenband besitzt eine wachsbeschichtete Oberfläche und ist sehr praktisch, da selbstklebend. Üblicherweise gibt es grünes Floristenband, es ist auch in den Farben Weiß, Braun und in verschiedenen Grüntönen erhältlich.

Floristendraht oder Blumendraht gibt es auf der Spule oder mit Papier ummantelt in geraden Stücken bis zu einer Länge von 40 cm zu kaufen. Floristendraht kannst du zum Binden von Kränzen und zur Herstellung von Papierblumen verwenden. Es gibt Blumendraht in dünner und dickerer Ausführung, je nachdem, welche Art von Blume du gestalten möchtest.

Natron bzw. Natriumhydrogencarbonat wird auch Backpulver, Speise- oder Waschsoda genannt. Natron ist ein Alleskönner und wird im Haushalt zum Reinigen verwendet; in der Küche kommt es als Backtriebmittel zum Einsatz.

Zitronensäure, auch Citronensäure, wird im Haushalt zum Reinigen verwendet; wir nutzen den chemischen Prozess beim Zusammenfügen von Zitronensäure mit Natron und Wasser für die Herstellung von Badekugeln.

Stoff benötigst du für die Furoshiki-Projekte. Am besten geeignet ist leichter Stoff, der auch blickdicht ist. Für die vorgestellten Projekte habe ich Leinen und Viskose verwendet.

WERKZEUGE

Die meisten der hier aufgelisteten Werkzeuge hast du wahrscheinlich bereits zuhause. Gerade für die Projekte in diesem Buch habe ich versucht, Werkzeuge zu verwenden, die leicht erhältlich sind und nicht viel Platz im Haushalt einnehmen. Wenn möglich, kannst du die notwendigen Werkzeuge in einer dekorativen Kiste oder in einer Schublade mit Einlegefächern verstauen und hast sie so immer griffbereit.

SCHEREN

Für viele Materialien brauchst du unterschiedliche, eigens dafür vorgesehene Scheren:

Papierscheren sind unverzichtbar für die Papier-Projekte. Eine Papierschere zeichnet sich meistens dadurch aus, dass sie lange spitze Schneiden hat.

Stoff- oder Schneiderscheren haben eine geknickte Form, die es erlaubt, die Schere bequem und mit geradem Handgelenk zu halten und die Klinge dennoch horizontal über den Zuschneidetisch zu führen.

Bastelscheren sind immer nützlich, auch als Ersatz für eine Papierschere, falls keine zur Hand ist.

Blumen- oder Gartenscheren kommen bei Schnittarbeiten, bei kleineren Stauden, im Gemüsegarten oder auch für Blumensträuße zum Einsatz. Für dickere Äste benötigst du eine Gartenschere.

Bastel- oder Cuttermesser haben eine extrem scharfe Schneide und sind unverzichtbar, um außergewöhnliche Formen in Papier und Karton zu schneiden. Bitte verwende jedoch das Bastelmesser immer mit einer Schneidematte.

KLEBSTOFFE

Auch bei den Klebstoffen ist die zu klebende Oberfläche bei der Auswahl des richtigen Klebstoffs entscheidend. Nur selten benötigt es einen Zwei-Komponenten-Klebstoff; mit den aufgelisteten Klebstoffen bist du auf jeden Fall gut ausgerüstet.

Heißklebepistole mit Niedrigtemperatur. Gerade bei DIY-Projekten aus Papier kann es recht schmerzhaft werden, mit einer herkömmlichen Heißklebepistole zu arbeiten, die den flüssigen Kleber auf bis zu 200 °C heiß werden lässt. Daher kann ich dir eine Heißklebepistole mit Niedrigtemperatur wirklich sehr empfehlen. Diese benötigt jedoch auch spezielle Klebesticks, kaufe sie daher am besten auf Vorrat.

Superkleber ist inzwischen einer meiner liebsten Klebstoffe. Richtig verschlossen hält der Superkleber länger als nur für eine Anwendung. Die universale Nutzung mit der spitzen Dosierkappe ist sehr praktisch.

Bastelkleber hat die Besonderheit, dass er im Unterschied zu vielen anderen Klebern lösungsmittelfrei hergestellt wird. Daher ist er besonders für Kinder geeignet.

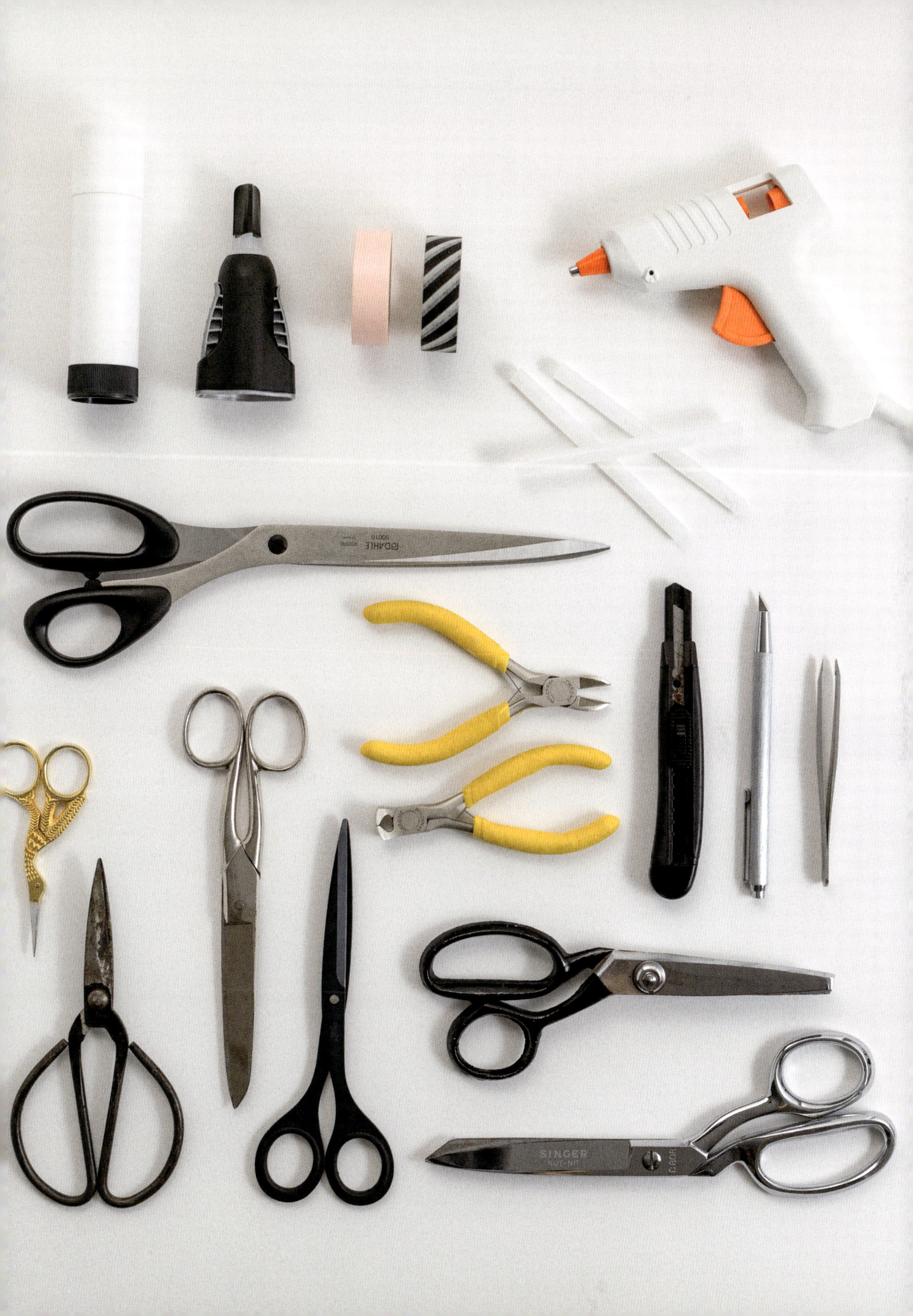
SINGER
KUT-NIT

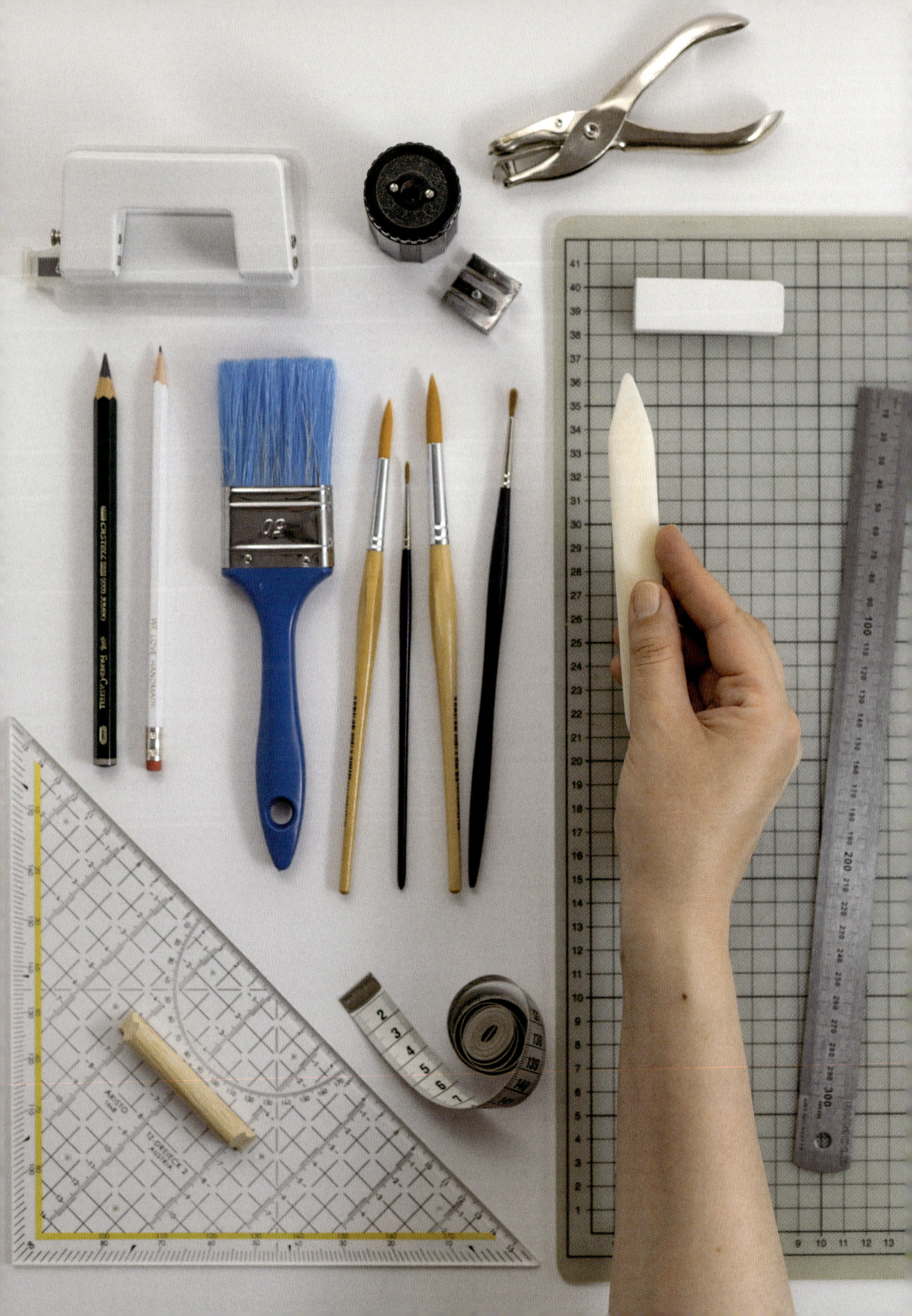

Washi-Tape wird irrtümlich häufig auch *masking tape* bezeichnet. Unter Letzterem ist allgemein gebräuchlich jedoch Malerkrepp zu verstehen; als Washi-Tape werden Klebestreifen bezeichnet, die aus japanischem handgeschöpftem Reispapier hergestellt werden. Washi-Tape hat nicht nur unterschiedliche Farben und Motive, es kann auch rückstandslos von der Oberfläche entfernt werden.

LINEALE

Ein Lineal ist für die in diesem Buch vorgestellten Projekte auf jeden Fall vonnöten. Ob als Hilfsmittel zum Zeichnen oder zur Unterstützung beim Schneiden von geraden Linien – ein genaues Arbeiten ist ohne Lineal nicht möglich.

Schneidelineale kommen vor allem bei den Papier-Projekten zum Einsatz. Ein Schneidelineal besteht aus Stahl und durch das Führen des Bastelmessers entlang der Stahlkante wird ein sicherer und präziser Schnitt gewährleistet. Manche Schneidelineale sind aus einem weicheren Material wie Aluminium oder Kunststoff und haben nur auf einer der Längsseiten eine Stahlkante. Achte bei diesem Modell darauf, dass du das Bastelmesser immer auf der richtigen Seite ansetzt. Falls dein Schneidelineal auch eine rutschfeste Beschichtung hat, kann eigentlich kaum mehr etwas schiefgehen. Ich würde dir dennoch empfehlen, das Schneidelineal im Stehen zu verwenden, da du den Druck deiner Hand, mit der du das Schneidelineal hältst, gleichmäßig auf das Lineal verteilen kannst, um einen exakten Schnitt zu machen.

Ein **Geodreieck** bzw. Geometriedreieck, ist bei Papier-Projekten eine große Hilfe. Ich empfehle ein Geo-Dreieck mit einem Griff, da die Handhabung einfacher ist.

Ein **Schneidermaßband** ist für die Projekte nicht unbedingt notwendig, du kannst dir auch bei den Furoshiki-Projekten mit einem längeren Lineal helfen. Ich würde aber gerade bei größeren Projekten und bei Furoshiki-Projekten ein Schneidemaßband verwenden, da sie meist zwischen 150 und 200 cm lang sind und du damit noch genauer deine Stoffquadrate zuschneiden kannst.

SONSTIGES

Pinsel können aus synthetischem oder echtem Haar hergestellt werden. Für die Projekte in diesem Buch brauchst du keine besonderen Pinsel aus dem Künstlerbedarf. Einen Wassertankpinsel finde ich recht praktisch in der Handhabung und kann je nach Hersteller in verschiedenen Pinselstärken gekauft werden. Ansonsten kannst du zwei Pinsel in zwei unterschiedlichen Stärken für die Projekte verwenden – wähle einen in einer mittleren und einen in einer dickeren Stärke aus.

Wassermalfarben hast du vielleicht noch aus der Schulzeit in irgendeiner Schublade. Du musst nicht teure Aquarellfarben oder Gouachefarben kaufen, du kannst auch mit einfachen Wassermalfarben malen und schreiben. Achte darauf, dass die Farben im Malkasten stark pigmentiert sind.

Wasserbecher müssen nicht extra gekauft werden. Verwende einfach ein altes Marmeladen- oder Vorratsglas.

Ein **Falzbein** ist für Origami- und andere Falt-Projekte kaum wegzudenken. Üblicherweise werden Falzbeine aus Rinderknochen zu einem 12 bis 20 cm langen Stück gefertigt. Es gibt jedoch auch Alternativen aus Kunststoff. Die Bezeichnung „Bein" ist auf das Material „Knochen" zurückzuführen. Mit der langen Seite des Falzbeins kannst du die Knicke beim Falten, die sogenannte Falze, flachreiben. Zusammen mit einem Lineal kannst du mit der Spitze des Falzbeins auch vorab eine Linie ziehen und anschließend umbiegen.

Metallzangen gibt es in verschiedenen Größen und Ausführungen. Ich würde für den Bastelgebrauch einen sogenannten Seitenschneider oder eine Kombizange empfehlen. Meist gibt es diese Zangen auch in einem Set zusammen mit einer Spitzzange, die zum Beispiel für Schmuckarbeiten verwendet werden.

Schneidematten sind ein absolutes Muss beim Basteln. Du kannst auf ihnen nicht nur schneiden, sondern auch darauf malen und zeichnen. Gerade für Papierarbeiten, bei denen das Cuttermesser und das Schneidelineal eingesetzt werden, ist eine Schneidematte mit Hilfslinien eine große Hilfe und ein Schutz für deinen Schreibtisch. Die meisten Schneidunterlagen sind „selbstheilend", das bedeutet, dass sich Schnitte in die PVC-Schichten, wenn sie nicht zu tief sind, wieder verschließen. Ich würde eine Matte im Format von mindestens DIN A3 empfehlen.

Locher gibt es in fast jedem Haushalt; eine Einlochzange ist da schon seltener. Für Konfetti oder Geschenkanhänger ist das präzise Platzieren mit der Einlochzange ein absoluter Hit. Es gibt Einlochzangen für kleinere und größere Löcher. In diesem Buch wird eine Einlochzange mit 6 mm Durchmesser verwendet; Löcher in dieser Größe stanzt auch ein herkömmlicher Bürolocher.

Drucker sind für einige DIY-Projekte unverzichtbar, wenn eine Vorlage benötigt wird. Du kannst alle Schablonen selbstverständlich auch nach deinen individuellen Motiven zeichnen. Falls du keinen Drucker zuhause hast, kannst du die Vorlagen am Computer oder Tablet abpausen. Hier dient der Bildschirm als Leuchttisch.

Radiergummi sind eine Wissenschaft für sich, ob Kunststoff-, Kautschuk- oder Knetradierer. Vielleicht hast du auch schon radiert und der Radiergummi hat auf der Oberfläche nicht erwünschte Rückstände hinterlassen. Es ist daher zu empfehlen, den Radiergummi auf der Rückseite oder einem Rest des Papiers zu testen. Ich würde auf jeden Fall einen Kunststoff-Radierer in Weiß empfehlen.

Bleistifte sind zum Skizzieren und zum Vorzeichnen von Motiven oder Abpausen von Vorlagen nicht wegzudenken. Ich empfehle für die folgenden Projekte einen weicheren Bleistift der Stärke HB, da zu harte Bleistifte das Papier eindrücken können und auch nach dem Wegradieren unschöne Stellen sichtbar bleiben.

Spitzer gibt es in verschiedensten Ausführungen und für diverse Stifte. Einen Spitzer mit Auffangdose finde ich persönlich recht praktisch, aber auch ein einfacher Spitzer aus Metall tut seine Arbeit.

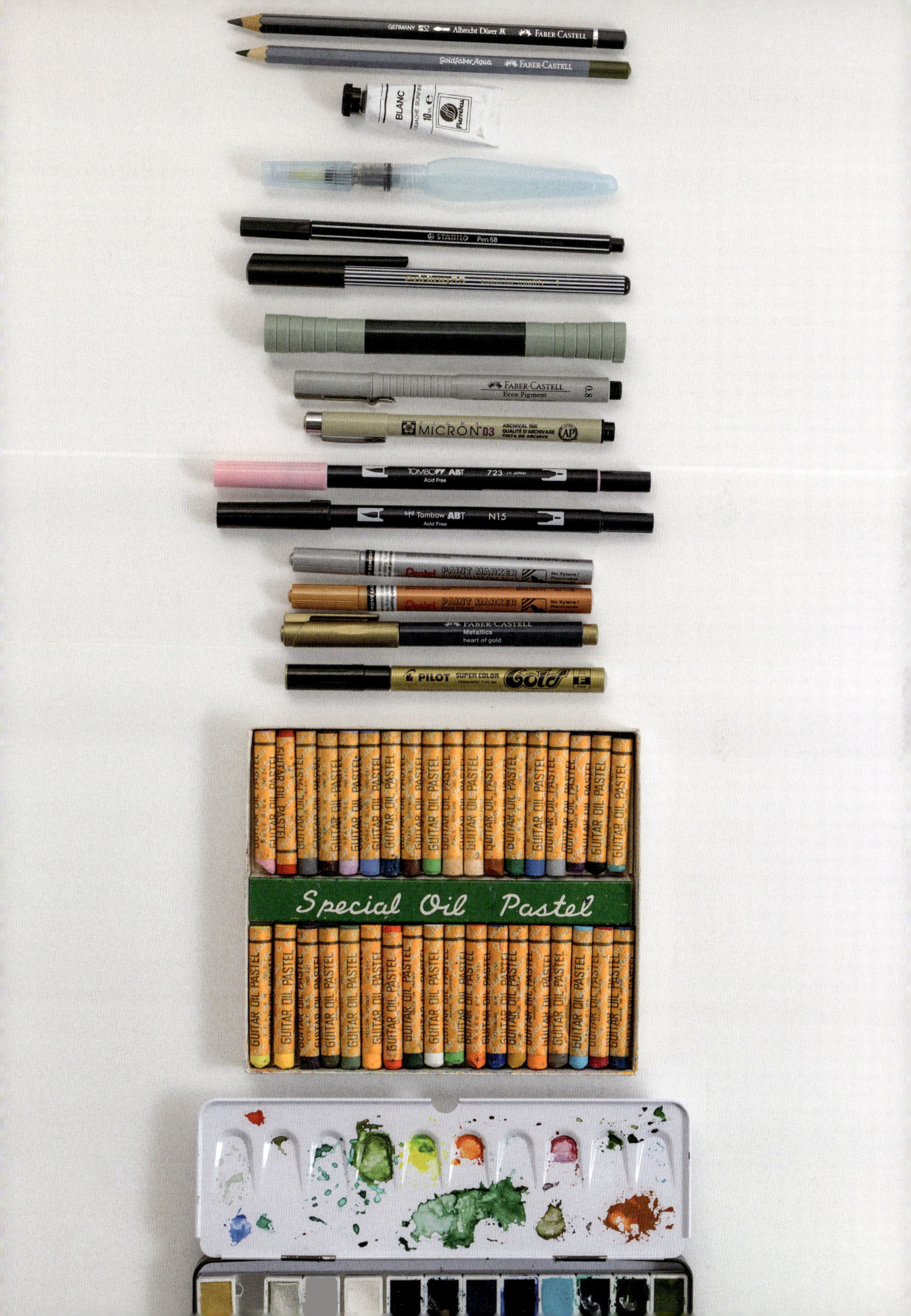
GERMANY
Albrecht Dürer
FABER-CASTELL
Goldfaber Aqua
FABER-CASTELL
BLANC
STABILO
Pen 68
FABER-CASTELL
Ecco Pigment
0.8
MICRON 03
ARCHIVAL INK
TOMBOW ABT
723
Acid Free
Tombow ABT
N15
Acid Free
Pentel PAINT MARKER
Pentel PAINT MARKER
FABER-CASTELL
Metallics
heart of gold
PILOT SUPER COLOR
Gold
GUITAR OIL PASTEL
Special Oil Pastel

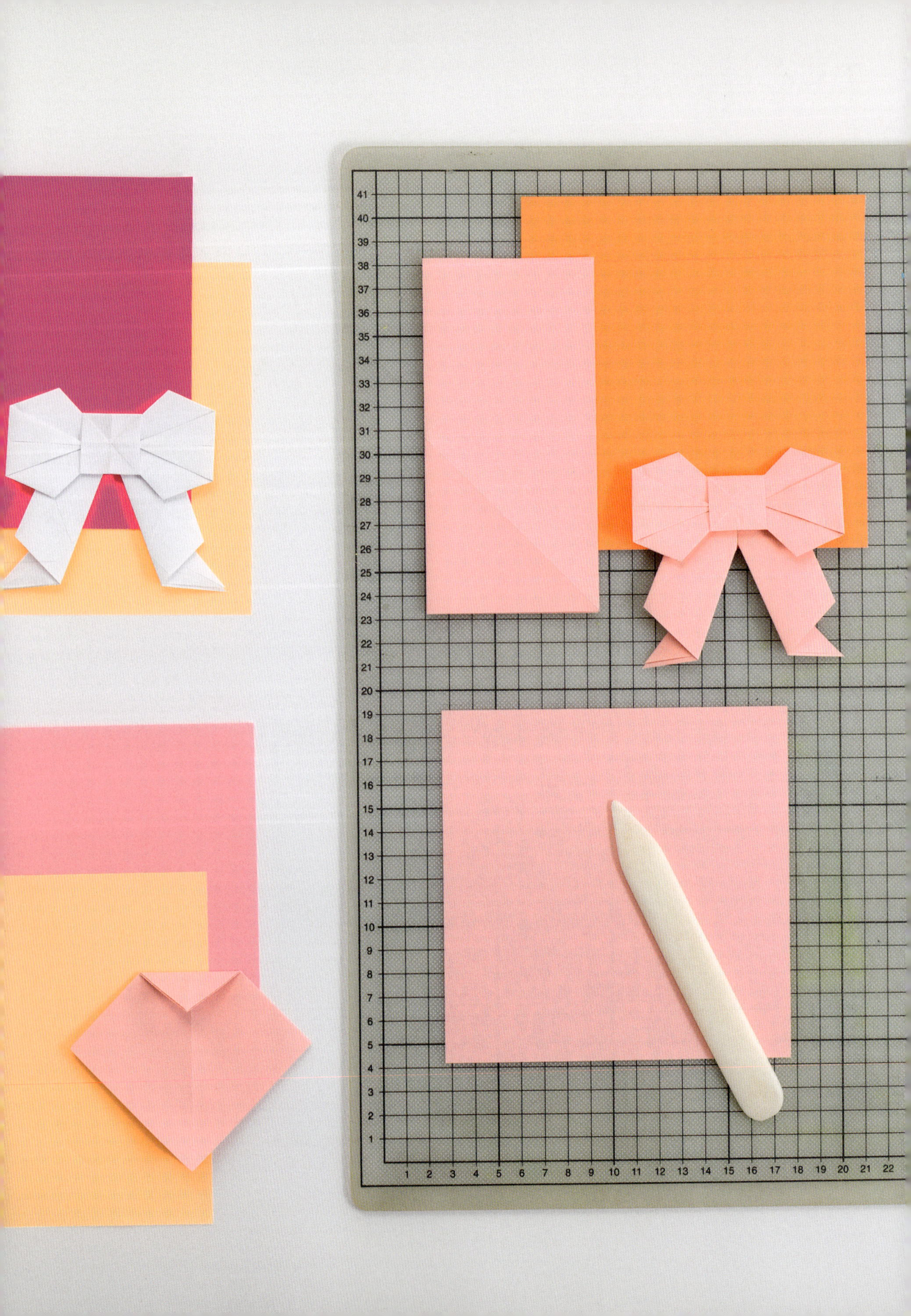

TECHNIKEN

Die insgesamt 30 Kreativprojekte in diesem Buch sind nicht sonderlich schwierig und dafür brauchst du auch keine besonderen Vorkenntnisse. Trotzdem gibt es ein paar wissenswerte Informationen zu den verwendeten Arbeitstechniken, die hilfreich sind.

PAPIER FALTEN

Um Papier präzise und sauber zu falten, benötigst du eine saubere und ebenmäßige Arbeitsfläche, ein Lineal deiner Wahl und ein Falzbein. Achte darauf, keine Hautcreme an den Händen zu haben, da die Creme Fettflecken auf dem Papier hinterlassen kann. Ebenso sind lackierte Nägel unpraktisch beim Papierfalten, da auch der Lack Rückstände auf Papier hinterlassen kann.
Nicht jedes Faltprojekt in diesem Buch ist gleich ein Origami-Projekt. Origami ist zwar die Kunst des Papierfaltens, jedoch ist das Falten einer Bonbon-Geschenkbox oder eines Kuverts nicht so kompliziert wie ein Kranich oder die im Buch vorgestellte Origami-Schleife.

VORLAGEN ANFERTIGEN

Um die Projekte im Buch umzusetzen, kannst du die Vorlagen im Downloadbereich (siehe Seite 182) herunterladen und ausdrucken.
Bei den meisten Vorlagen reicht ein Druckerpapier von rund 160 g/m^2. Um die einzelnen Vorlagen zu übertragen, verwende ich am liebsten einen weichen Bleistift, da die Bleistiftlinien im Anschluss besser wegradiert werden können. Falls du dunkles Papier für deine Blütenblätter, Karten oder Kuverts verwendest, kann ich auch einen hellen Buntstift empfehlen. In Hellrosa, Hellgelb oder Weiß kannst du so die Linien auf dunklem Violett, Grün oder Schwarz besser erkennen und tust dir leichter beim Zuschneiden des Papiers.

STRÄUSSCHEN VORBEREITEN

Für ein paar der Projekte wirst du Blumensträußchen binden bzw. einen kleinen Bund an Blumen, Ästen oder Laub zusammenstellen. Es ist nicht notwendig, die Sträußchen mit Draht oder Faden zusammenzubinden. Es geht nur darum, dass du dir einen Überblick zu deinem Projekt verschaffst, bevor du mit dem Kranzbinden beginnst. Üblicherweise besteht nur ein kleiner Teil des Kranzes aus den Hauptfarben, also den Blumen, und ein großer Teil aus dem Füllmaterial wie Gräsern, Laub oder Zweigen.

BLUMEN TROCKNEN

Beim Trocknen der Blumen muss auf die äußeren Umstände geachtet werden: Die drei wichtigsten Faktoren sind Licht, Luft und Temperatur, damit das Trocknen von Blumen gelingt.
Am wichtigsten ist es, die Blumen an einem dunklen Ort zu trocknen. Die Blumen können sonst ihre Farben verändern, was allerdings auch einen schönen Effekt ergeben kann, wenn dieser gewünscht wird.
Achte darauf, dass die Blumen an einem gut durchlüfteten Ort getrocknet werden, da fest gebundene Sträuße anfällig für Schimmelbildung sind.
Wenn es zu heiß ist, trocknen die Pflanzen oftmals zu schnell und es kann sein, dass die Blätter oder Stiele brüchig werden und nicht gut zu verarbeiten sind.

Wenn du die Blumen zum Trocknen selber anbaust oder sammelst, ist der richtige Zeitpunkt relevant. Bei der Auflistung der Blumen auf Seite 29 erfährst du, wann du welche Blumen am besten erntest. Schneide beim Ernten die Blumen oder Gräser so knapp wie möglich über dem Boden ab.
Aber auch wenn du einen schönen Blumenstrauß zuhause hast, kannst du ein paar der Blumen versuchen zu trocknen.

Blumen hängend trocknen
Die meisten Blumen, Gräser und Zweige können kopfüber aufgehängt werden und über mehrere Tage oder Wochen getrocknet werden. Vor allem Blumen mit einem schweren Blütenkopf können so am besten trocknen, da sie sonst umknicken. Am besten die meisten Blätter am Stängel entfernen und mehrere Blumen einer Sorte und ungefähr gleicher Länge zusammenfassen und mit Garn zusammenbinden. Dabei kannst du auch gleich eine Schlaufe bilden, um das Sträußchen aufzuhängen.

Blumen in der Vase trocknen
Gerade Blumen wie Hortensien oder Disteln mit stärkeren Blütenstängeln und leichten Blütenköpfen eignen sich hervorragend, um stehend in der Vase zu trocknen. Es ist meiner Meinung nach auch die dekorativste Methode, da du von einem schönen Strauß auf diese Weise besonders lange etwas hast.

Blumen mit Sand trocknen
Mit dieser Methode können auch die Duftnoten der einzelnen Blumen erhalten bleiben. Schon die Ägypter haben vor Tausenden Jahren Blumen auf diese Weise getrocknet. Du benötigst ein Gefäß, sauberen, trockenen Sand und Blüten.

Schütte den Sand bis zur Hälfte in das Gefäß, grabe eine kleine Mulde in den Sand und lege eine Blüte hinein. Danach den restlichen Sand vorsichtig nach und nach in das Gefäß geben und die Blüte gänzlich damit bedecken. Nun muss das Gefäß an einem trockenen und dunklen Ort stehen, nach rund zwei Wochen kannst du die getrocknete Blüte ausgraben.

Blumen pressen
Gerade die Frühlings- und Sommermonate eignen sich hervorragend, um schöne Blüten zu sammeln, zu pressen und dadurch haltbar zu machen. Hier ist zu beachten, nicht zu dicke Blütenköpfe zu verwenden.
Am einfachsten ist es, ein Buch, Magazine oder Zeitungen in Kombination mit Löschpapier zu verwenden. Durch das Löschpapier werden die Seiten des Buches nicht vom Saft der Blüten und Stängel fleckig.
Schneide die Blumen zu und stelle sie in eine Vase mit Wasser. Du kannst nun ein paar Stunden warten, bis sich die Blüten so weit geöffnet haben, wie es dir am besten gefällt. Dann schneidest du die Stängel entweder ganz nah an den Blütenköpfen ab oder lässt sie so lang wie für dein Projekt nötig.
Dann nimmst du eine Pinzette, um die einzelnen Blütenköpfe auf dem Löschpapier zu platzieren. Sobald du alle Blüten, Blätter oder Stängel platziert hast, kannst du das zweite Löschpapier darüberlegen und so in ein Buch legen. Jetzt kannst du das Buch hinlegen und mit weiteren Büchern beschweren, damit die Blumen noch schneller trocknen. Nach ein paar Wochen sind die Blüten fertig getrocknet und gepresst und du kannst sie für deine Kreativprojekte verwenden.

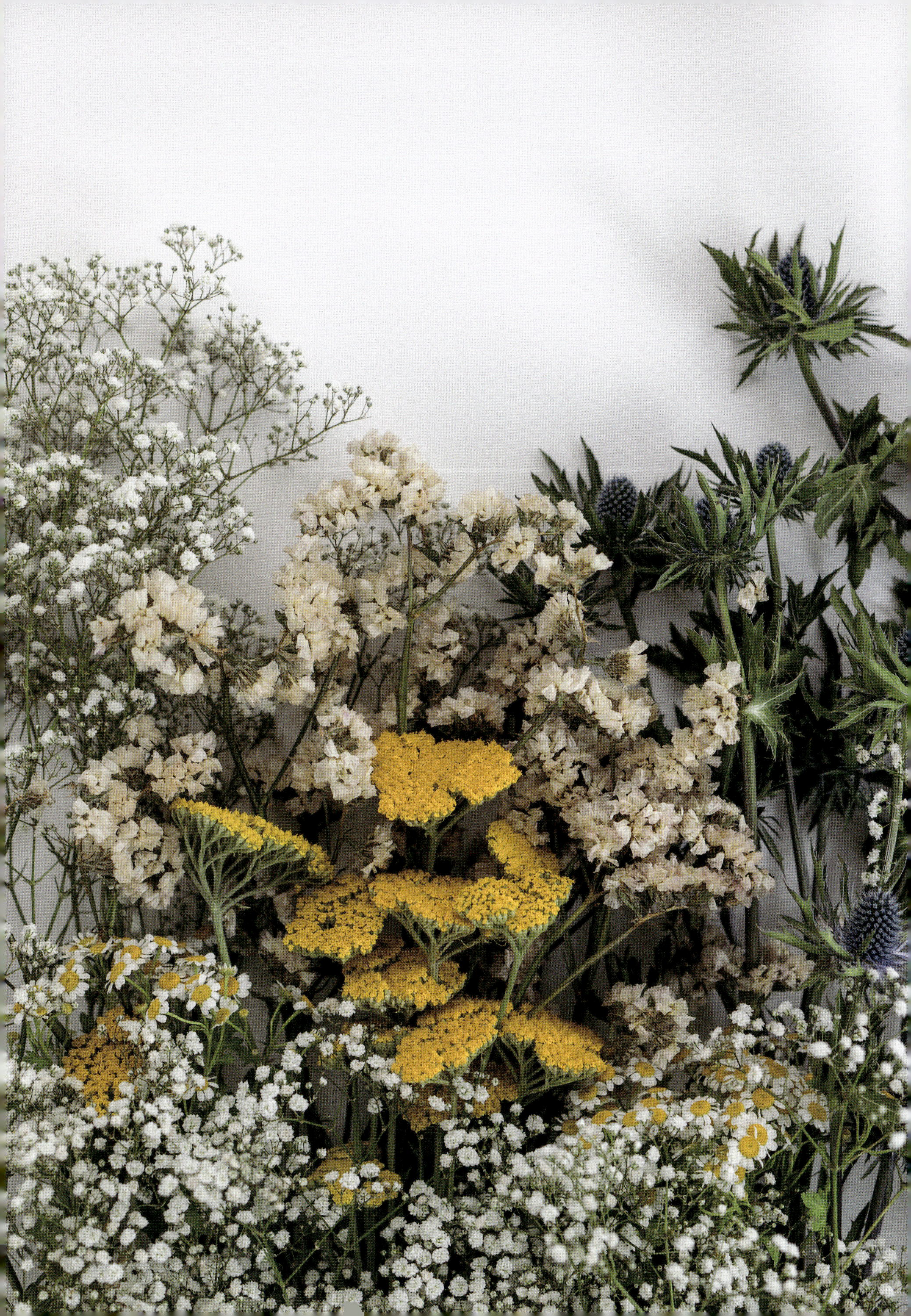

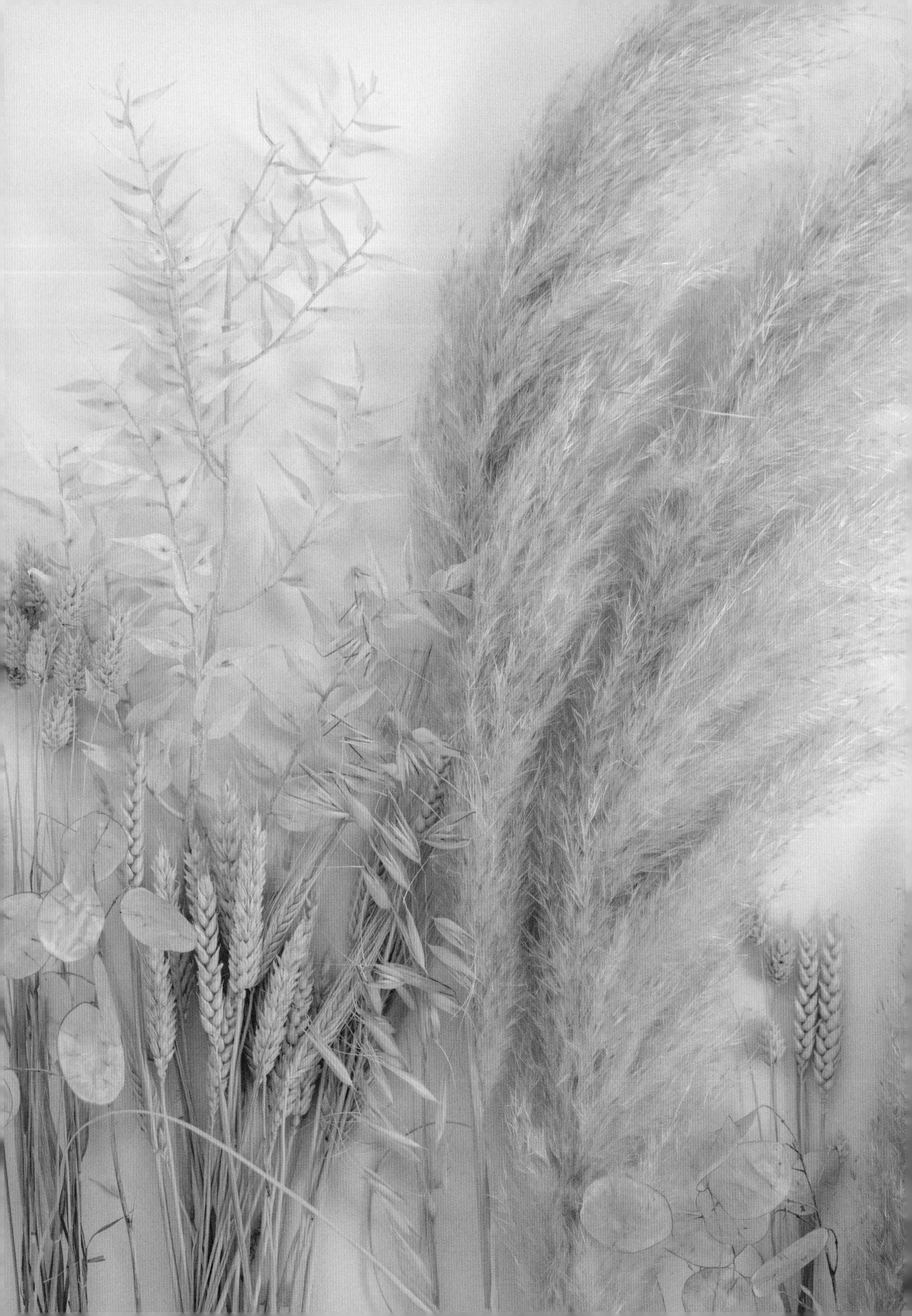

BLUMEN FÜR KRÄNZE

Rosen verwendest du für Blumenkränze am besten, wenn die Blütenblätter ein wenig geöffnet sind. Die Blätter bis auf die schönsten entfernen und kopfüber aufhängen.

Fuchsschwanz oder Amaranth lässt sich am besten hängend trocknen. Du erntest ihn bevorzugt, wenn die Blüten aufgeblüht sind.

Kamille erst im Spätsommer ernten, da sie dann voll erblüht ist, anschließend hängend trocknen.

Rittersporn ernten, sobald die ersten Blüten aufgegangen sind, danach noch ein wenig in die Vase stellen und dann verarbeiten oder hängend trocknen.

Sonnenblumen je nach Blütengröße liegend oder hängend trocknen. Am besten ernten, wenn die Blütenblätter nicht mehr ganz frisch sind und langsam zu vertrocknen beginnen.

Strohblumen können den ganzen Sommer über geerntet und hängend getrocknet werden.

Strandflieder kann entweder hängend oder durch Verdunstung in der Vase trocknen.

Hortensien können durch Verdunstung in der Vase getrocknet werden. Am besten bei vollem Blütenstand abschneiden und die Blätter am Stiel entfernen.

Hafer lässt sich wunderbar in Kränzen verarbeiten. Sobald der Hafer eine goldgelbe Farbe annimmt, gleich verwenden oder hängend trocknen.

Pampasgras am besten gleich nach dem Schnitt verwenden.

Eukalyptus trocknet auch wunderschön, ist in Kränzen aber am besten frisch zu verwenden. Der Duft ist einmalig beim Verarbeiten.

Farne sind sehr filigran und sollten gleich nach dem Ernten frisch verwendet werden.

Salbei sieht nicht nur toll aus, sondern duftet auch herrlich. Am besten frisch verwenden oder hängend trocknen.

Lavendel ist ebenfalls frisch zu verwenden, aber kann auch in Büscheln hängend getrocknet werden.

Schleierkraut kann nicht nur als Füllmaterial in Kränzen schön wirken, auch gänzlich aus Schleierkraut gebundene Kränze sehen großartig aus.

Nelken eignen sich hervorragend für Kopf- und Wandkränze. Sie können entweder frisch verarbeitet oder hängend getrocknet werden.

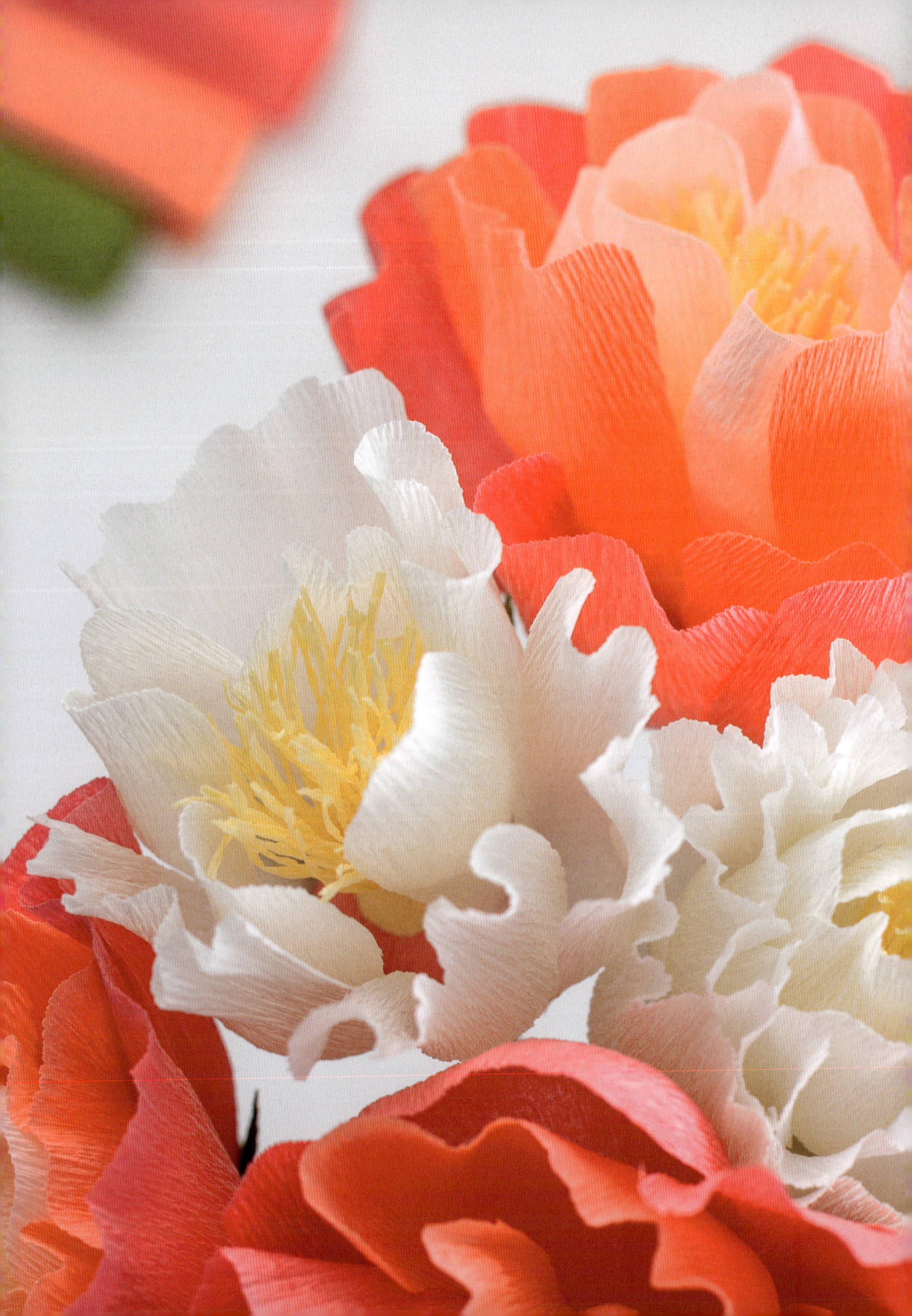

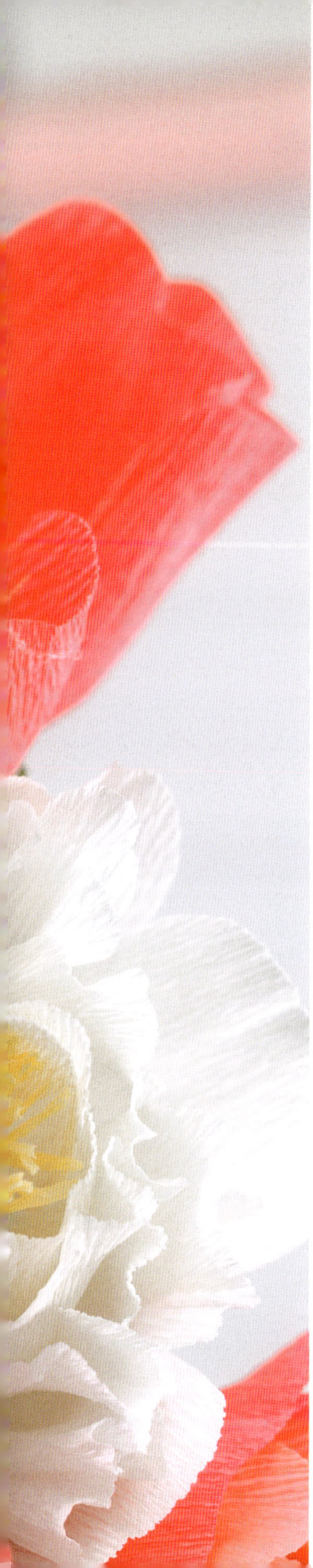

GESCHENKE SELBER MACHEN

MAGNOLIEN AUS PAPIER

Neben echten Blumen und Pflanzen liebe ich es, mein Atelier und mein Zuhause mit Papierblumen zu dekorieren. Einerseits hast du länger etwas davon und andererseits brauchen sie weniger Pflege. Genau genommen nämlich gar keine. Als ich das letzte Mal echte Magnolien zu Hause hatte, und diese viel zu schnell verblüht sind, habe ich den Ast einfach aufgehoben und auf ein passendes DIY gewartet. Kurz darauf wurde die Idee geboren, Magnolien aus Papier zu gestalten. Inspiriert hat mich dabei eine Anleitung für Papierrosen von der DIY-Designerin *Lia Griffith*. Nach einem ähnlichen Prinzip habe ich diese wunderhübschen Magnolien umgesetzt und auch gleich eine Vorlage mit sechs verschiedenen Magnolien-Blütenblättern für dich erstellt. Diese kannst du dir im Downloadbereich (siehe Seite 182) herunterladen und für dein DIY immer wieder benutzen.
Für diesen Ast habe ich insgesamt 20 Magnolienblüten und drei verschiedene Gelbtöne für die Blütenstempel verarbeitet. Du kannst die Magnolienblüten auch als Deko für ein kleines Päckchen verwenden. Einfach die fertige Blüte mit Klebstoff an den Deckel der Schachtel kleben.

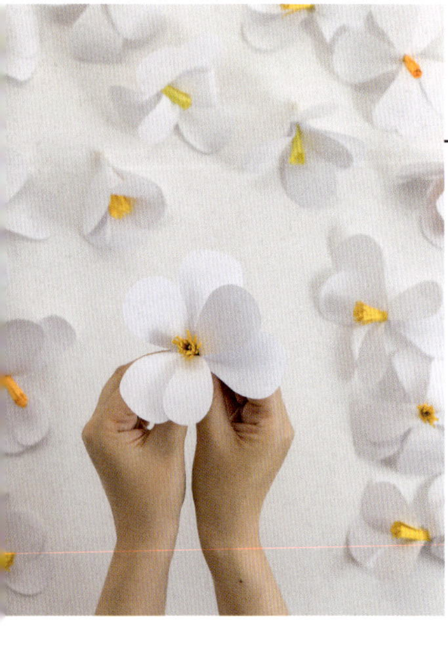

MATERIAL

Magnolien-Ast
Tonpapier in Zitronengelb
Tonpapier in Sonnengelb
Tonpapier in Orange
Vorlage
160 g Druckerpapier für die Vorlage
weißes Kreppklebeband

WERKZEUG

Bleistift
Radiergummi
Lineal
Papier- oder Fransenschere
Holzstäbchen
Superkleber

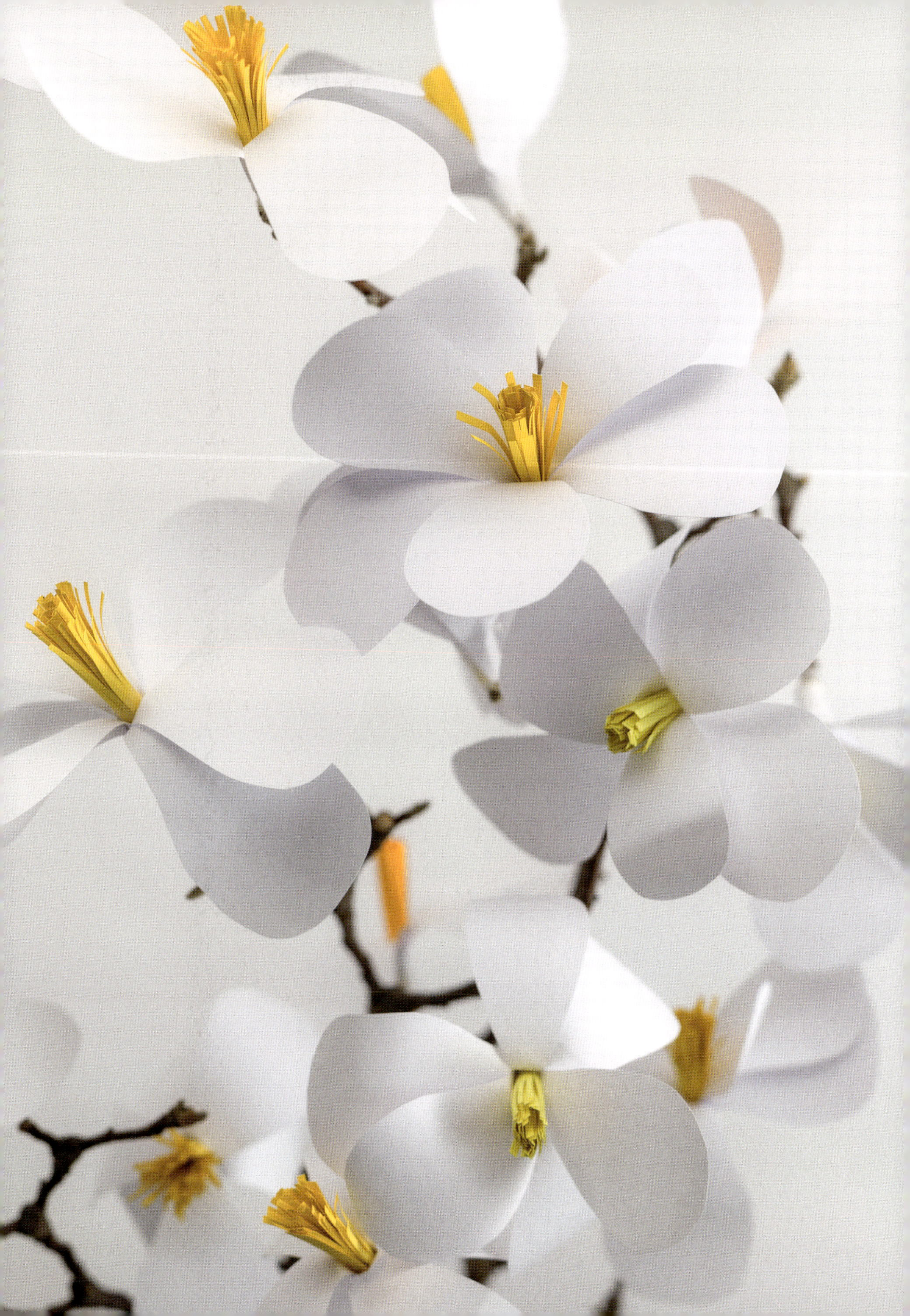

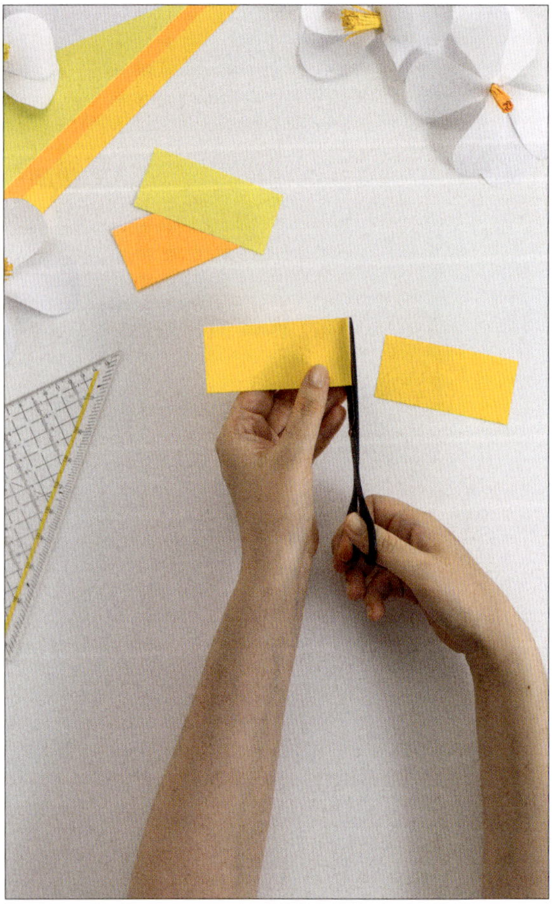

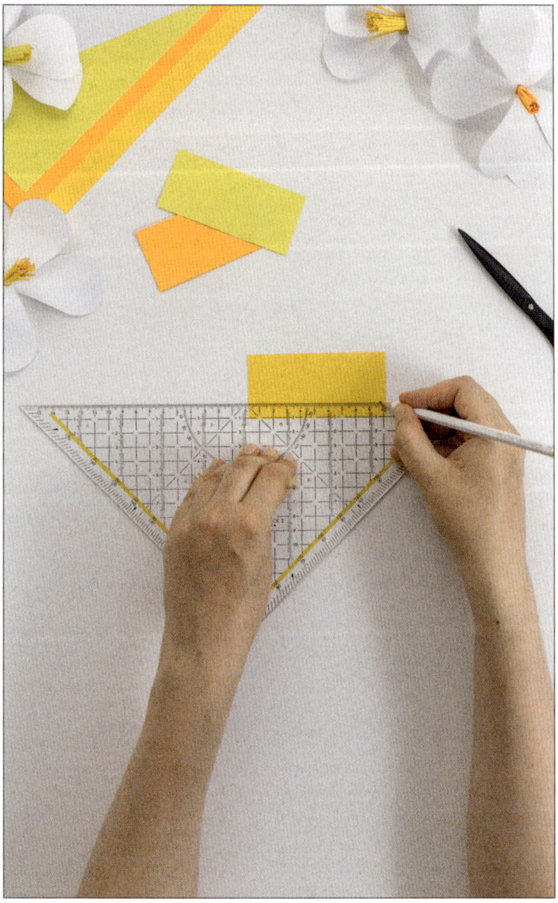

1. Blütenstempel vorbereiten

Schneide für jeden Blütenstempel ein Stück Tonpapier mit den Maßen 4,5 x 10,5 cm zu. Wenn du mehrere Magnolienblüten anfertigen möchtest, schneide gleich mehrere Rechtecke aus, dann kannst du einen ganzen Ast in kurzer Zeit ausschmücken.

2. Fransen vorbereiten

Markiere auf dem zugeschnittenen Tonpapier mit Bleistift, wie weit du die Fransen einschneiden möchtest. Lass am besten ca. 1 cm zum Rand der Längsseite frei. So gehst du sicher, dass du genug Spielraum zum Fixieren des Blütenstempels hast.

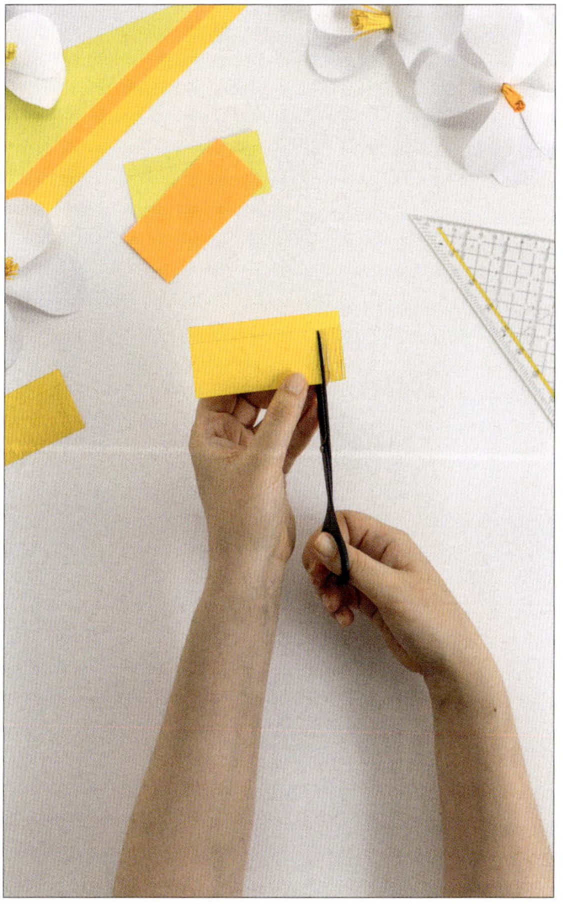

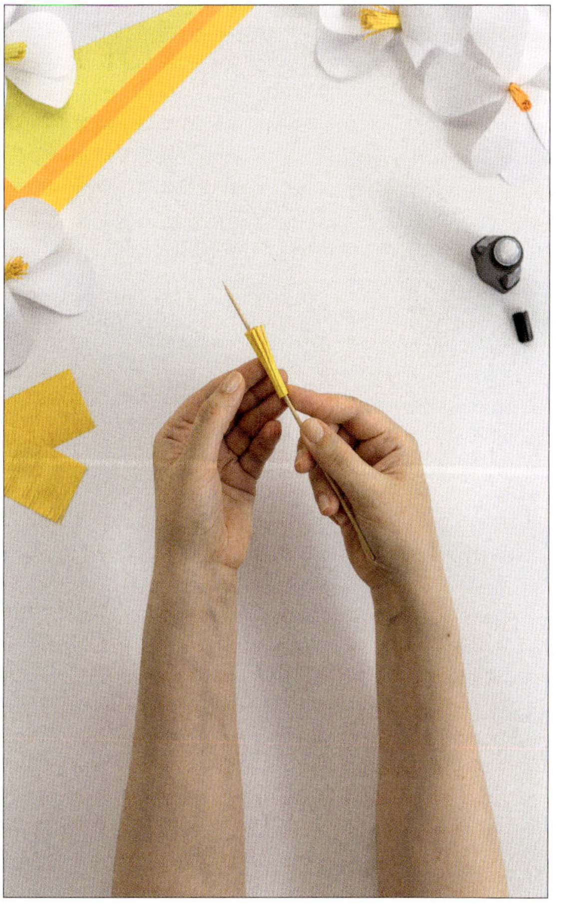

3. Fransen einschneiden
Schneide mithilfe einer Papier- oder Fransenschere rund 2 mm breite Fransen bis zum gezeichneten Bleistiftstrich ein.

4. Papier aufrollen
Wenn du in die gesamte Längsseite des Papiers Fransen geschnitten hast, rolle mithilfe des Holzstäbchens das Papier nach und nach wie abgebildet auf.

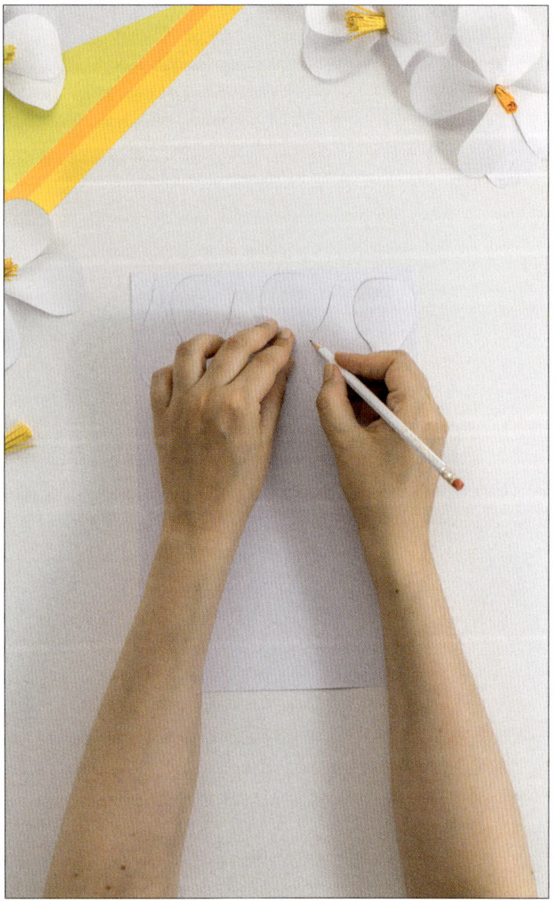

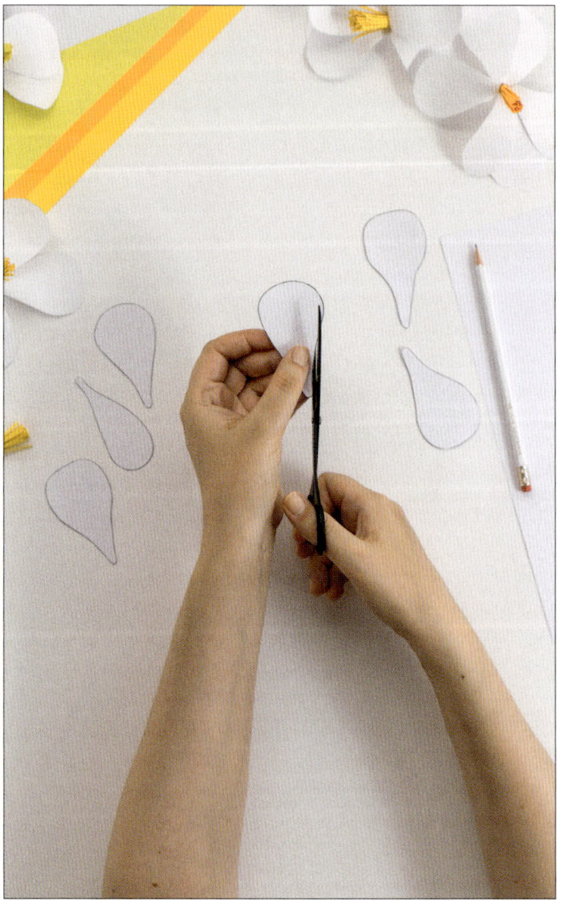

5. Vorlage ausschneiden

Für die Blütenblätter kannst du entweder die Vorlage im Downloadbereich (siehe Seite 182) herunterladen, ausdrucken und ausschneiden, oder du zeichnest deine eigenen Blütenblätter auf das Papier. Achte darauf, sechs leicht unterschiedliche Blütenblätter für deine Vorlage zu gestalten.

6. Blütenblätter vorbereiten

Anschließend legst du deine Vorlagen auf das vorbereitete weiße Papier. Übertrage die Vorlagen mit dem Bleistift dünn auf das Papier und schneide die Blütenblätter aus.

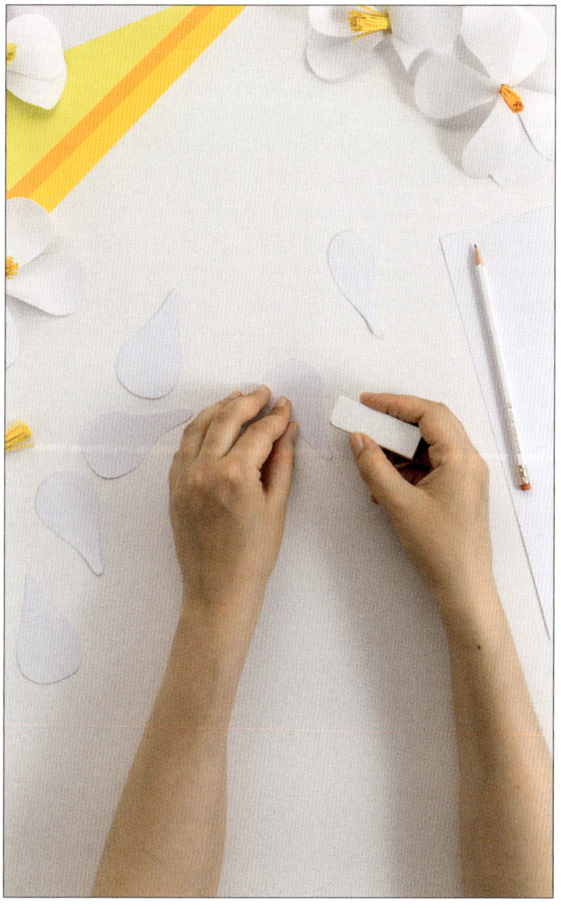

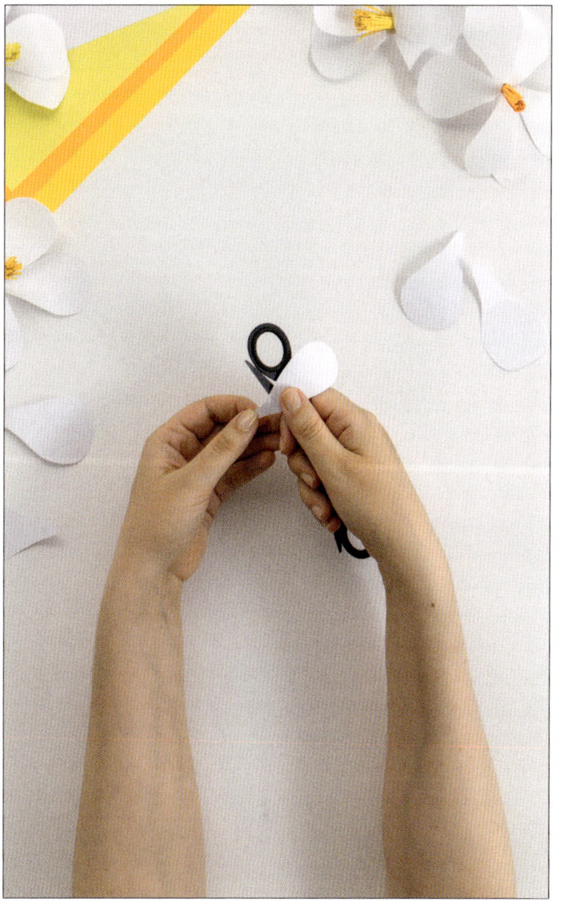

7. Linien wegradieren

Vergiss nicht die unschönen Bleistiftstriche mit einem Radiergummi vorsichtig wegzuradieren.

8. Blütenblätter formen

Als Nächstes werden die einzelnen Blütenblätter mit einer Schere bearbeitet, damit die Papierblüten etwas realistischer aussehen. Wenn du mehrere Magnolien aus Papier herstellst, kannst du die Form variieren. Denn durch das Bearbeiten der Blütenblätter sieht jede Magnolie einzigartig aus. Du kannst eine eher geschlossene oder schon eine sehr weit geöffnete Blüte ausarbeiten.

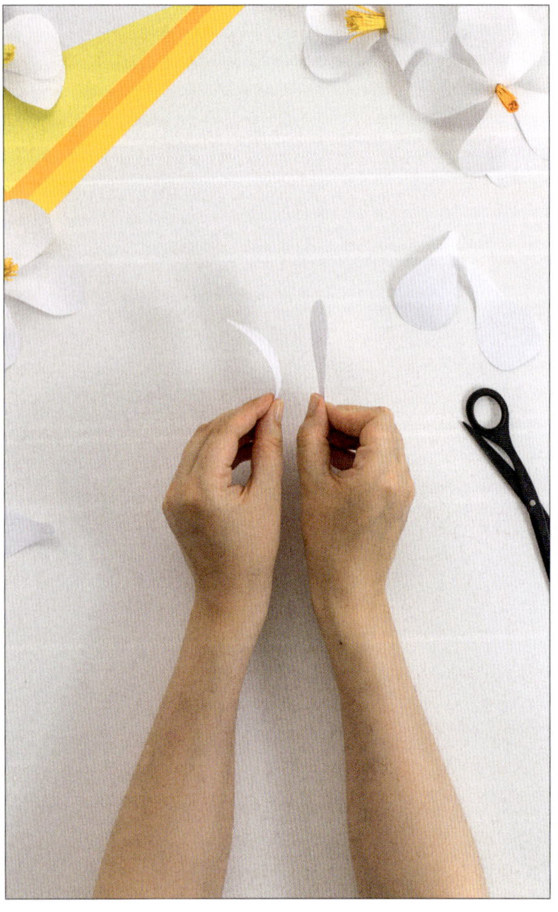

9. Blütenblätter vorbereiten
Hier siehst du noch einmal sehr deutlich den Unterschied zwischen einem unbearbeiteten und einem bearbeiteten, gewellten Blütenblatt.

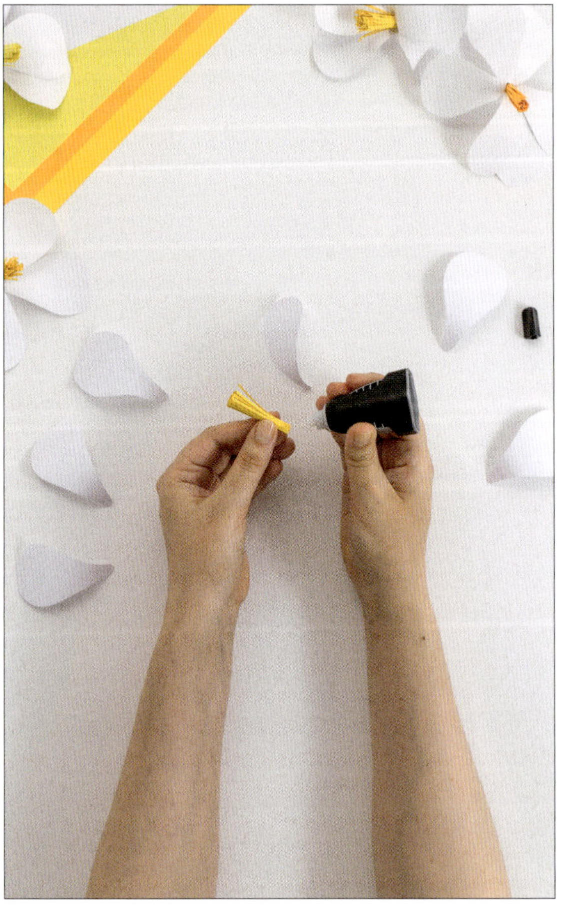

10. Blütenblätter an Blütenstempel ankleben
Jetzt klebst du mit einem Klecks Superkleber jedes einzelne Blütenblatt auf den Blütenstempel aus Papier.

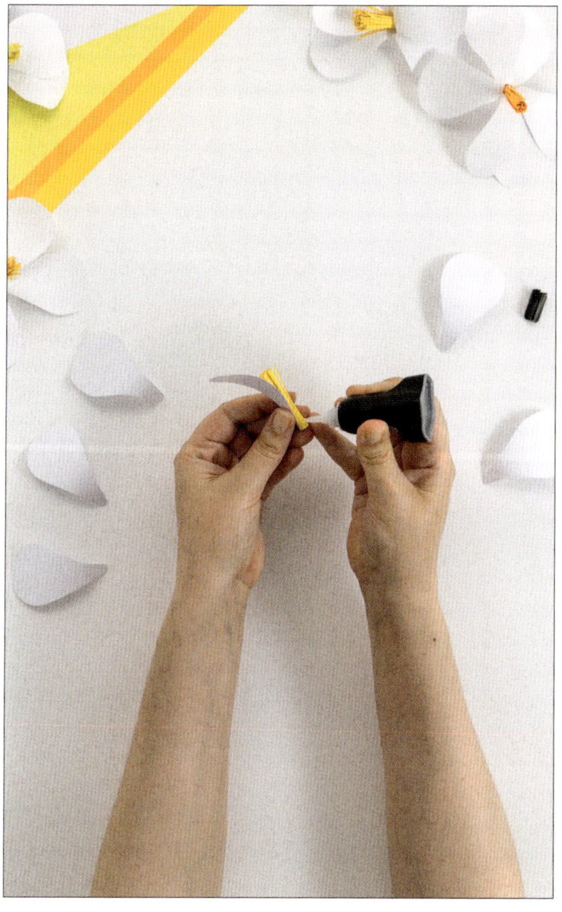

11. Sechs Blütenblätter ankleben
Du beginnst mit dem schmalsten Blatt. Nach und nach klebst du die Blütenblätter der Größe nach an den Blütenstempel.

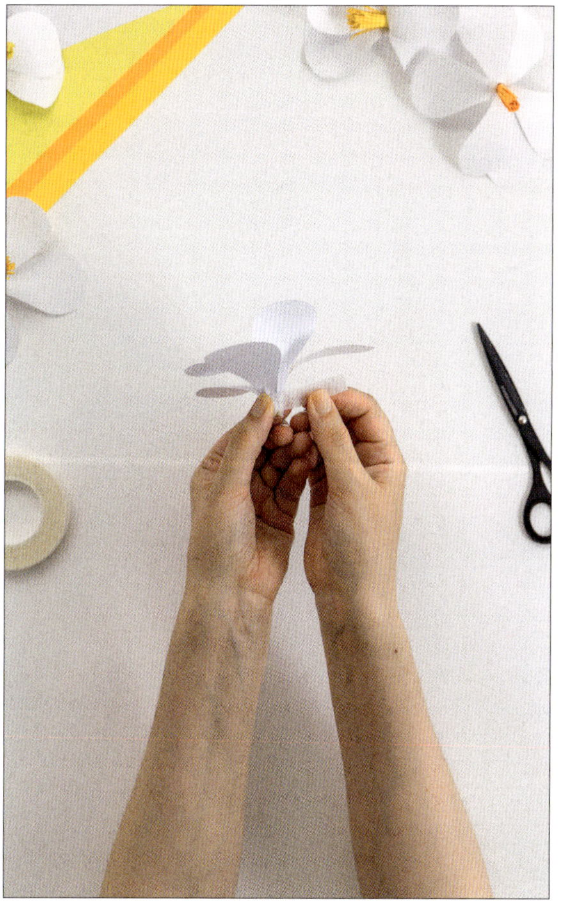

12. Fertige Magnolienblüte
Dann umwickelst du auf der Unterseite der Blüte die Blätter und den Blütenstempel mit einem weißen Kreppklebeband-Streifen, so sind alle Blütenblätter gut fixiert.

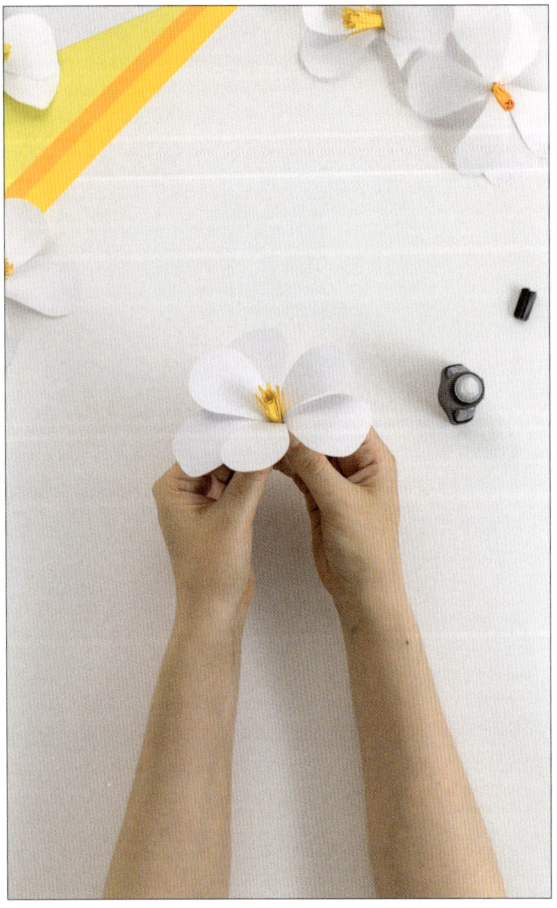

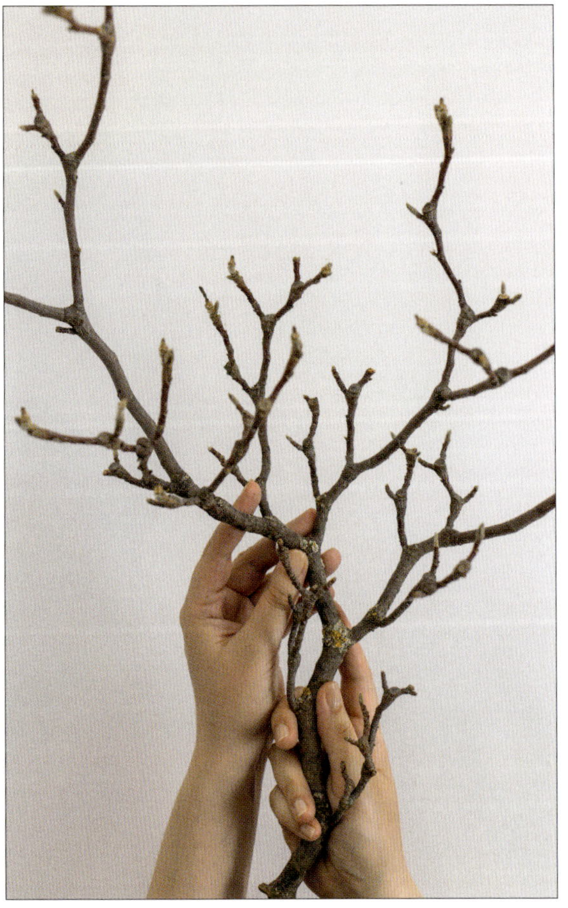

13. Magnolienblüten vorbereiten

Diese Schritte so oft wiederholen, bis alle Magnolienblüten fertig sind, die du zur Dekoration deines Astes benötigst.

14. Magnolienast

Ich habe für dieses DIY-Projekt einen Ast verwendet, an dem schon alle Blüten verblüht waren. Dort, wo sich der echte Blütenstempel der Magnolie befand, ist eine ideale Stelle, um die Papier-Magnolie anzubringen.

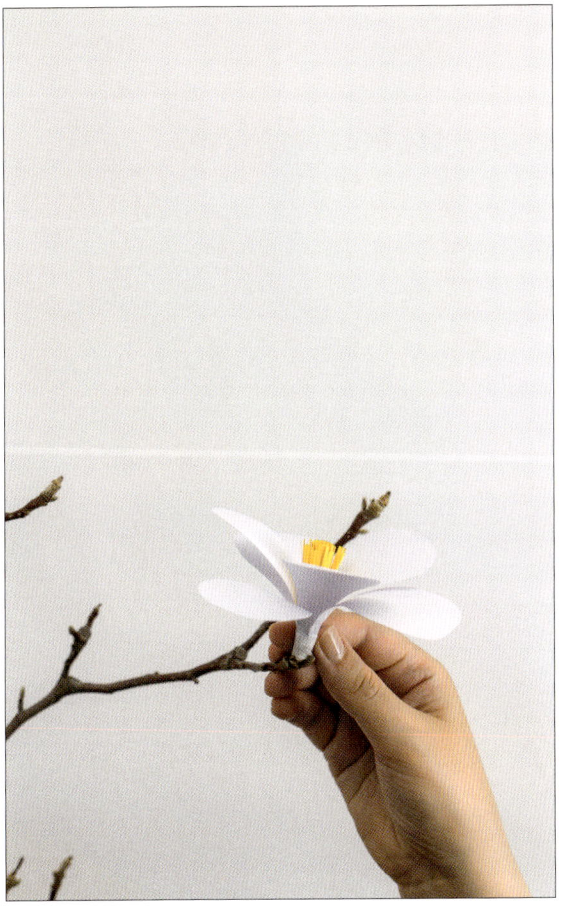

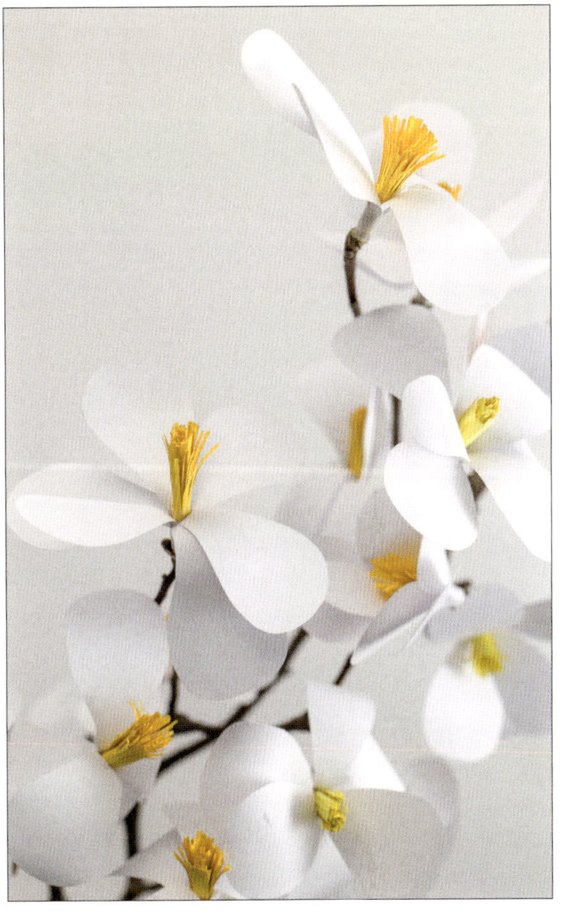

15. Magnolienblüten am Ast anbringen
Nun steckst du die Blüte mit dem Loch am unteren Ende auf den Ast. Wenn notwendig, kannst du hier Superkleber oder einen Klecks Kleber aus der Heißklebepistole verwenden oder auch noch mal einen Streifen des weißen Kreppklebebands.

16. Magnolienast dekorieren
Wenn du alle Blüten am Ast angebracht hast, kannst du diesen in eine Vase ohne Wasser stellen und dekorativ im Raum platzieren. Ich werde diesen Magnolienast einer guten Freundin zum Geburtstag schenken, damit sie sich noch lange daran erfreuen kann.

PFINGSTROSEN AUS KREPPPAPIER

Ob als Einweihungsgeschenk, für eine Dinnerparty oder klassisch zum Muttertag, einen Strauß Blumen verschenke ich immer gerne! Leider verwelken frische Blumen viel zu schnell und auch das ständige Wechseln des Wassers ist für viele mühsam. Daher bin ich in den letzten Monaten dazu übergegangen, Papierblumen zu verschenken. Für dieses DIY-Projekt habe ich einen wunderschönen Strauß Pfingstrosen aus Krepppapier hergestellt. Du kannst dazu entweder alle Blumen in einer Farbe gestalten oder einzelne Blumen in drei verschiedenen Farbtönen. Achte darauf, dass die Farben harmonieren, zum Beispiel verschiedene orange und gelbe Farbtöne oder verschiedene rosa Farbtöne. Jede Blüte soll aus der gleichen Art von Krepppapier gestaltet sein.

Für einen üppigen Blumenstrauß aus Krepppapier benötigst du mindestens 5 große Pfingstrosen. Bereite daher insgesamt rund 105 Blütenblätter vor. Für eine große Pfingstrose benötigst du Blütenblätter in unterschiedlichen Größen: rund 6 x Größe XL, 3 x Größe L, 5 x Größe M, 7 x Größe S.

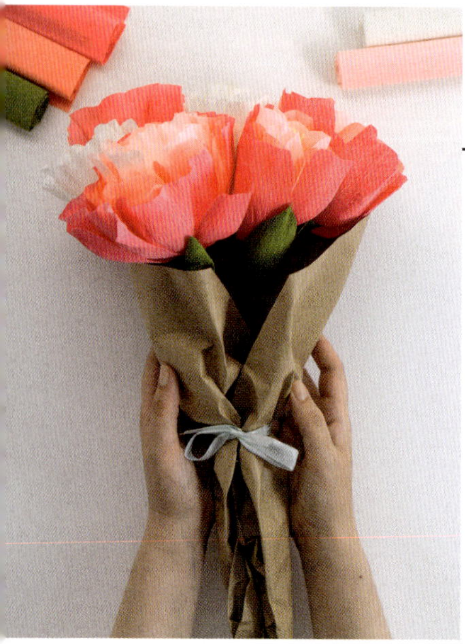

MATERIAL

Krepppapier, Elastizität 250 %, in Grün, Pastellgelb, Weiß, Hellrosa, Rosa, Pink und Dunkelrosa
Blumendraht
Bastelwatte
Schleife
Vorlage
160 g Druckerpapier für die Vorlage

WERKZEUG

Papier- oder Bastelschere
Klebstoff
Heißklebepistole

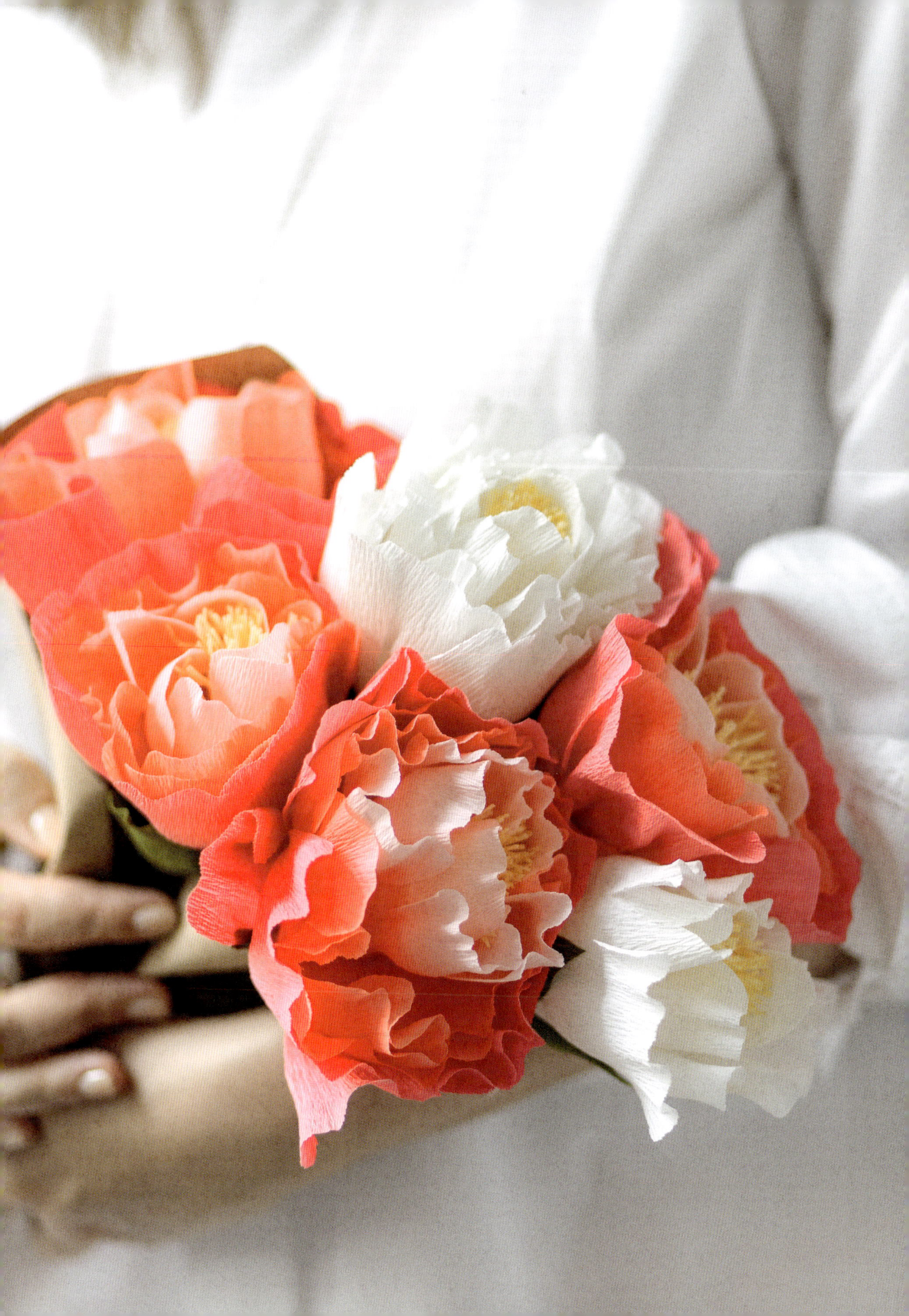

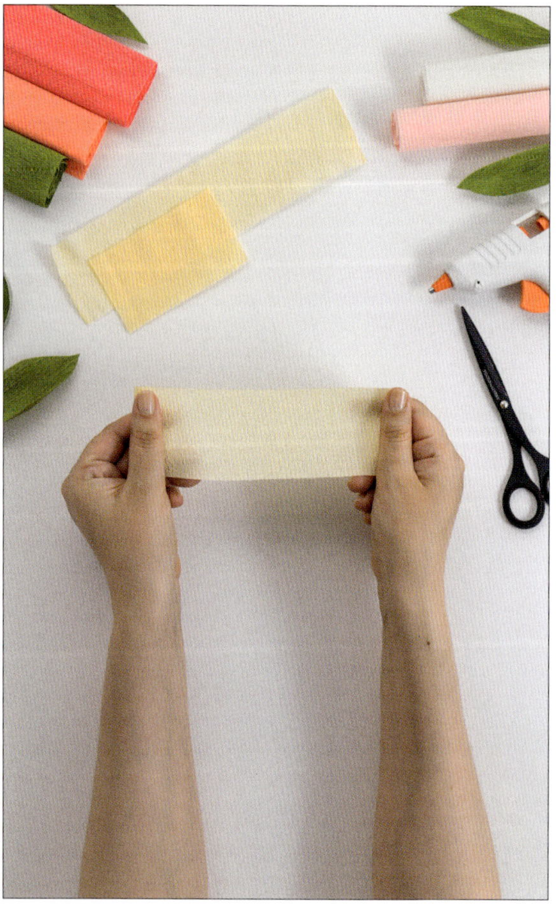

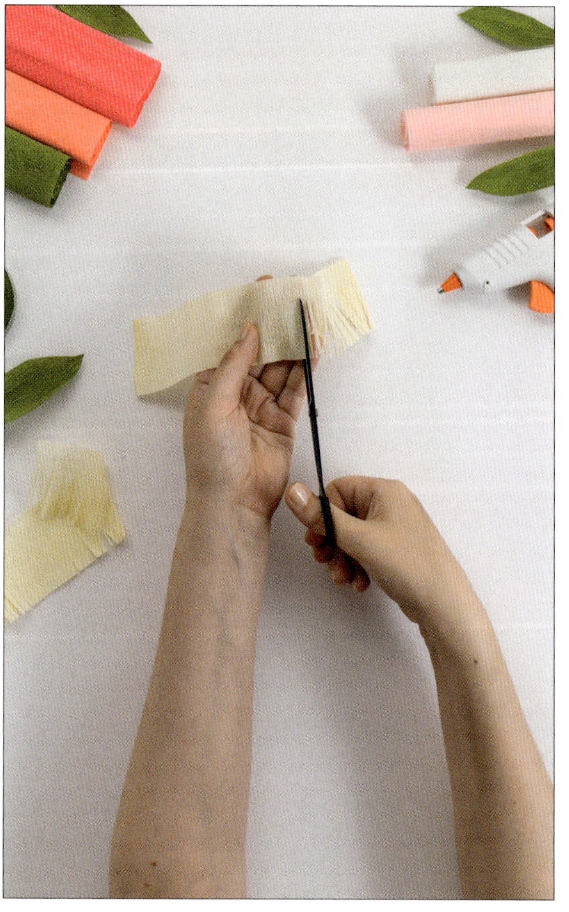

1. Blütenstempel zuschneiden

Schneide für den Blütenstempel ein rechteckiges Stück Krepppapier mit den Maßen 10 x 6 cm zu. dafür habe ich Pastellgelb verwendet. Ziehe das Krepppapier mit beiden Händen wie abgebildet auseinander. Bei Krepppapier mit einer Elastizität von 250 % entsteht ein Streifen von ungefähr 29 cm.

2. Staubfäden einschneiden

Jetzt wird das auseinandergezogene Krepppapier mit einer Papier- oder Bastelschere Stück für Stück eingeschnitten, sodass 2 bis 4 mm breite Fransen entstehen. Achte darauf, dass du maximal 5 cm in das Papier einschneidest.

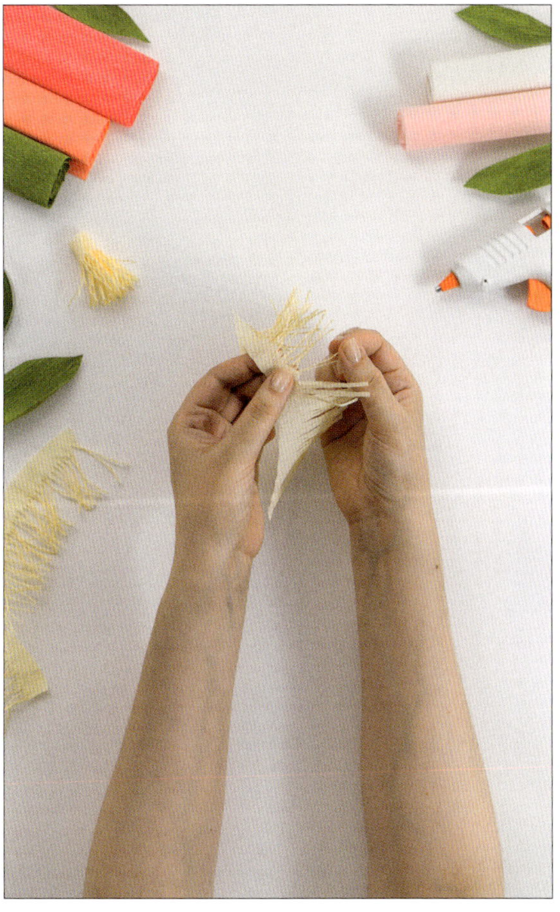

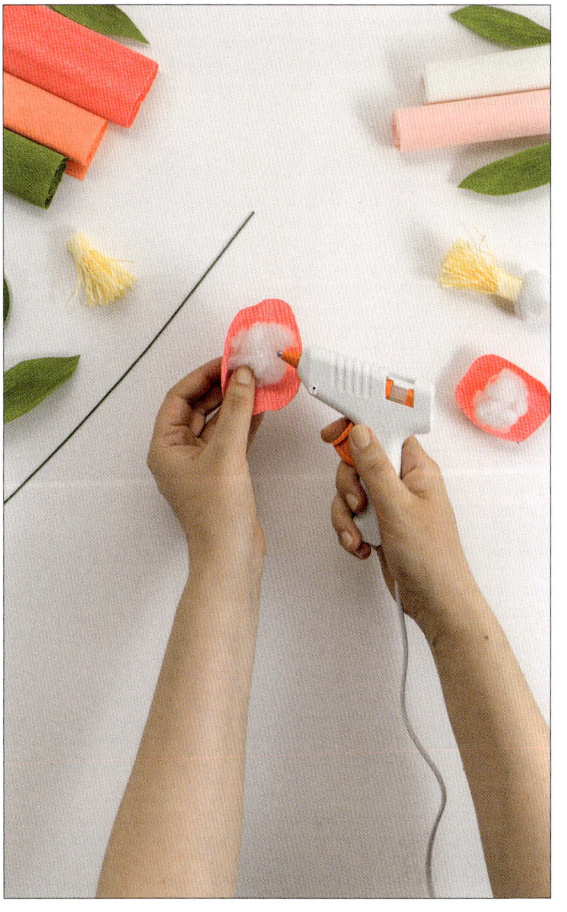

3. Staubfäden vorbereiten
Um einen realistischen Blütenstempel zu erhalten, drehe die einzelnen Fransen nun mit den Fingern ein. Nimm dafür eine Franse nach der anderen zwischen Daumen und Zeigefinger und drehe die Franse leicht von innen nach außen.

4. Fruchtknoten vorbereiten
Nun etwas Bastelwatte zu einer kleinen Kugel zusammenrollen und den vorbereiteten Blumendraht mit Heißkleber in der Kugel aus Watte fixieren. Schneide nun ein ovales Stück Krepppapier in der Farbe der äußersten Blütenblätter zu. Dehne das Krepppapier etwas auseinander und lege es über die Kugel. Fixiere das Stück Krepppapier wie abgebildet mit Heißkleber an der Kugel und um den Draht.

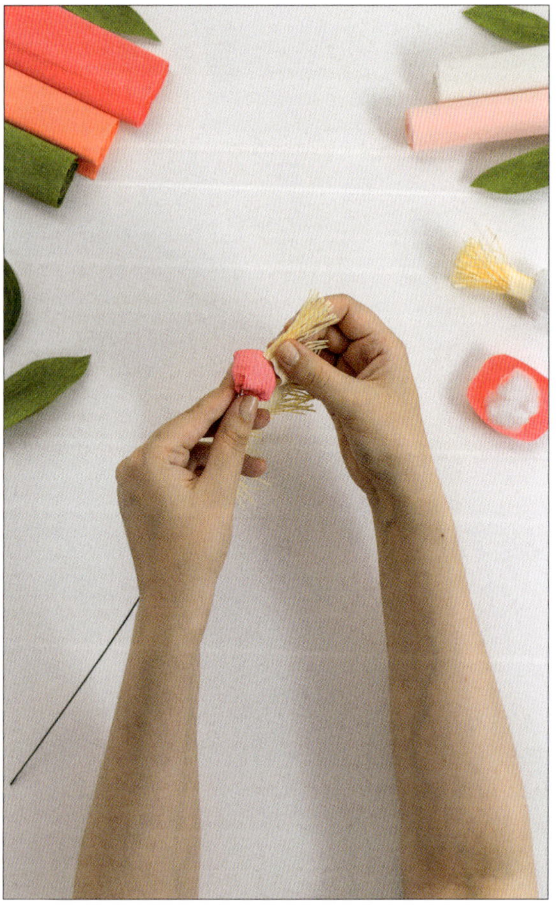

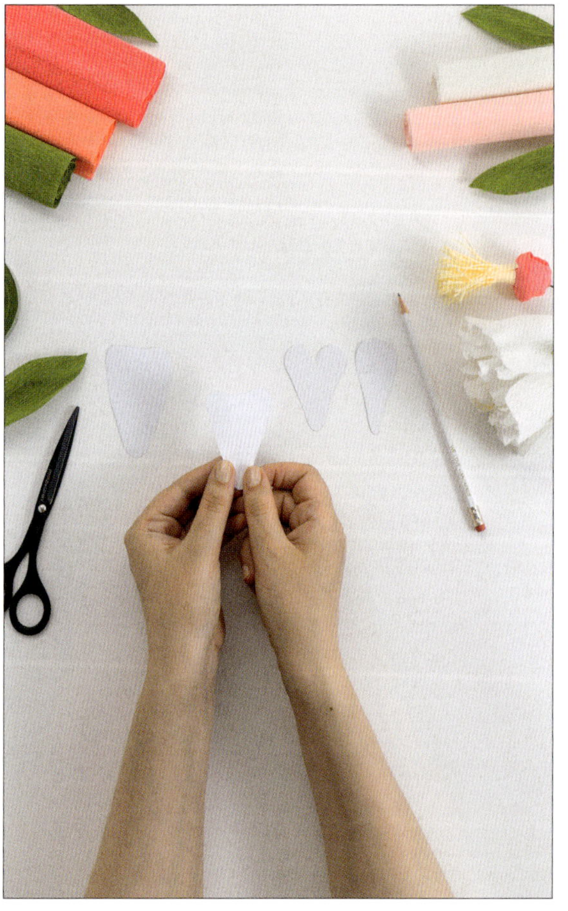

5. Staubfäden an Fruchtknoten anbringen
Nun rollst du den Streifen mit den Fransen ein und klebst ihn mit Heißkleber am Fruchtknoten an.

6. Vorlage vorbereiten
Nun zu den Blütenblättern: Du kannst die Pfingstrose einfarbig oder mit einem Farbverlauf gestalten. In diesem Fall habe ich, wie abgebildet, vier verschieden große Blütenblätter verwendet. Du kannst dir dafür entweder deine eigenen Blüten zeichnen oder die dafür verwendete Vorlage im Downloadbereich (siehe Seite 182) herunterladen, ausdrucken und ausschneiden.

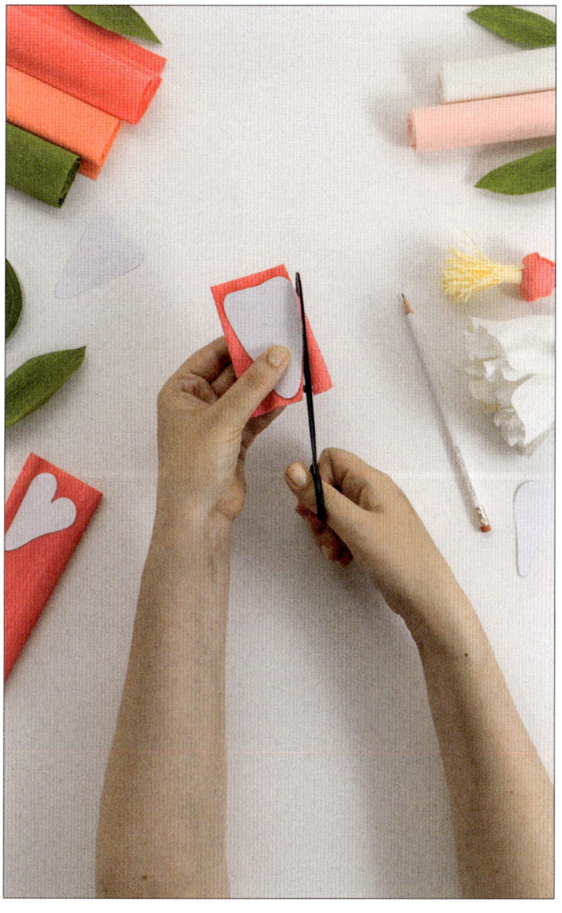

7. Blütenblätter zuschneiden
Achte beim Zuschneiden darauf, dass der Verlauf der Dehnung des Krepppapiers parallel zu den Linien der Vorlagen liegt, damit du das Papier auseinanderdehnen kannst.

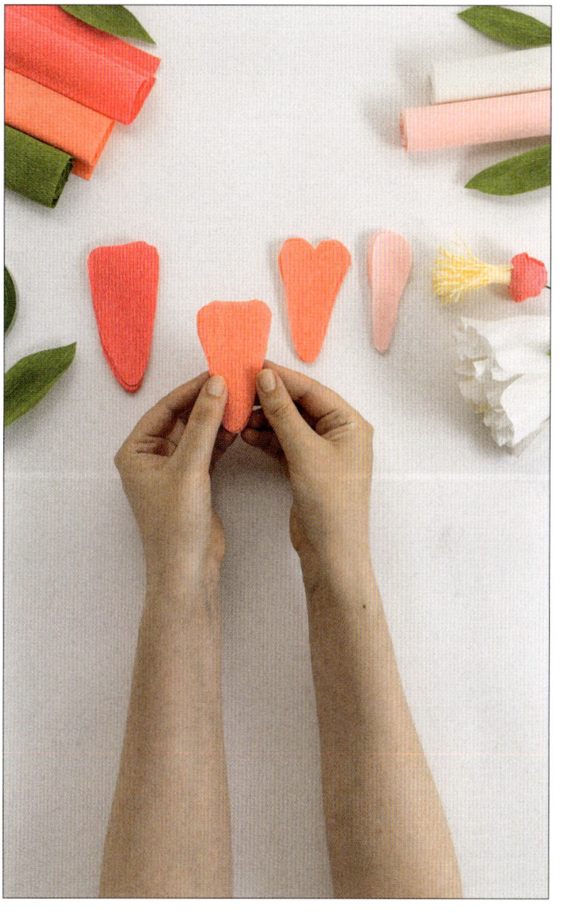

8. Blütenblätter vorbereiten
Schneide nun die Blütenblätter aus: 6 x in Größe XL, 3 x in Größe L, 5 x in Größe M und 7 x in Größe S. Du kannst die Anzahl variieren, dann wird die Papierblume buschiger oder weniger buschig.

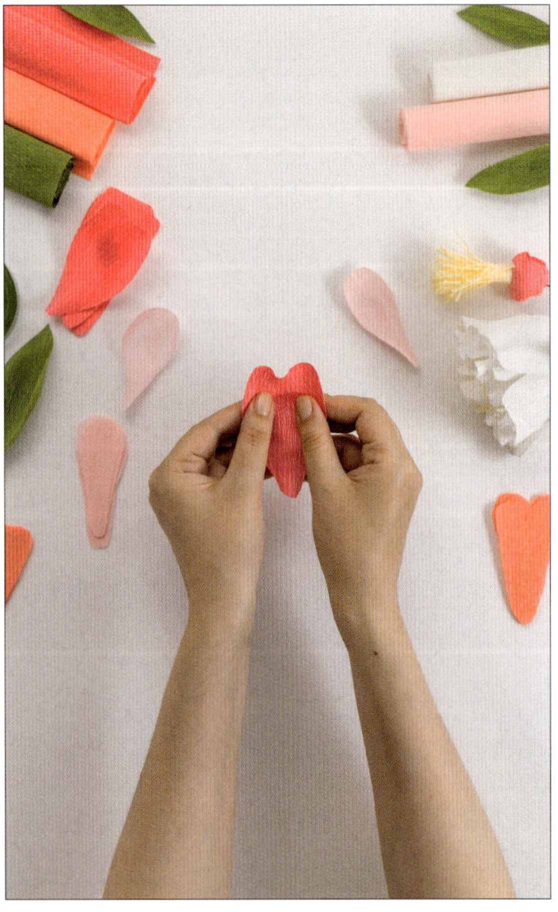

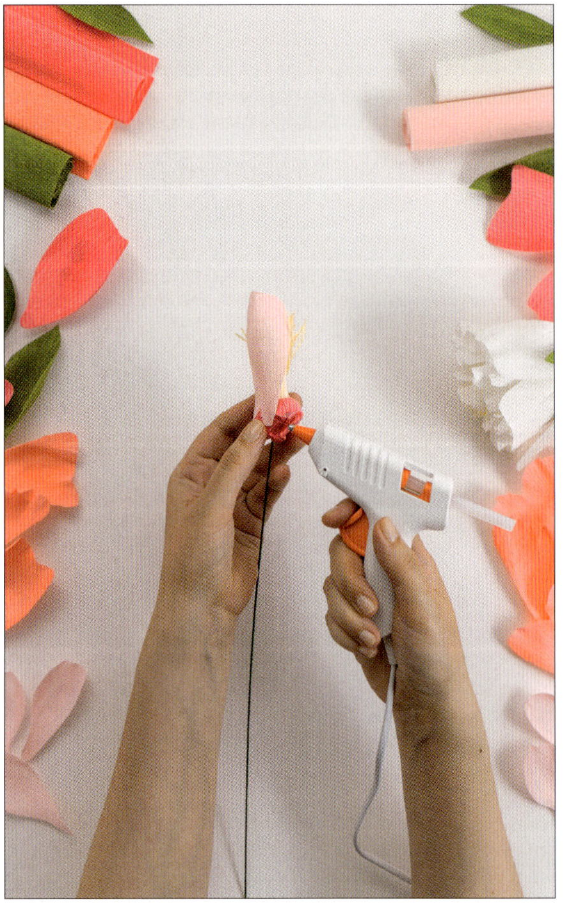

9. Blütenblätter formen
Wenn du die Blütenblätter zugeschnitten hast, kommt das Formen der einzelnen Blätter. Mithilfe deiner Fingerkuppen kannst du das Krepppapier ganz nach deinem Geschmack unterschiedlich stark dehnen. Beginne mit der bauchigeren Stelle, fixiere das Papier mit beiden Händen zwischen Daumen und Zeigefinger und drücke es vorsichtig nach innen. Gleichzeitig ziehst du das Papier ganz vorsichtig ein wenig auseinander. Du kannst auch die Spitze des Blütenblattes mit den Fingerspitzen vorsichtig bearbeiten. Teste diesen Schritt am besten zuerst an einem kleinen Blütenblatt, um zu sehen, wie sich dein Krepppapier verhält.

10. Konstruktion der Blüte
Jetzt beginnst du mit der Konstruktion der einzelnen Blumen. Für den Pfingstrosenstrauß habe ich unterschiedlich große Blumen in verschiedenen Farbkombinationen verwendet. Dadurch wird der Strauß ganz besonders. Jedes einzelne Blütenblatt wird auf dem Fruchtknoten mit Heißkleber festgeklebt. Für die Herstellung mehrerer Blumen arbeite am besten gleichzeitig an mehreren Blüten.

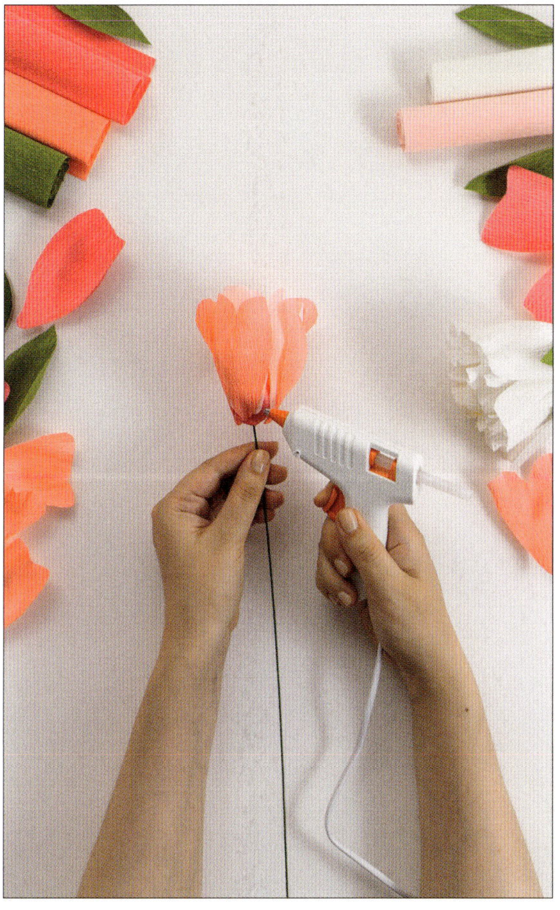

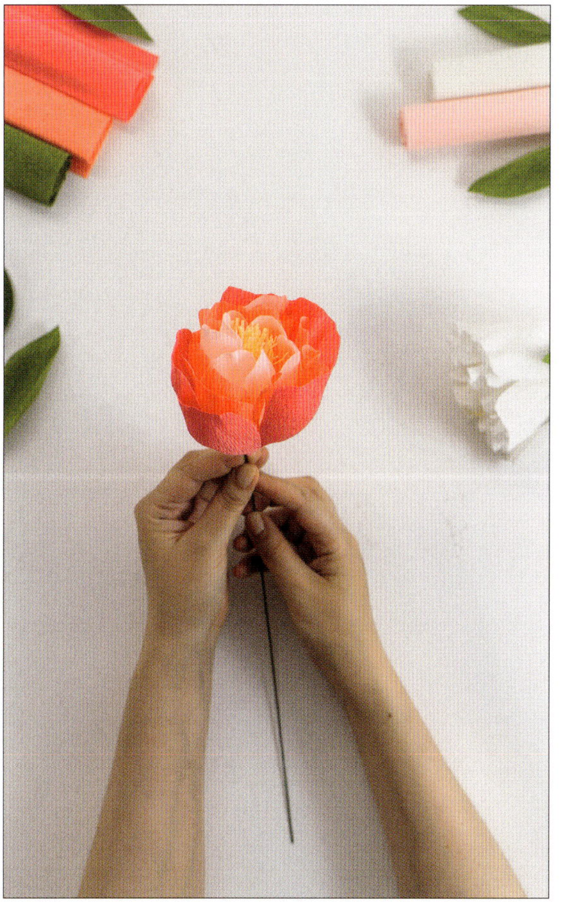

11. Von innen nach außen
Zuerst werden die Blütenblätter der Vorlage in Größe S, dann der Vorlagen in den Größen M und L und zum Schluss der Vorlage in der Größe XL angeklebt. Versuche, drei Blütenblätter in einer Runde um den Blütenstempel herum anzubringen. Dann die nächste Runde und immer so weiter. So kannst du sichergehen, dass zwischen den einzelnen Blütenblättern keine Lücken entstehen.

12. Blätter anbringen
In den Vorlagen im Downloadbereich (siehe Seite 182) findest du zwei Blattgrößen, die du zum Schluss mit Heißkleber an der Unterseite des Fruchtknotens anbringen kannst, um einen schönen Abschluss zu bekommen. Dehne die Blütenblätter nach deinen Vorstellungen in die gewünschte Form und befestige ein bis drei Blätter an den einzelnen Stängeln aus Draht. Dann ist deine Pfingstrose fertig und du kannst sie mit den anderen Pfingstrosen in eine Vase stellen, oder mit einer Schleife zusammenbinden und verschenken!

GUMMIBAUM „TINEKE" AUS AQUARELLPAPIER

Nicht jede oder jeder hat einen grünen Daumen oder im Zuhause genug Licht, um echte Pflanzen gedeihen zu lassen. Gerade für sehr dunkle Ecken oder fensterlose Räume sind Pflanzen aus Papier einfach ideal. Freunden und Familienmitgliedern, die gerade umgezogen sind, schenke ich neben Brot und Salz, als traditionelles Einweihungsgeschenk zum Einzug, sehr gerne eine Pflanze. Denn durch eine Zimmerpflanze wird es meiner Meinung nach in kürzester Zeit viel wohnlicher. Der Gummibaum hat eigentlich tiefgrüne Blätter. Die Sorte „Tineke" hat jedoch eine ganz besondere Blattzeichnung. Die cremeweiß gerandeten Blätter mit zwei bis drei Grüntönen sehen wie aquarelliert aus und sind die perfekte Inspiration für unsere Papierpflanze!
Für dieses DIY-Projekt benötigst du mindestens fünf Gummibaumblätter. Du kannst jedoch einzelne Blätter der Vorlage öfter verwenden, wenn du einen buschigen Gummibaum machen möchtest.

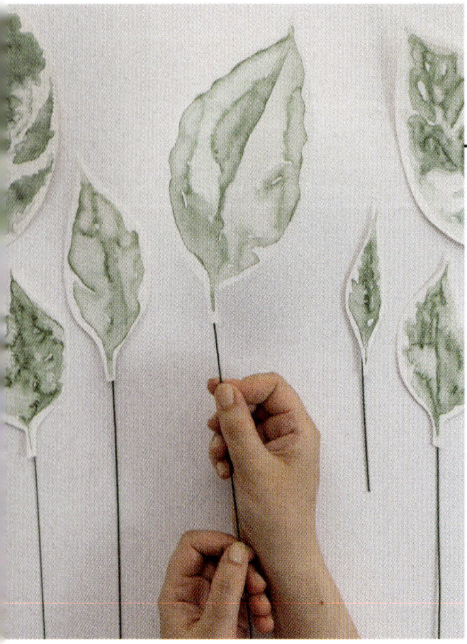

MATERIAL

- Vorlage
- 160 g Druckerpapier für die Vorlage
- Aquarellpapier, 300 g/m²
- Papier ummantelter Blumendraht
- Trocken-Steckziegel
- Blumentopf
- grünes und braunes Floristenband
- Steine, Kiesel oder Moos

WERKZEUG

- Bastel- oder Papierschere
- Klebstoff
- Bleistift
- Watercolour-Marker
- Wassertankpinsel
- Bastelmesser
- Wasser

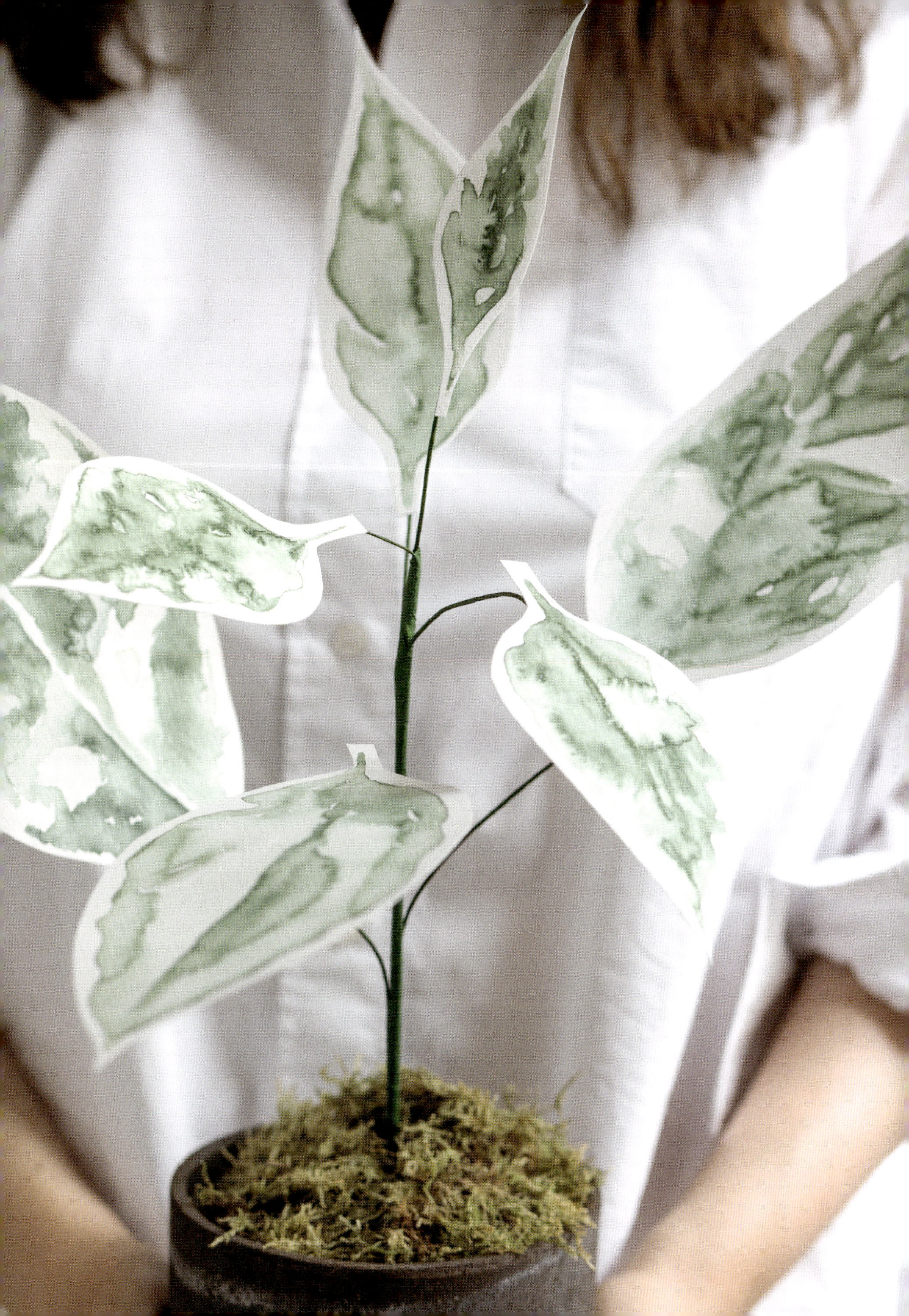

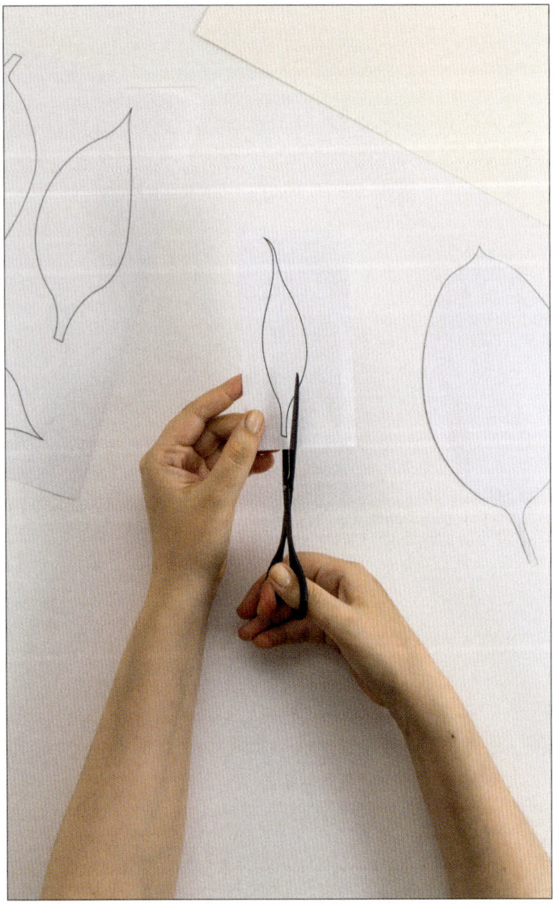

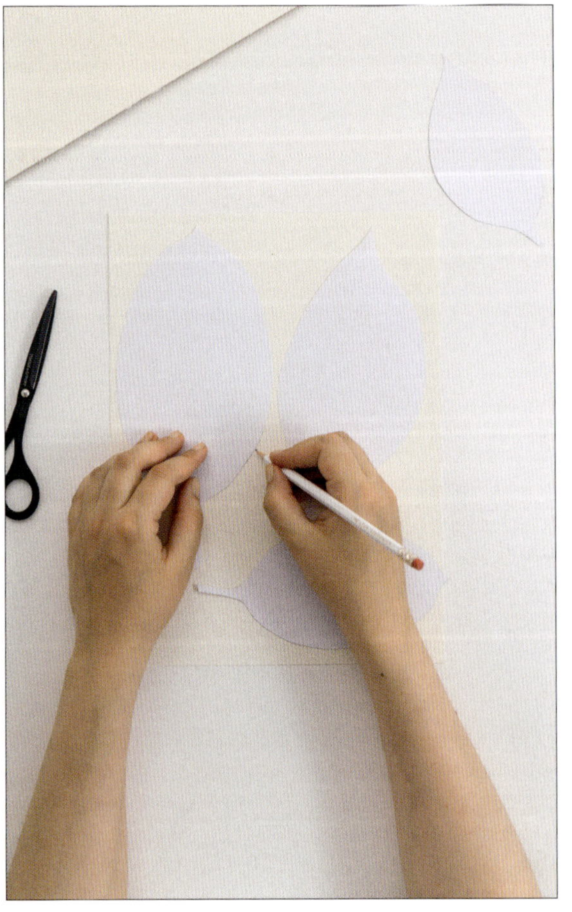

1. Vorlage ausdrucken und ausschneiden
Du kannst entweder die Vorlage aus dem Downloadbereich (siehe Seite 182) verwenden oder du zeichnest deine eigenen Blätter. Achte darauf, dass du für die Vorlage Papier verwendest, das eine höhere Grammatur besitzt, da du die einzelnen Blätter öfter verwenden wirst.

2. Vorlage übertragen
Lege die einzelnen Vorlagen auf das aus dem Block ausgelöste Aquarellpapier. Zeichne die Konturen der Vorlagen mit einem feinen Bleistiftstrich auf dem Aquarellpapier nach und schneide die Blätter anschließend aus.

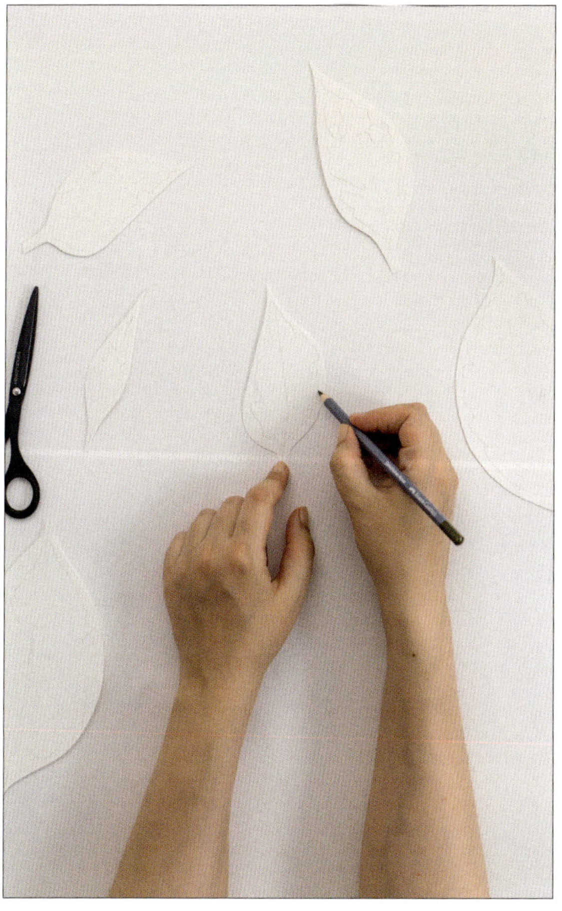

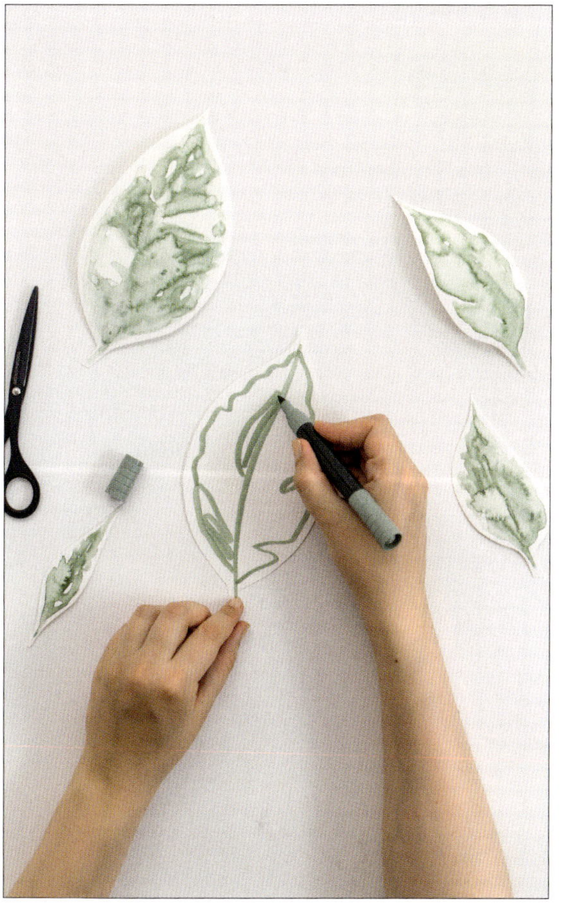

3. Musterung skizzieren

Anschließend skizzierst du mit einem Bleistift die gewünschte Musterung des Gummibaumblattes. Beachte, dass die Bleistiftstriche unter der Aquarellfarbe nicht radiert werden können.

4. Blattmusterung malen

Du kannst entweder mit einem Watercolour-Marker die Musterung andeuten und anschließend mit einem Pinsel oder Wassertankpinsel aquarellieren. Falls du Aquarellfarben zuhause hast, malst du mit ihnen die Musterung des „Tineke"-Blattes. Was ich dir auf jeden Fall empfehle: Zuerst den Stift auf einem kleinen Stück Aquarellpapier ausprobieren, bevor du dein schönes Gummibaumblatt anmalst.

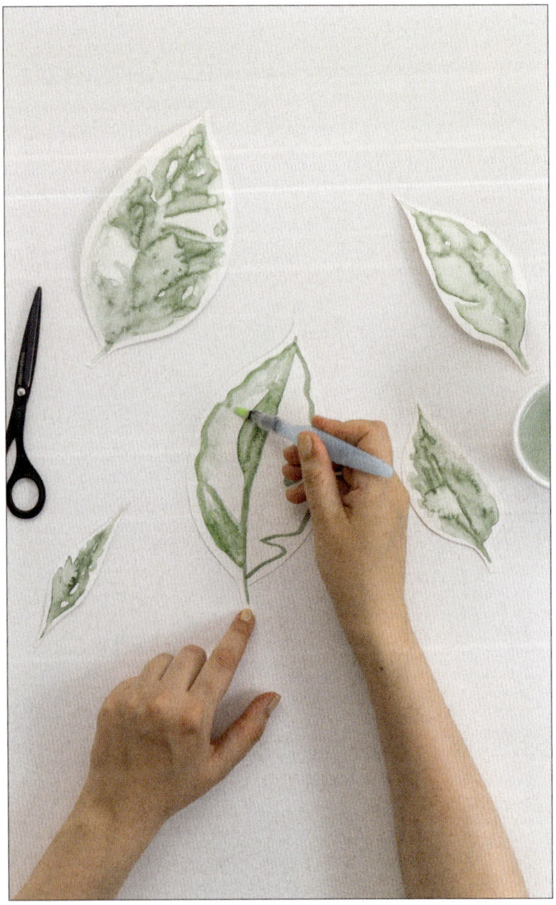

5. Mit Wasser verwischen

Mit einem Wassertankpinsel oder normalen Pinsel die einzelnen Linien aquarellieren. So entsteht dieses schöne Muster des „Tineke"-Gummibaumes. Anschließend alle Blätter trocknen lassen.

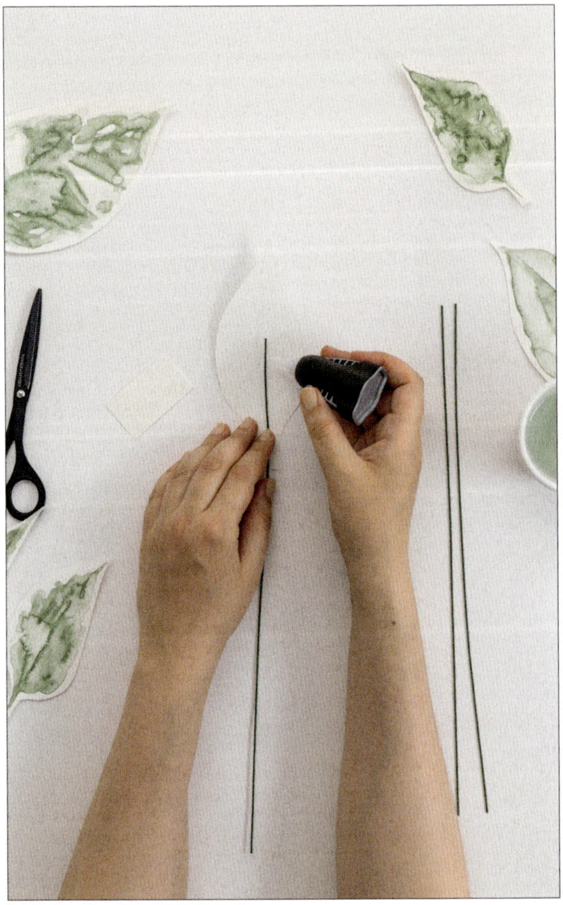

6. Draht mit den Blättern verbinden

Auf der Rückseite des Blattes den mit Papier ummantelten Blumendraht als Blumenstängel mit einem Stück Aquarellpapier und Klebstoff befestigen. Optional kannst du auch auf der Unterseite des Blattes die Musterung mit dem Watercolour-Marker zeichnen und mit einem Pinsel aquarellieren, sodass Unterseite und Oberseite optisch zueinander passen.

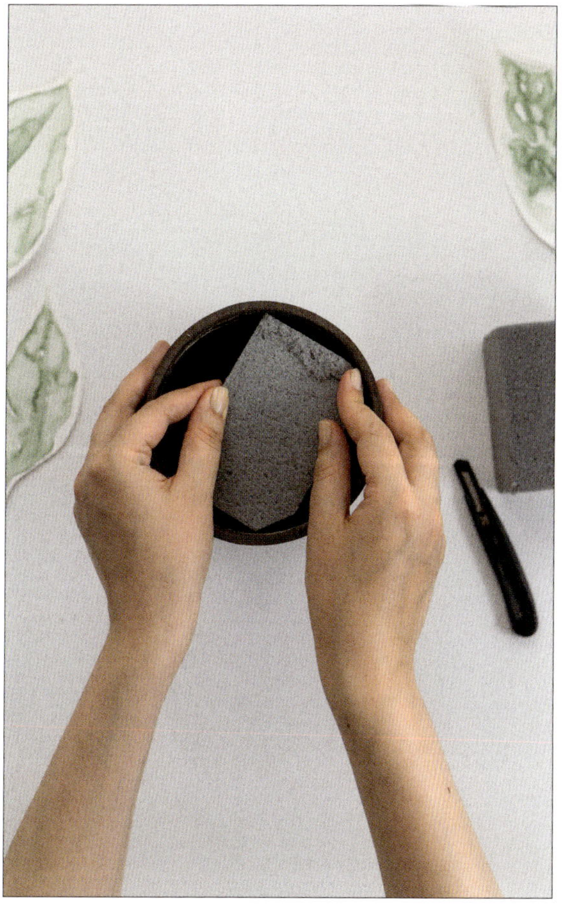

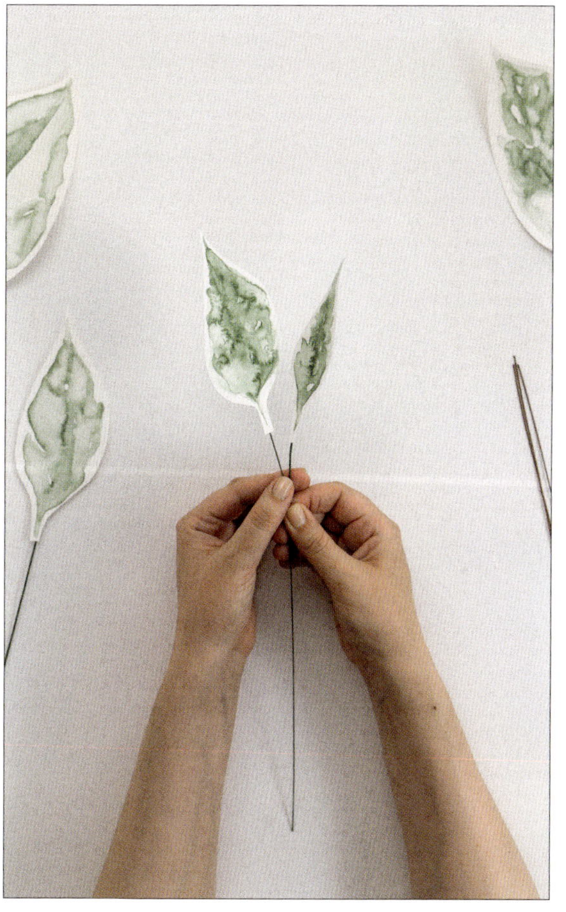

7. Blumentopf vorbereiten
Zuerst den Steckschwamm passend für den Blumentopf mit einem Bastelmesser zuschneiden und hineinstecken. Nutze hierzu einen Trocken-Steckziegel, nicht einen Steckschwamm für Schnittblumen.

8. Pflanze zusammenbauen
Nimm das Blatt, das ganz oben an der Pflanze angebracht werden soll, in diesem Fall das kleinste, und halte nun das zweitkleinste Blatt dazu. Beginne die beiden Blumendrähte mit dem Floristenband zu umwickeln. Nach und nach nimmst du immer mehr der vorbereiteten Blätter dazu. So entsteht ein stabiler Stamm. Du kannst hier auch noch ein, zwei Stücke Blumendraht ohne Blätter für mehr Stabilisation zur Hand nehmen und ebenfalls mit dem Floristenband umwickeln.

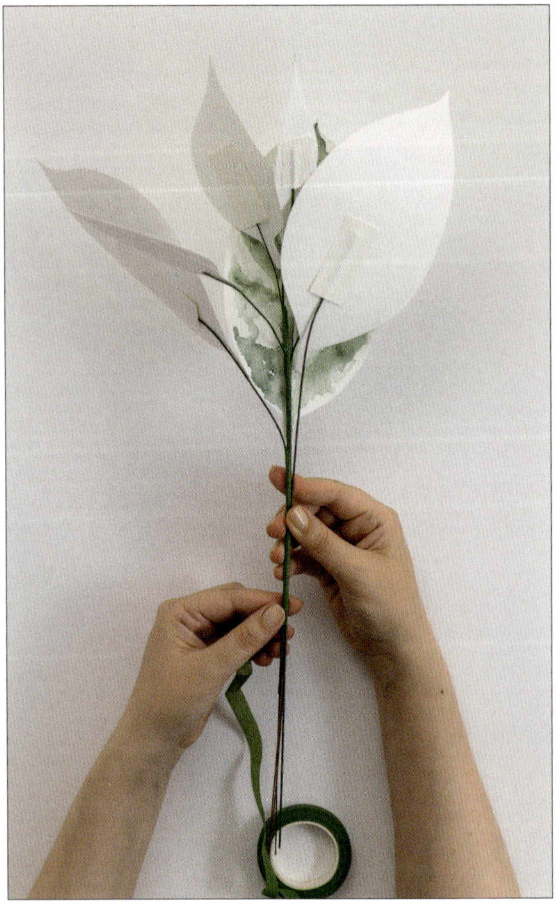

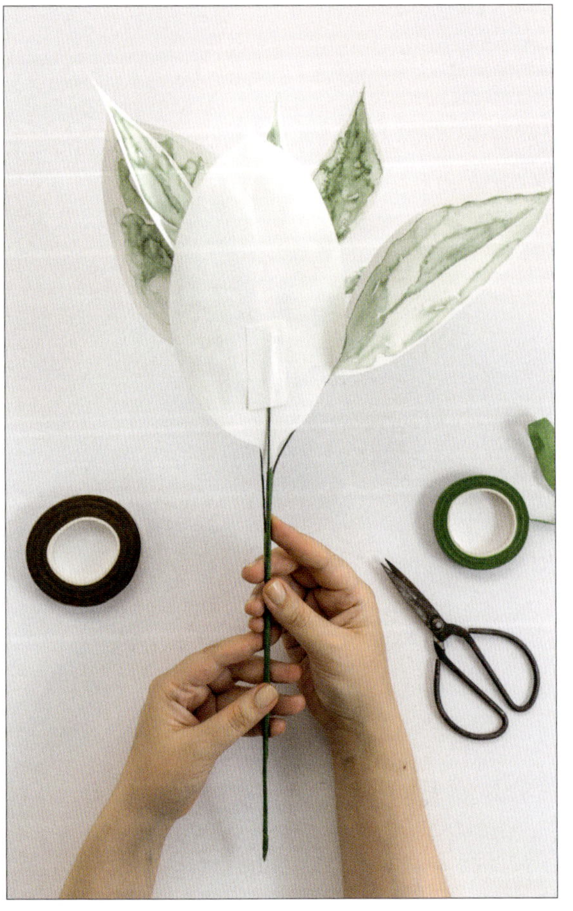

9. Pflanzenstängel fixieren
Die Stängel von oben nach unten mit grünem Floristenband umwickeln. Durch das Umwickeln wird der Stängel der Papierpflanze stabiler.

10. Blätter positionieren
Nachdem der Stängel der Papierpflanze stabil ist, werden die einzelnen Blätter in die gewünschte Position gebogen. Durch den Blumendraht sind die Stängel leicht biegsam.

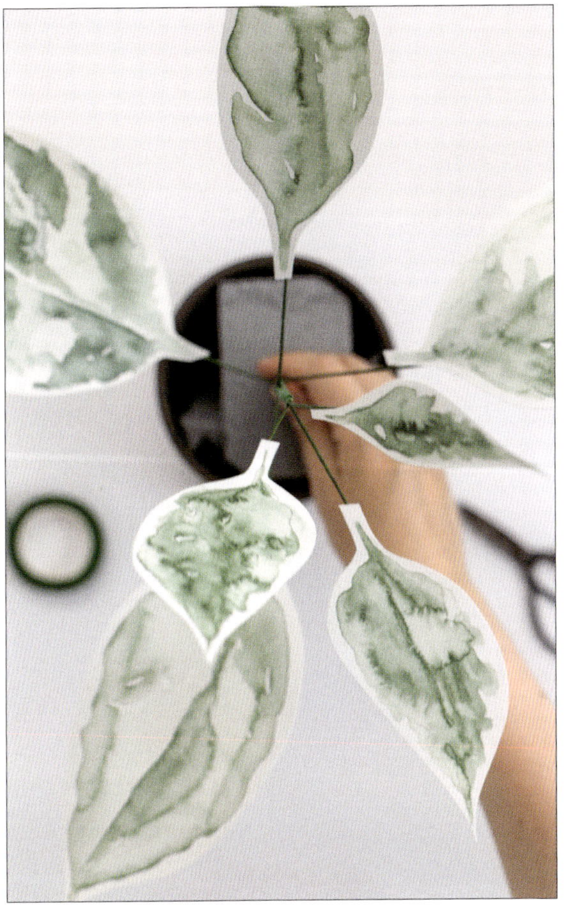

11. Papierpflanze platzieren
Den Pflanzenstängel in die Mitte des Steckschwamms stecken. Darauf achten, dass die Papierpflanze stabil steht und nicht umkippt.

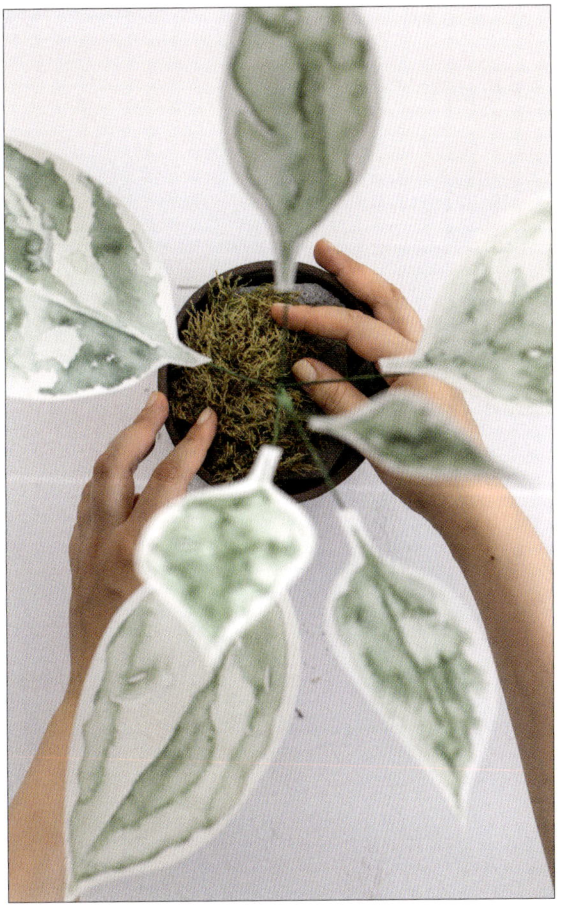

12. Steckschwamm bedecken
Wenn du ein paar Steine, Kiesel oder etwas Moos zur Hand hast, kannst du den Steckschwamm zur Gänze damit bedecken. Jetzt ist deine Papierpflanze fertig und kann verschenkt werden!

TROCKENBLUMENKRANZ ALS WANDSCHMUCK

Als erstes Projekt mit Trockenblumen habe ich Kränze, wie so viele andere, als Wanddeko gebunden. Über die Jahre hinweg habe ich unterschiedliche Methoden entwickelt, um Kränze einfach und unkompliziert zu binden.

Du kannst selbstverständlich die gleichen Blumen wie abgebildet zum Einsatz bringen, ich möchte dich jedoch ermutigen, ganz nach deinem Geschmack unterschiedliche Farbkombinationen auszuprobieren. Bei der Farbwahl solltest du berücksichtigen, dass die Farben der Blumen beim Trocknen verblassen und ihre Wirkung im getrockneten Zustand noch schöner sein kann als im frischen Zustand.

Auch empfehle ich, frische mit getrockneten Blumen zu kombinieren, da die Stängel von getrockneten Blumen beim Binden abbrechen können. Im Kapitel „Techniken“ habe ich einige Blumen aufgelistet, die sich frisch verarbeiten lassen und wunderschön trocknen.

Du kannst die Kränze nicht nur zu Weihnachten, sondern zu jedem saisonalen Anlass passend binden. Ein herbstlicher Blumenkranz kann wie ein Kranz mit Frühlingsblumen sehr dekorativ sein. Denn beim Binden von Kränzen kannst du von traditionell bis modern deinen gewünschten Stil wählen. Die Anleitung für einen halben Kranz findest du auf Seite 64.

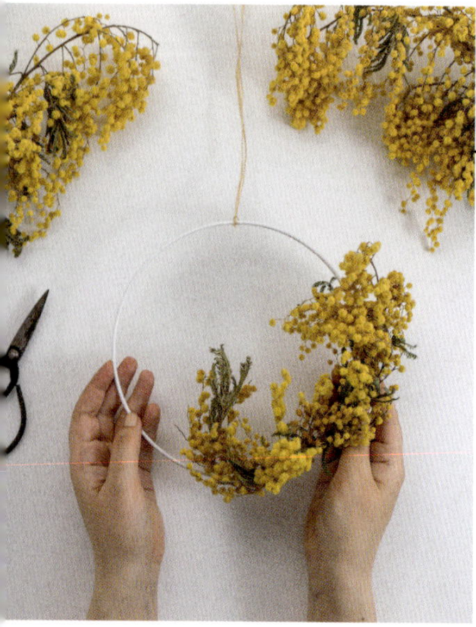

MATERIAL

Metallring (ø 15 cm, 20 cm oder 25 cm)
dicker Blumendraht
dünner Blumendraht
Trockenblumen und Zweige
frische Blumen
grünes Floristenband
Satinband
Bindfaden

WERKZEUG

Kombizange
Blumen- oder Gartenschere

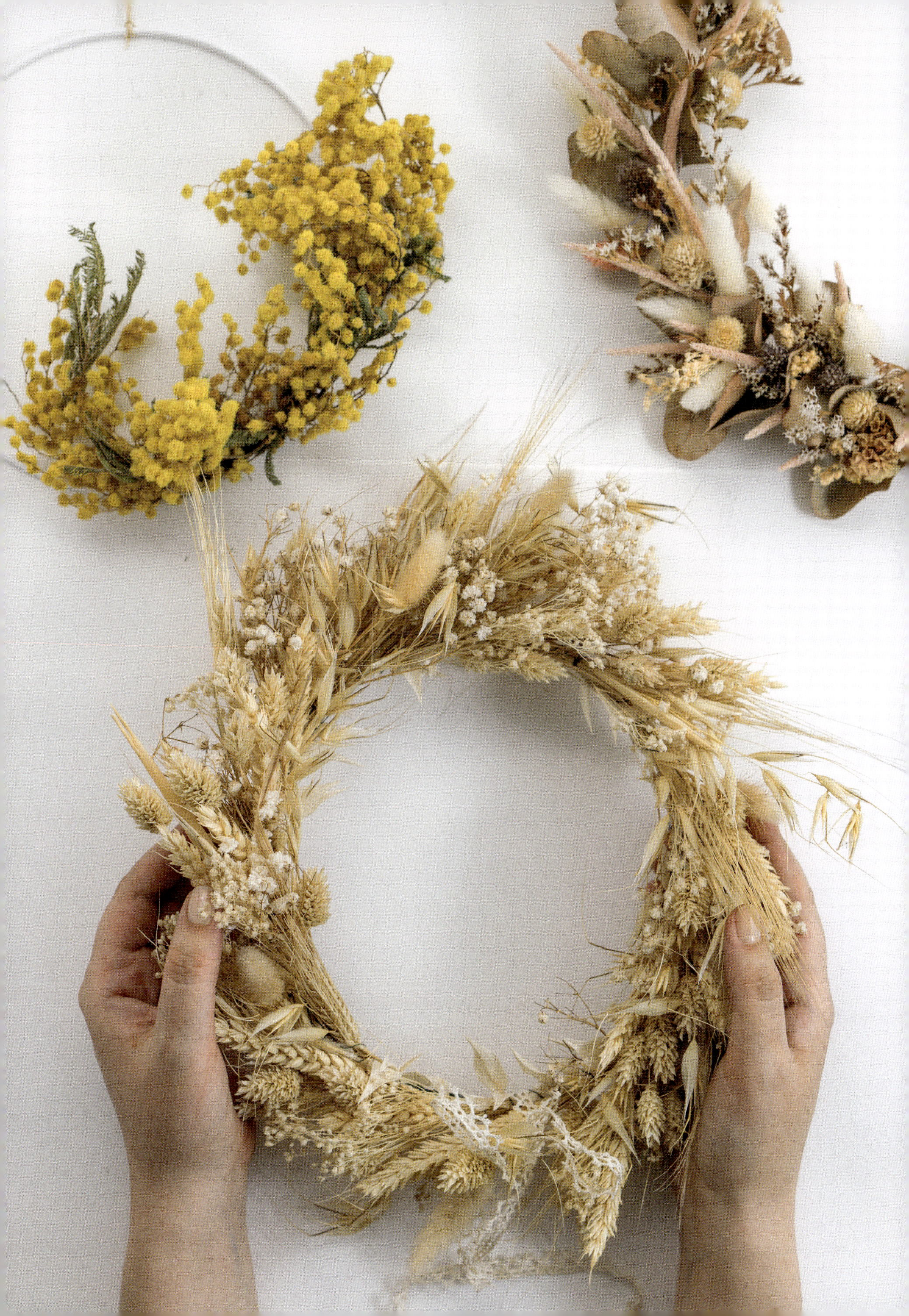

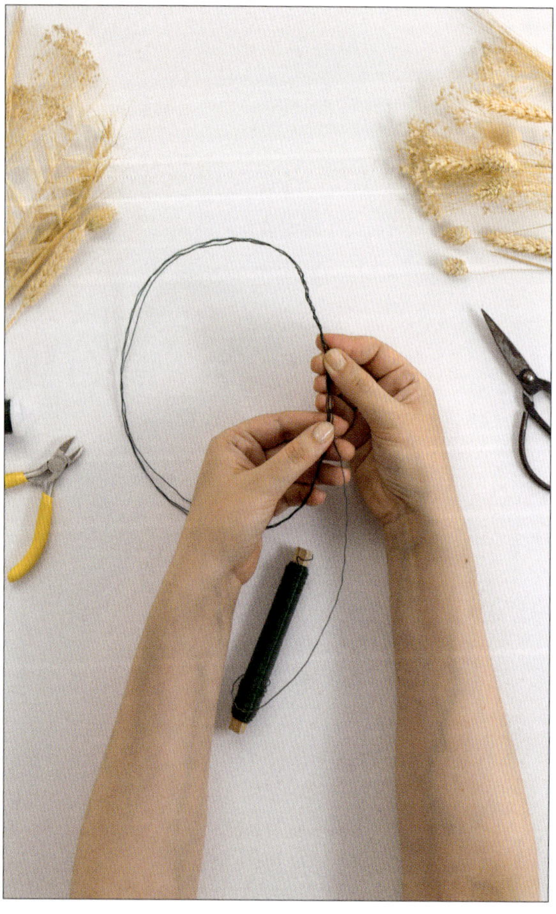

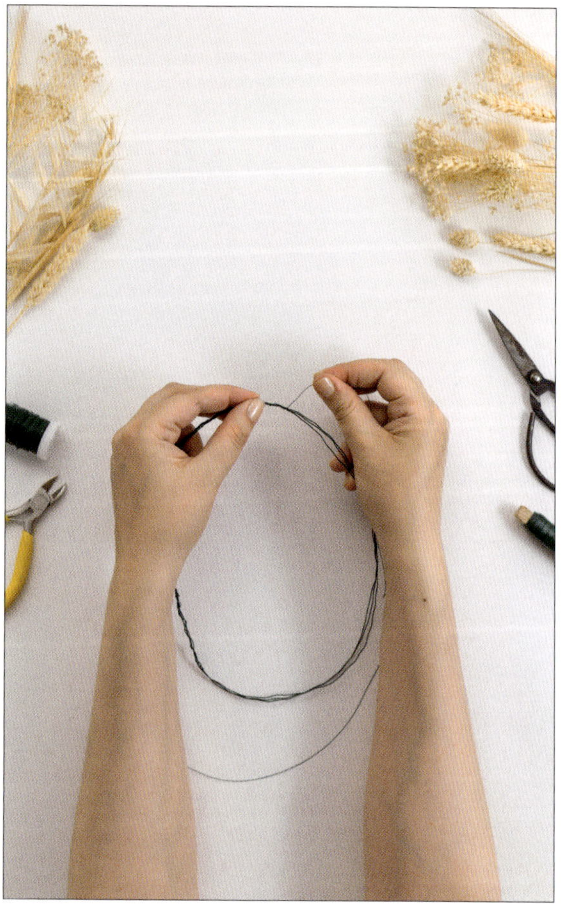

1. Kranz aus Draht vorbereiten

Überlege, wie groß der Kranz im Durchmesser sein soll. Forme den dicken Draht mit deinen Händen zu einem entsprechend großen Kreis und lege weitere drei bis vier Windungen auf den ersten Drahtkreis. Ich habe für dieses DIY-Projekt einen Kranz im Durchmesser von 30 cm geformt.

2. Kreis aus Draht fixieren

Jetzt zwickst du den Draht mit einer Zange von der Spule und umwickelst den Drahtkreis mit dem dünneren Draht. So ist die Kranzunterlage für den Trockenblumenkranz stabil und für die weitere Verarbeitung vorbereitet. Du kannst den Drahtkreis auch zusätzlich mit Floristenband umwickeln, sodass ein geschlossener Ring entsteht. Das ist hier jedoch nicht unbedingt notwendig, außer für den Fall, dass du deinen Kranz locker binden möchtest.

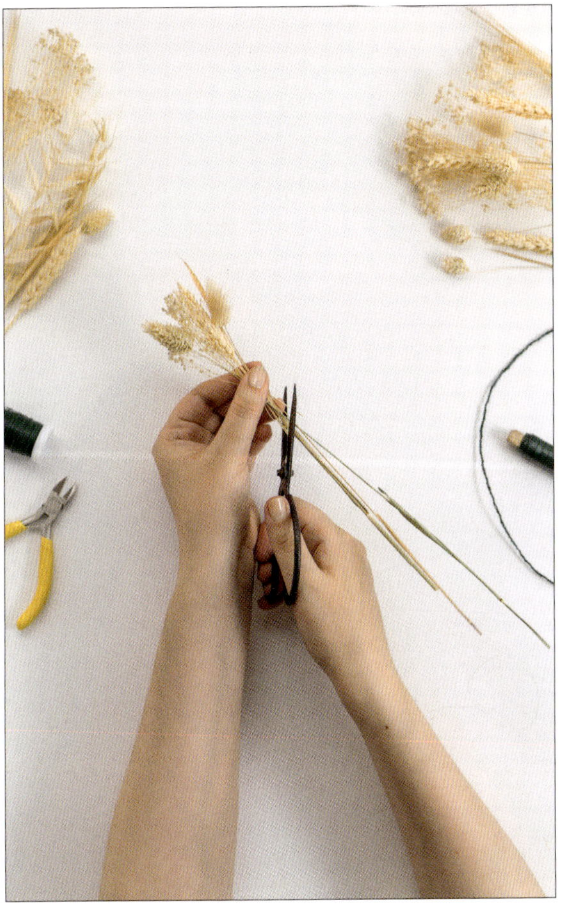

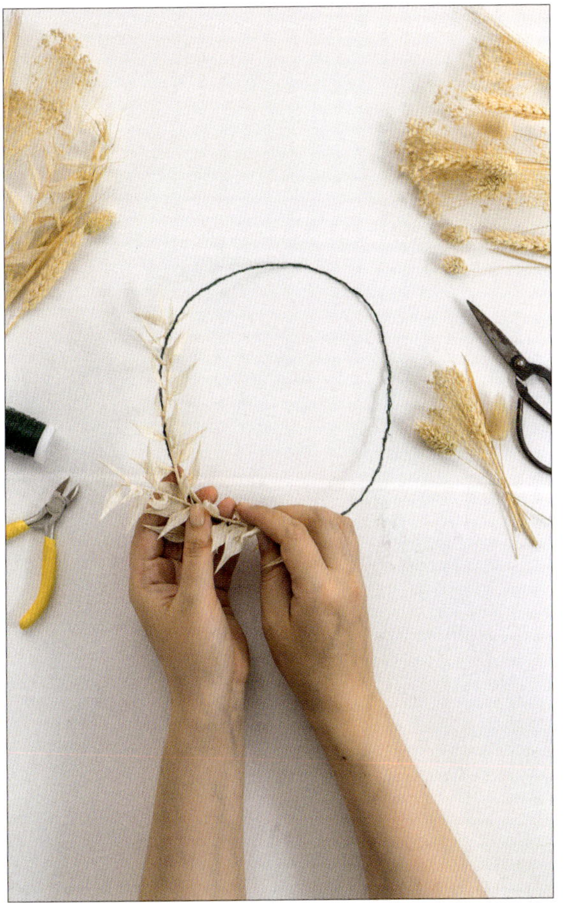

3. Blumen auswählen

Jetzt hast du die Kranzunterlage vorbereitet. Überlege dir nun, ob du einen minimalistischen Kranz oder eher ein „Statement Piece" binden möchtest. Lege dazu deine gewünschten Blumen und Zweige zurecht und bereite kleine Büschel für die vorgesehenen Sträußchen vor: zum Beispiel ein Sträußchen mit einem Zweig Eukalyptus, einer Rose und einer Distel. Dann ein Sträußchen mit einer Nelke, Gräsern und einer kleinen Rose. Wechsel immer wieder die Größen der einzelnen Blüten und Blätter ab, damit eine schöne Unregelmäßigkeit im Kranz entsteht. Du kannst auch Sträußchen aus den immer drei gleichen Komponenten oder nur aus einer Blumensorte binden. In diesem Fall habe ich mit getrockneten Gräsern und verschiedenen Getreiden gearbeitet.

4. Basis vorbereiten

Da der Kreis in sich geschlossen ist, muss man irgendwo anfangen. Um die Basis für den Kranz vorzubereiten, verwende entweder frisches oder wie in diesem Fall getrocketes Blattwerk deiner Wahl und wickel es großzügig um deine Kranzunterlage. So erhältst du eine Basis, mit der du weiterarbeiten kannst.

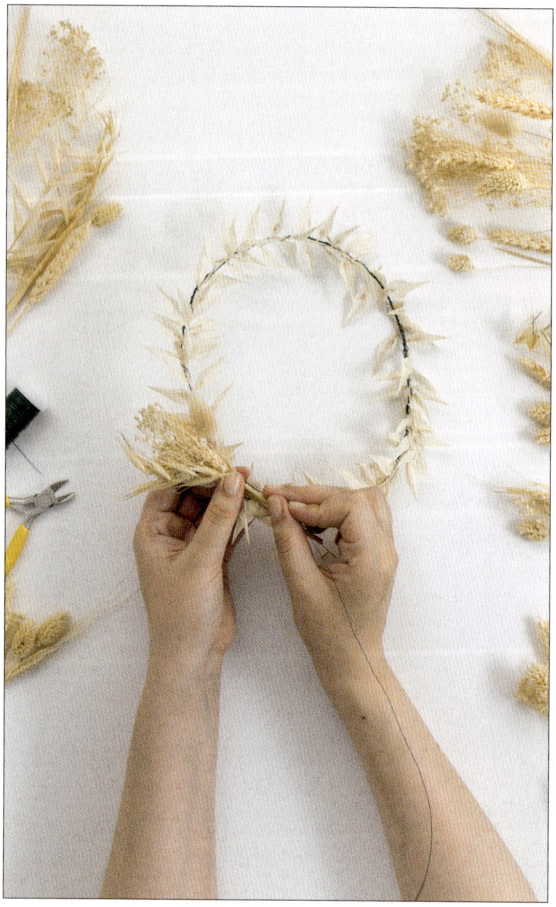

5. Blumen befestigen

Nun nimmst du eines deiner vorbereiteten Sträußchen und legst es an die Kranzunterlage. Umwickle den Drahtkreis mit dem Sträußchen mindestens dreimal straff mit dem dünnen Blumendraht. Schneide den Blumendraht nicht ab, sondern lass die Spule locker auf dem Arbeitstisch liegen. Befestige auf die gleiche Weise Sträußchen um Sträußchen an der Kranzunterlage.

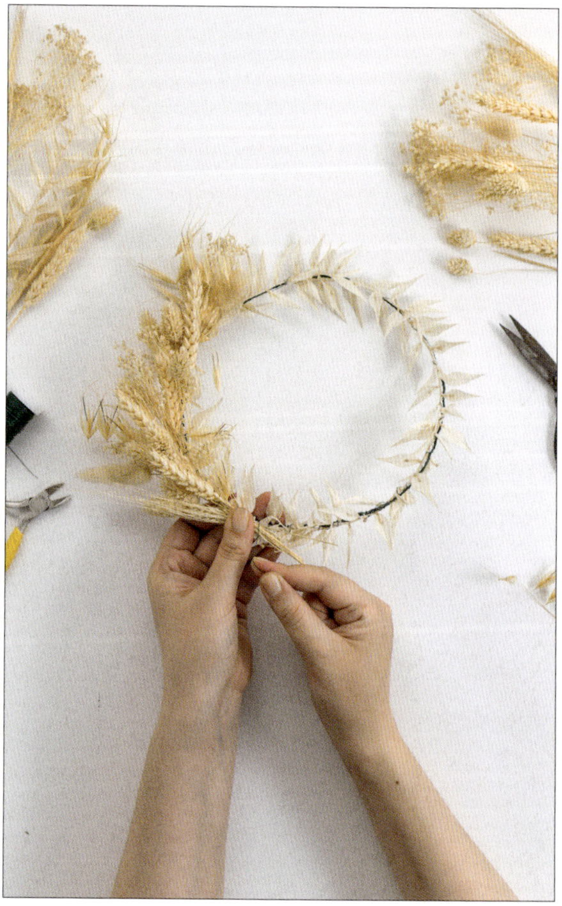

6. Kranz binden

Lasse dir Zeit, deine Sträußchen vorzubereiten und anschließend an der Kranzunterlage zu befestigen. Wenn du dein nächstes Sträußchen zur Hand nimmst, lege es an der unteren Hälfte des vorherigen Sträußchens am Kranz an und befestige es wie in Schritt 5 mit dem dünneren Draht. Wie viele Sträußchen du bindest und wie buschig dein fertiger Kranz werden soll, entscheidest du. Ich empfehle, zwischendurch den Kranz an die Wand zu halten oder auf den Arbeitstisch zu legen und zwei, drei Schritte zurückzugehen, um dein Werk mit ein bisschen Abstand zu betrachten. Dadurch fällt dir vielleicht eine Lücke auf oder du möchtest doch noch eine andere Kombination von Blumensträußchen ausprobieren.

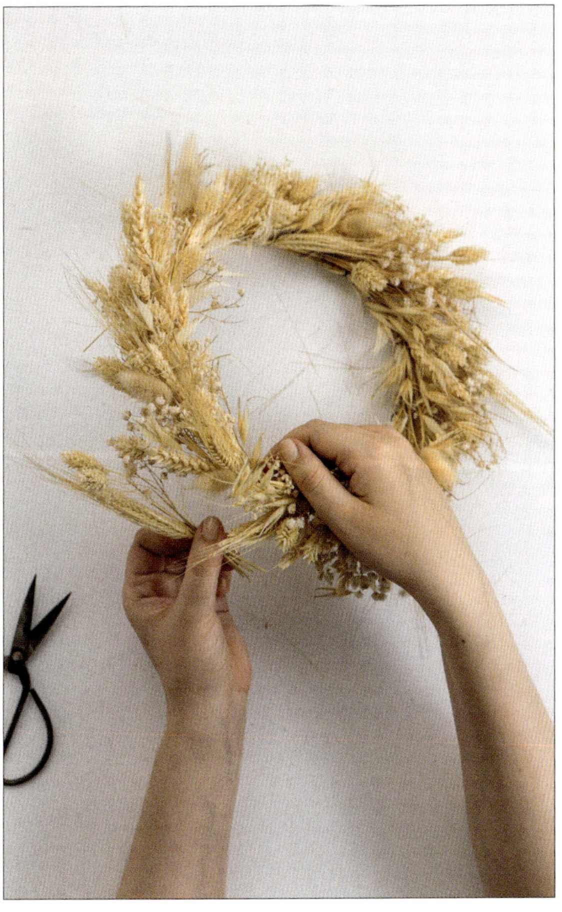

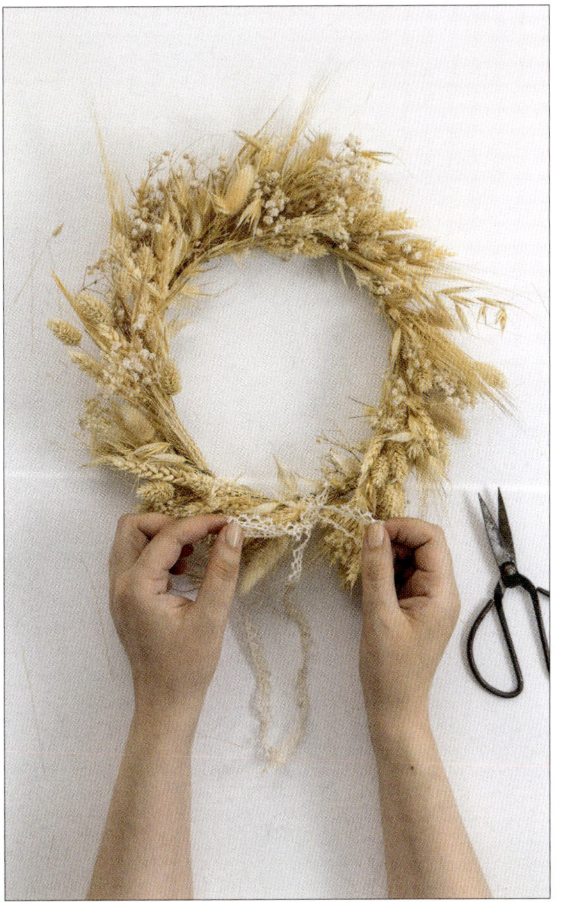

7. Kranzabschluss gestalten
Die Gestaltung der Rückseite des Kranzes ist bei dieser Art des Bindens nicht wichtig, da der Kranz an der Wand oder an der Tür hängen wird und die Rückseite nicht sichtbar ist. Der Kranz sollte jedoch flach aufliegen, schneide daher hinausstehende Blumenstängel mit der Gartenschere ab. Wenn der Abschluss des Kranzes zu sehr heraussticht, kannst du noch einzelne Blumen oder Zweige in eine vorhandene Lücke einarbeiten.

8. Schleife anbringen
Wenn du möchtest und es zum Anlass passt, kannst du auch ein paar Bänder am Kranz anbringen, zu einer Schleife binden oder locker herunterhängen lassen. Du kannst die Schleife zum Aufhängen nutzen oder einen Bindfaden anbringen, damit es wirkt, als würde der Kranz schweben. Wenn du den Kranz verschenkst, dann kannst du zum Verpacken eine große Kartonschachtel mit hübschem Papier überziehen; dieses Projekt findest du ab Seite 98. Du kannst aber auch den Kranz in Seidenpapier einwickeln und mit der gleichen Schleife, die im Kranz eingearbeitet wurde, zubinden.

1. Blumen auswählen

Als Kranzunterlage verwendest du hier einen Metallring. Ich empfehle einen Metallring mit rund 20 cm Durchmesser als Einsteigerprojekt. Wie beim geschlossenen Dekokranz wählst du zu Beginn deine Blumen, Blätter und Zweige aus. Schneide sie mit der Gartenschere in etwa gleich langen Stücke zu.

2. Büschel vorbereiten

Bereite für deinen Kranz etwa 4 bis 6 Sträußchen vor. Wickle den dünnen Blumendraht drei bis vier Mal um den Metallring. Schneide den Draht nicht ab und lege die Spule auf die Seite. Nimm pro Sträußchen drei bis vier einzelne Blumen oder kleinere Zweige und halte sie fest in einer Hand.

3. Sträußchen an Metallring anbringen

Lege nun das erste Sträußchen an den Metallring und umwickle Ring und Stängel mit dem dünnen Blumendraht drei Mal straff. Dann werden die restlichen Sträußchen angebracht. Lege dafür das nächste Sträußchen versetzt an das vorherige und wickle wieder Blumendraht straff um Stängel und Metallring. Wiederhole diesen Schritt, bis alle Sträußchen befestigt sind. Schneide den Draht ab. Lass dabei ca. 3 cm Draht stehen und stecke diesen Rest auf der Rückseite in die Sträußchen und den bereits umwickelten Draht.

4. Kranz verschenken

Zum Schluss kannst du den Abschluss wieder mit einem Band schmücken. Auch diesen Kranz kannst du in einer Schachtel verschenken oder in Seidenpapier oder Packpapier einschlagen und mit einer Schleife zubinden.

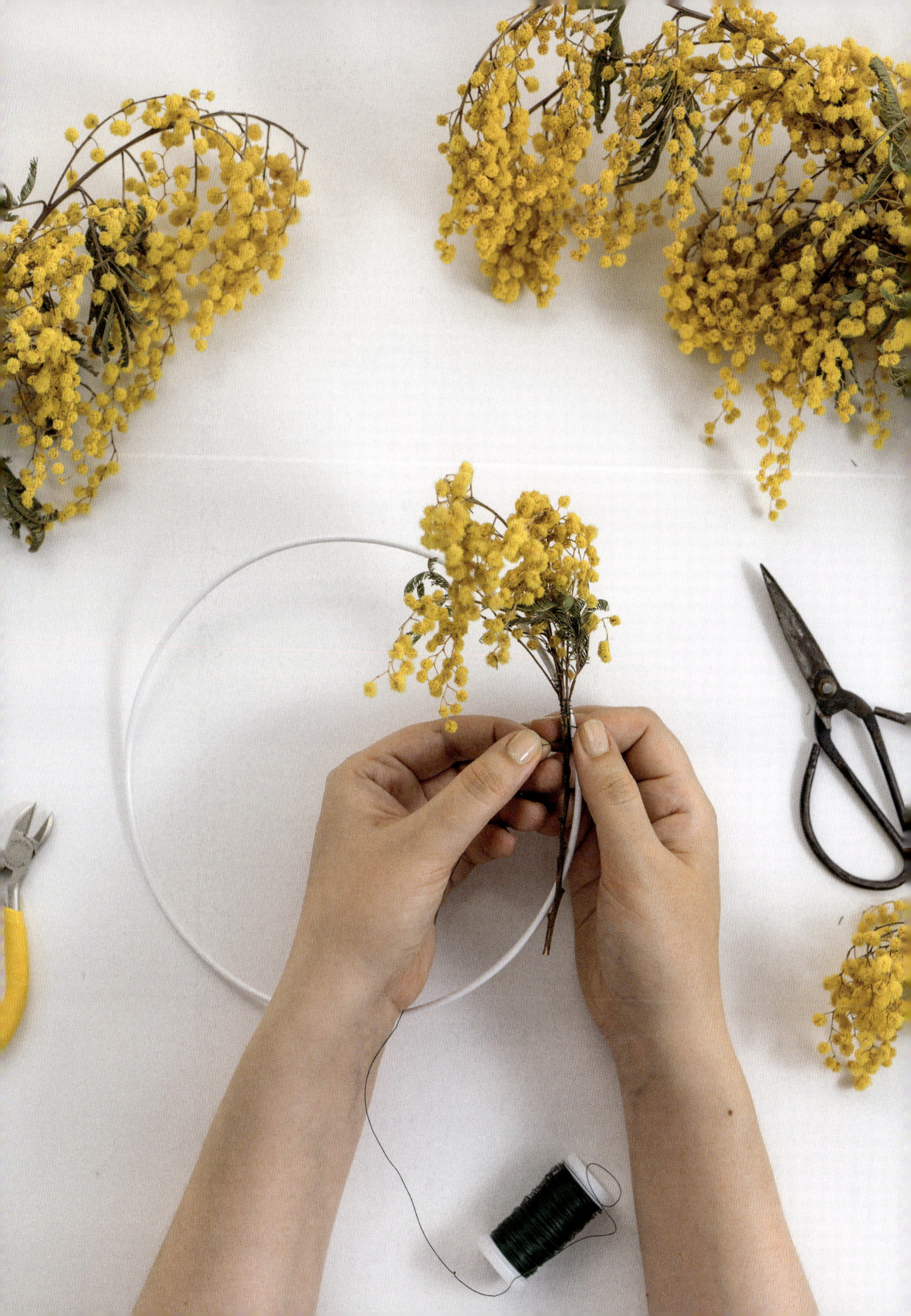

BLUMENKRANZ ALS HAARSCHMUCK

Für Junggesellinnenabschiede und Geburtstage habe ich schon den ein oder anderen Blumenkranz fürs Haar gebunden. Natürlich ist der Unterschied zu den Wandkränzen nicht sehr groß. Einen Unterschied gibt es jedoch: Die Bedeutung des Tragekomforts! Es sollten beim Blumenkranz fürs Haar keine Zweige oder Drahtstücke in den Kopf drücken. Möchtest du einen Blumenkranz aus echten Blumen binden und diesen trotzdem mehrmals tragen? Dann empfehle ich Blumen und Pflanzen, die auch getrocknet hübsch aussehen und nicht im Kranz verwelken. Du kannst statt mit frischen Blumen auch mit Stoffblumen arbeiten oder mit Trockenblumen und zum Beispiel Strohblumen oder Schleierkraut abwechseln. Ab Seite 72 findest du die Anleitung für einen Haarkranz mit Satinband.

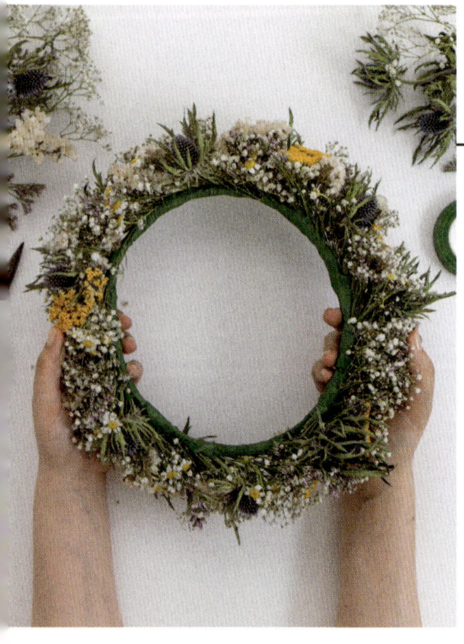

MATERIAL	WERKZEUG
Trockenblumen frische Blumen dünne Zweige Satinband dicker Blumendraht dünner Blumendraht grünes Floristenband	Kombizange Blumen- oder Gartenschere

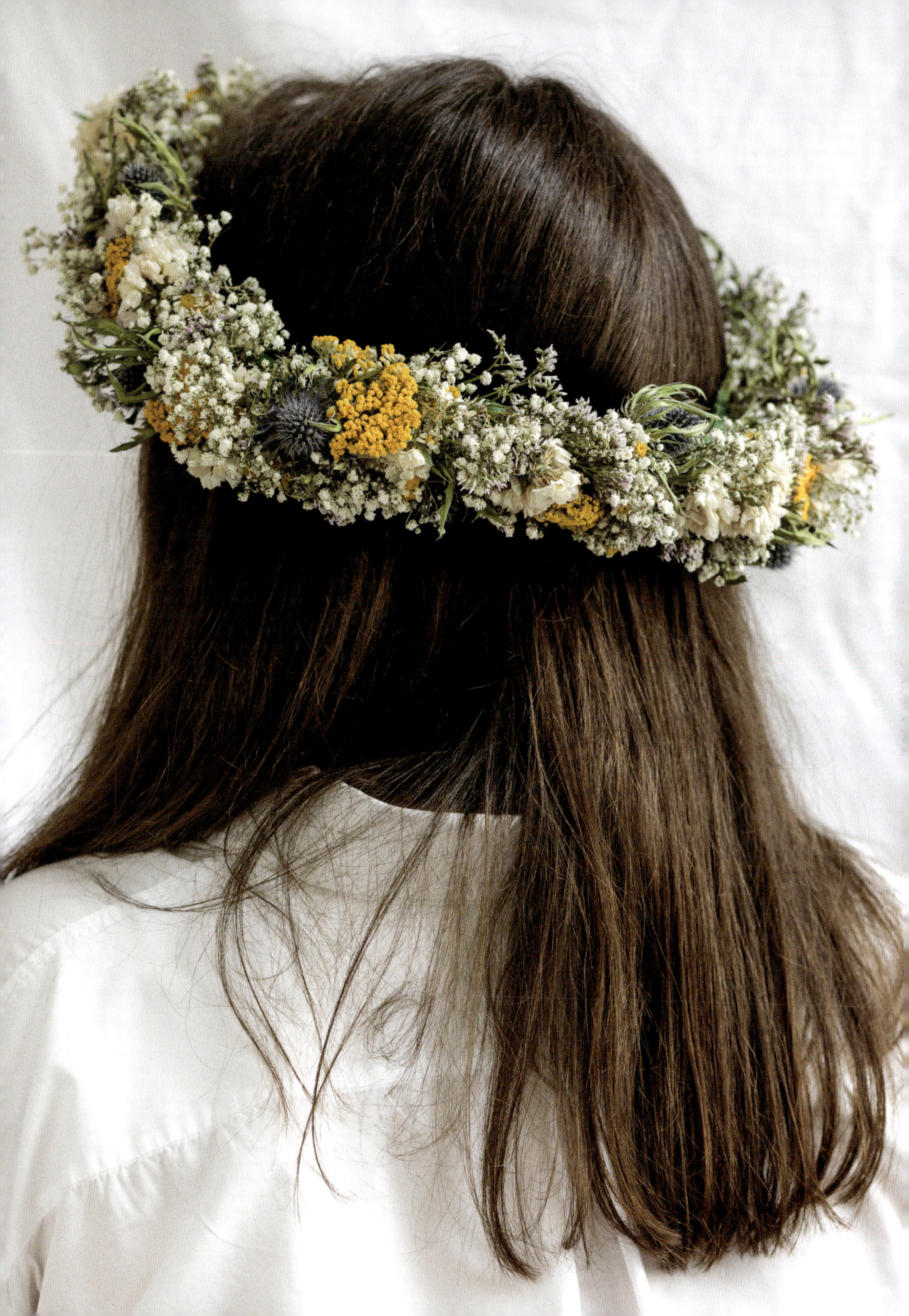

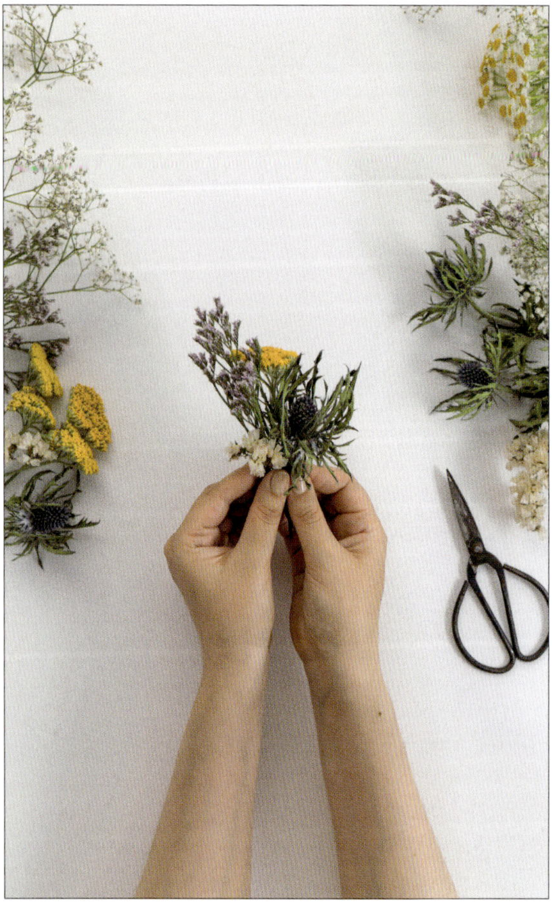

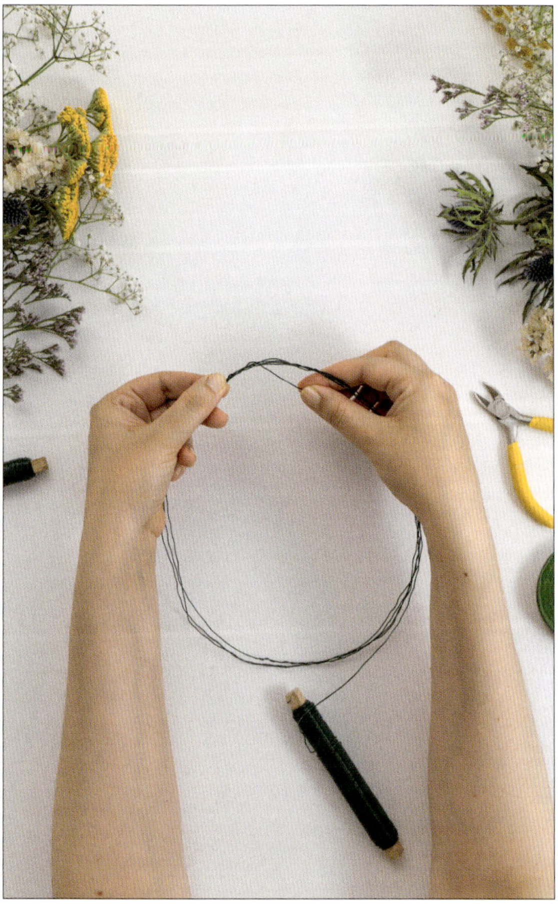

1. Blumen aussuchen und zurechtlegen
Wähle zuerst die Blumen aus, die du für den Haarschmuck verwenden möchtest. Verwende kleinere Blüten, wenn der Kopfumfang kleiner ist, und größere bei größerem Kopfumfang.

2. Kopfumfang messen und Draht vorbereiten
Messe deinen Kopfumfang und verwende ein Stück vom dickeren Blumendraht, in ca. der vierfachen Länge des Kopfumfanges, und forme ihn zu einem Kranz. Anschließend wickle den Draht von der Spule noch einmal um den Drahtkranz und zwicke ihn dann mit der Zange großzügig ab. Das Drahtende wickelst du um die Kranzunterlage, sodass es nicht wegsteht.

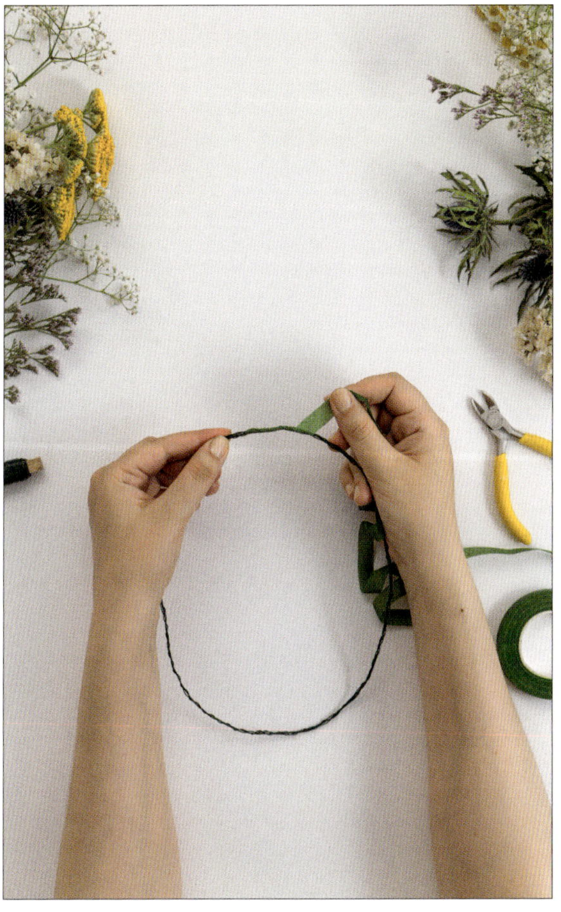

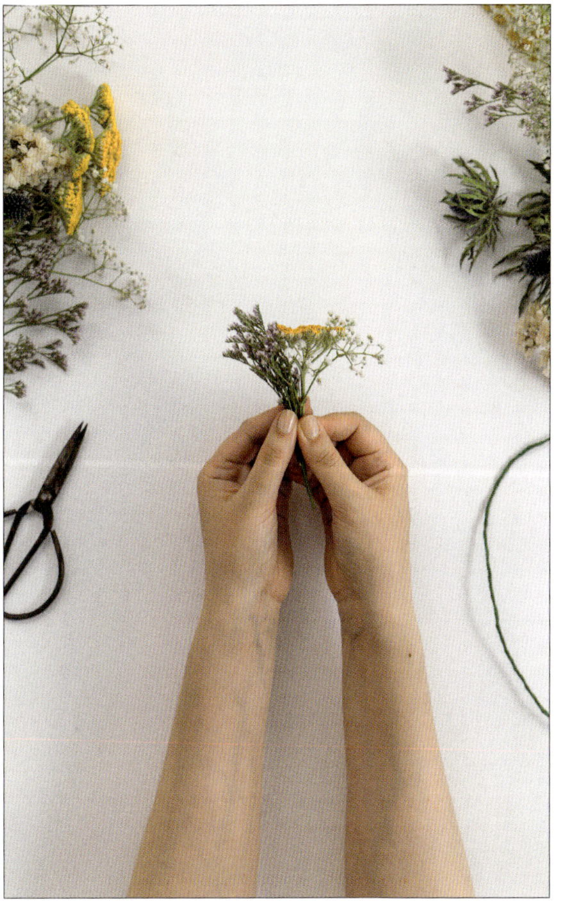

3. Kranzunterlage fixieren

Nun umwickelst du die gesamte Kranzunterlage mit dem grünen Floristenband. Bei Schritt 5 wird das Floristenband wieder benötigt, um die einzelnen Sträußchen zu fixieren. Daher kannst du das Floristenband einfach beiseite legen und musst es nicht abschneiden.

4. Sträußchen vorbereiten

Je nach Größe deines Kranzes kannst du die Basis der Sträußchen auswählen. Nimm dazu beispielsweise Schleierkraut, Eukalyptus oder Olivenzweige. Du kannst auch verschiedene Gräser und Strandflieder verwenden.

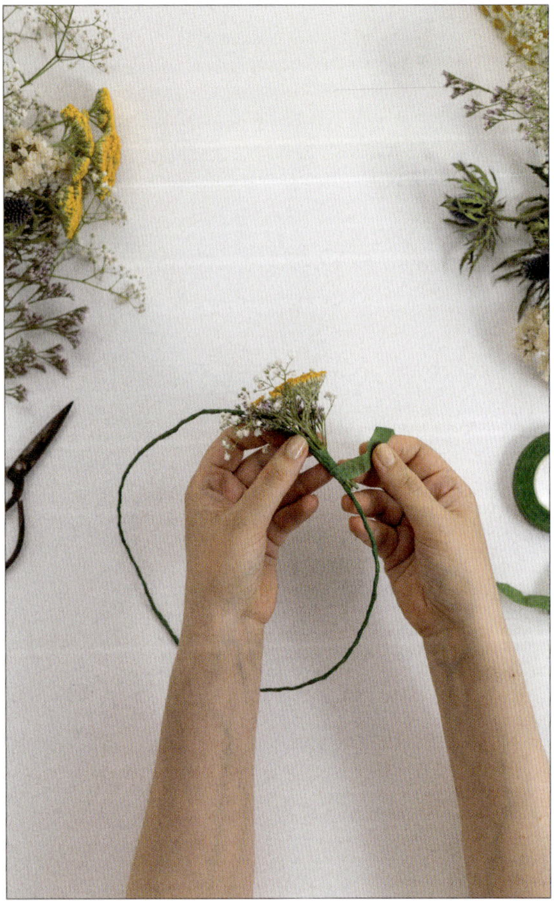

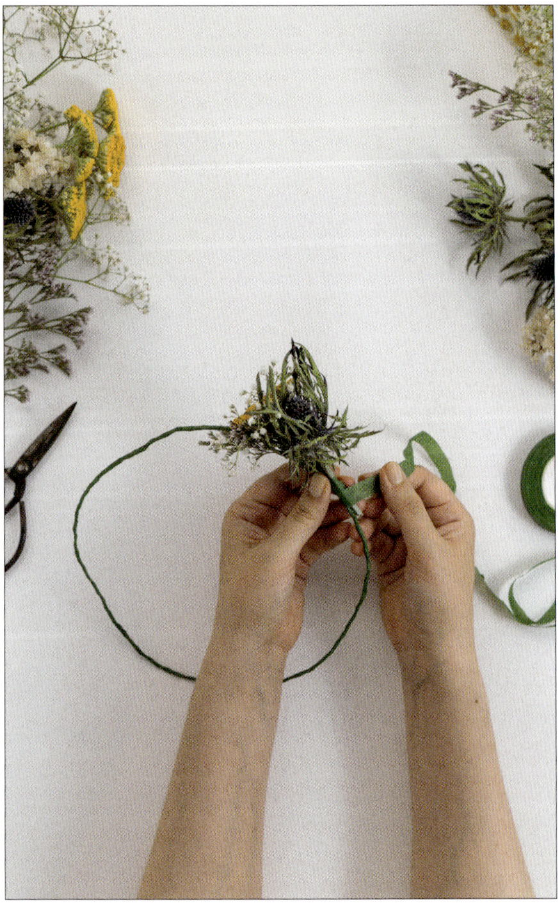

5. Sträußchen anbringen

Nun werden die vorbereiteten Blumensträußchen mit grünem Floristenband umwickelt. Lege dann das erste Sträußchen an die Kranzunterlage und wickle Floristenband straff drei- bis viermal um Stängel und Kranzunterlage.

6. Kranz binden

Nimm ein weiteres Sträußchen und lege es etwas versetzt und überlappend zum darunter liegenden Sträußchen an. Wickle auch hier das Floristenband straff um Stängel und Kranzunterlage. Die einzelnen Sträußchen und Gräser werden nach und nach überlagernd an die Kranzunterlage angebracht, bis diese auf die verbleibende 5 bis 10 cm ausgeschmückt ist.

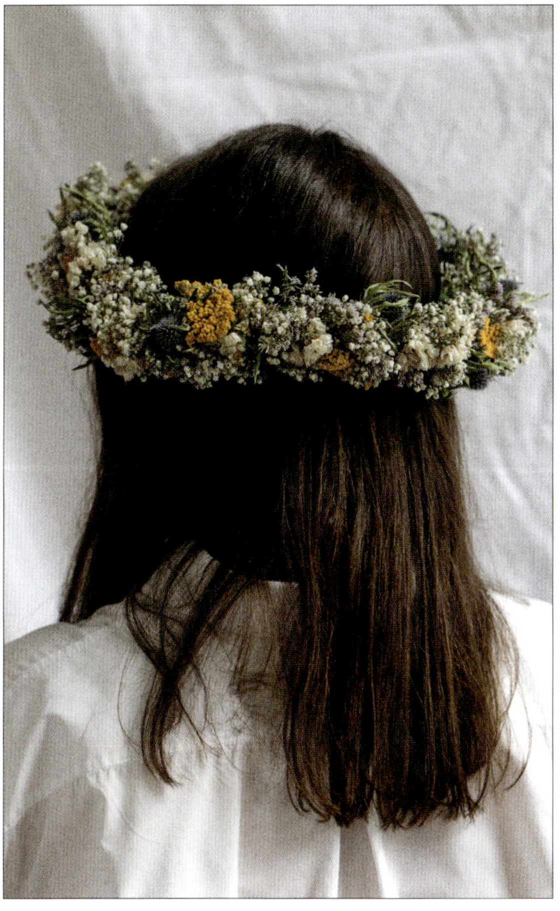

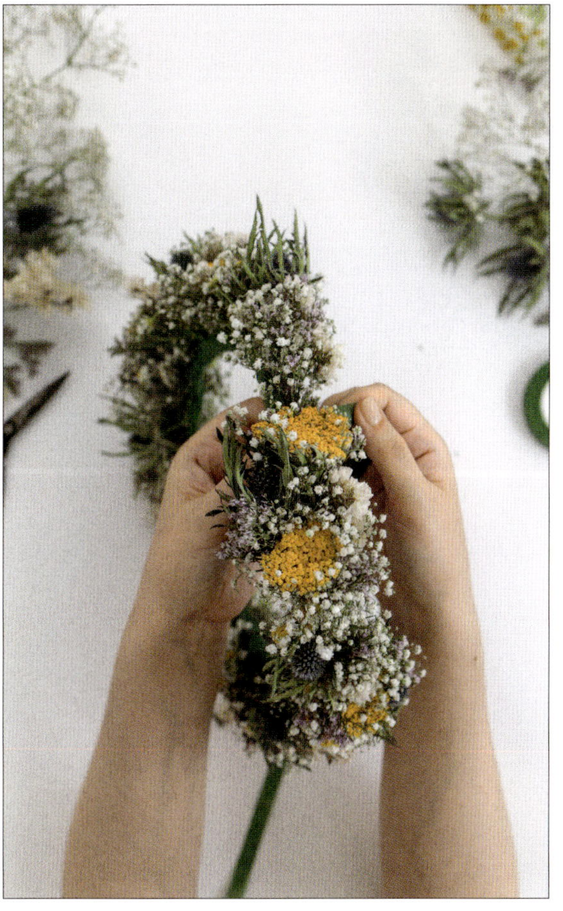

7. Kopfschmuck testen

Bevor du den Blumenkranz fertigstellst, empfehle ich, den Kranz aufzusetzen und zu prüfen, ob an der einen oder anderen Stelle noch ein Sträußchen eingearbeitet werden sollte. Du kannst zusätzlich einzelne Gräser und Blumen in den gebundenen Kranz hineinstecken. Am Ende soll ein harmonischer Kranz nach deinen Vorstellungen entstehen.

8. Abschluss gestalten

Kürze auf der noch offen verbliebenen Stelle von rund 5 bis 10 cm die überstehenden Stängel mit der Blumenschere. Stelle drei bis fünf kleinere Sträußchen zusammen und bringe sie sorgfältig an der offen verbliebenen Stelle des Kranzes an. Du kannst am Schluss auch ein kleines Sträußchen in umgekehrter Richtung anlegen und mit dünnem Blumendraht an der Kranzunterlage befestigen. Falls eine zu große Lücke bleiben sollte, schmücke den Kranz an dieser Stelle mit einer kleinen Schleife aus Seiden- oder Stoffband.

1. Kranzunterlage vorbereiten
Schneide ein Stück vom dickeren Blumendraht zu, in ca. der dreifachen Länge des Kopfumfanges, und und biege ihn zu einem Kranz. Biege den Kranz zu einem Halbkreis. Verdrehe die insgesamt sechs Drahtstränge straff, sodass ein robuster Halbkreis entsteht.

2. Ösen formen
Forme aus den beiden Enden des Halbkreises zwei Ösen, in die später das Satinband gefädelt wird, mit dem du den Haarschmuck an deinen Kopfumfang anpassen kannst. Anschließend umwickele den Halbkreis aus Draht straff mit grünem Floristenband, damit die Kranzunterlage stabil ist.

3. Blumen vorbereiten
Anschließend bereitest du das frische und getrocknete Pflanzenmaterial vor. Kürze die Stängel auf rund 5 bis 6 cm. Entferne überflüssige Blätter und lege dir schon ein paar Sträußchen wie beim Gestalten der Wandkränze zurecht.

4. Sträußchen bilden
Achte darauf, dass du für die Sträußchen etwa 5 bis 7 kleinere Blumen oder 3 bis 5 größere Blumen verwendest. Binde jedes Sträußchen mit etwa zwei Drittel Füllmaterial, wie hier zum Beispiel Schleierkraut, und einem Drittel Blumen. So entstehen gleich große Sträußchen und der Kranz wird gleichmäßig.

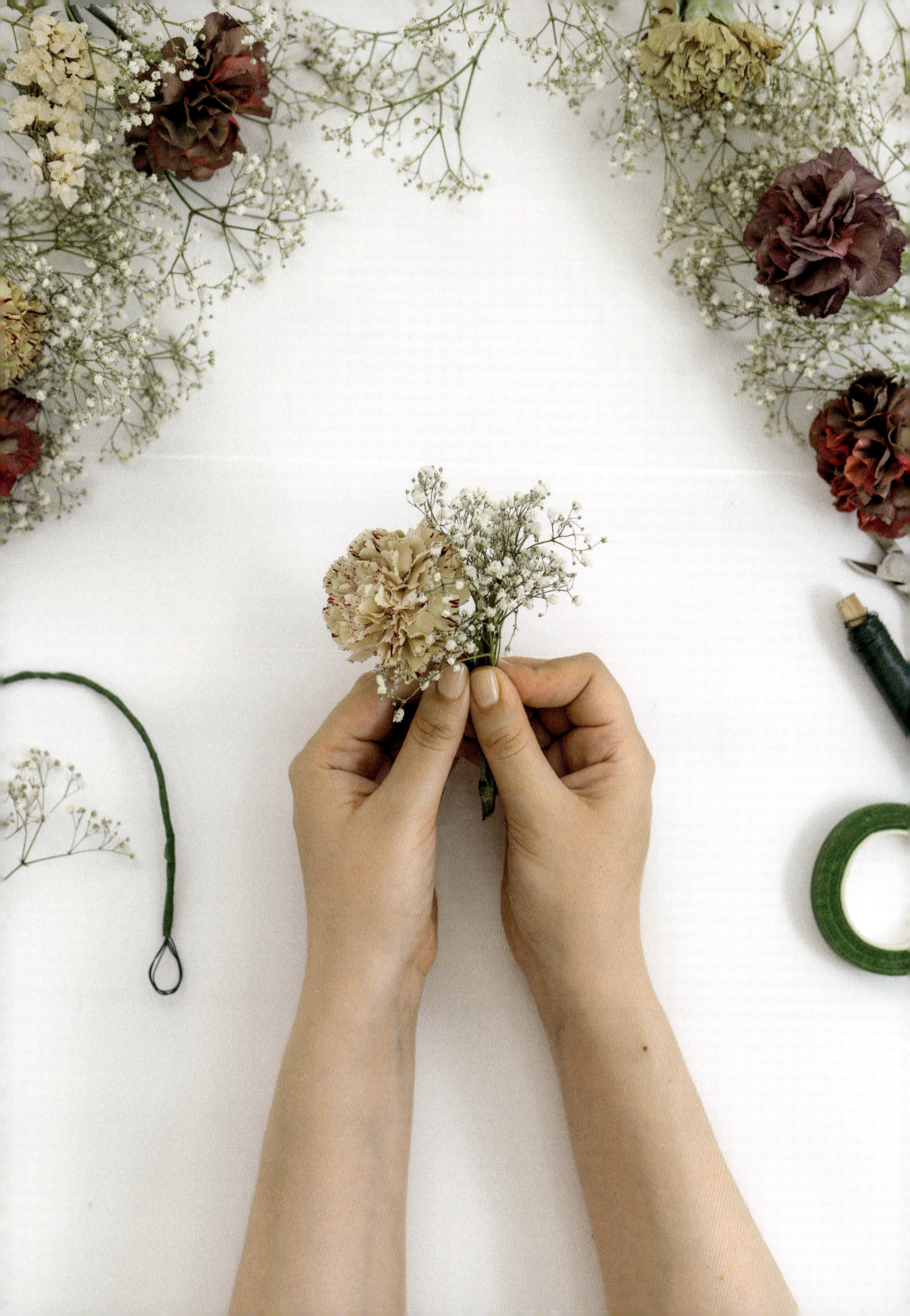

5. Sträußchen anbringen
Fädle den dünnen Blumendraht in eine der Ösen und fixiere ihn dort, indem du drei- bis viermal den Blumendraht um die Kranzunterlage wickelst. Danach nimmst du ein vorbereitetes Sträußchen und legst es an den Anfang der Kranzunterlage und umwickelst beides straff mit dem dünnen Blumendraht.

6. Kranz binden
Lege das nächste Blumensträußchen überlappend auf das vorherige Sträußchen und wickle es wieder mit dem dünnen Blumendraht an der Kranzunterlage fest. Diese Schritte wiederholst du so lange, bis die Kranzunterlage ausgeschmückt ist.

7. Kranz abschließen
Setze den Blumenkranz während des Bindens immer wieder auf, um zu sehen, ob die Sträußchen auch optimal platziert sind. Du kannst immer wieder korrigieren und ein Sträußchen neu wickeln. Schneide rund 5 cm vor der Öse die überstehenden Stängel der bisher verarbeiteten Sträußchen auf die gewünschte Länge. Lege ein letztes Sträußchen in umgekehrte Richtung an und befestige es. Anschließend zwickst du mit der Drahtzange den dünnen Blumendraht auf etwa 6 cm Länge ab, wickelst ihn noch mal straff um die Öse und steckst ihn auf der Rückseite in die Sträußchen.

8. Satinbänder anbringen
Dann kannst du noch ein Satin- oder Ripsband mit Heißkleber an die Innenseite des Kranzes kleben, um noch mehr Tragekomfort zu erreichen. Schneide ein weiteres Band auf eine Länge von rund 50 cm zu und fädle es durch die beiden Ösen. Dieses Band kannst du nun je nach Kopfgröße und Frisur anpassen und am Hinterkopf mit einer Schleife schließen.

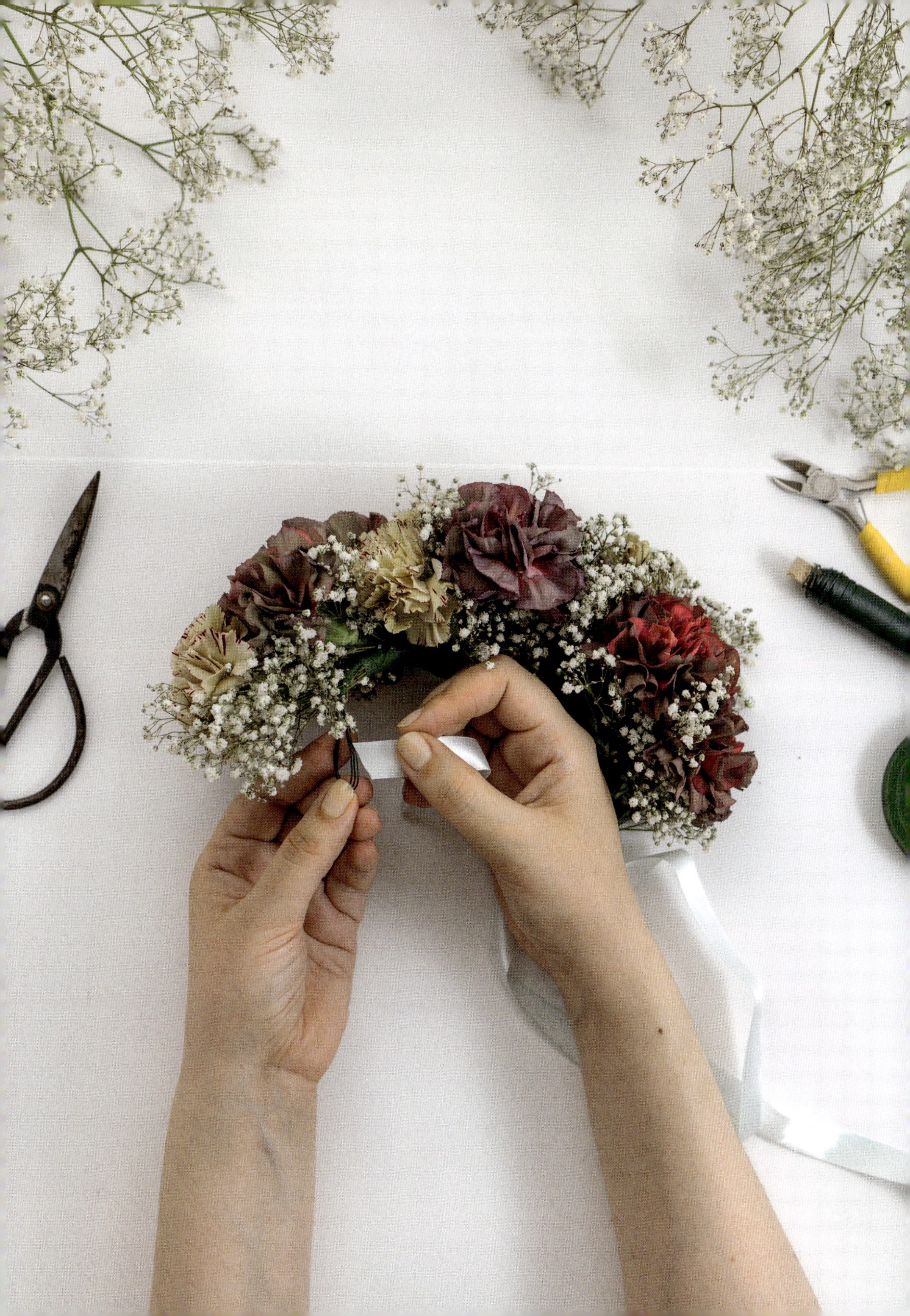

TROCKENBLUMEN-SCHACHTEL

Ob für Muttertag oder als kleines Mitbringsel für Freund:innen – eine Schachtel gefüllt mit Trockenblumen ist eine richtig schöne Geschenkidee. Die Schachteln mit Trockenblumen sind eine außergewöhnliche Version des herkömmlichen Blumenstraußes und können ganz einfach an die Lieblingsfarben der beschenkten Person angepasst werden. Die Geschenkeschachtel kann entweder zur Gänze mit Trockenblumen, oder aber auch mit anderen Aufmerksamkeiten gefüllt werden, zum Beispiel mit kleinen Lollipops.

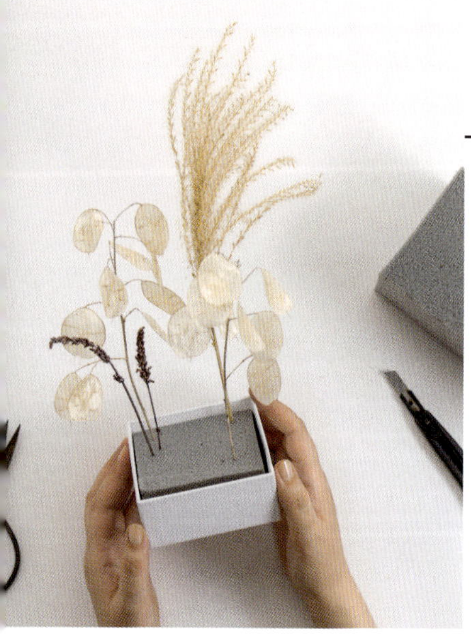

MATERIAL

Schachtel
Trockenblumen
Steckschaum für Trockenblumen
Seidenpapier
dekorativer Sticker oder doppelseitiges Klebeband
Satinband

WERKZEUG

Bastelmesser
Schere

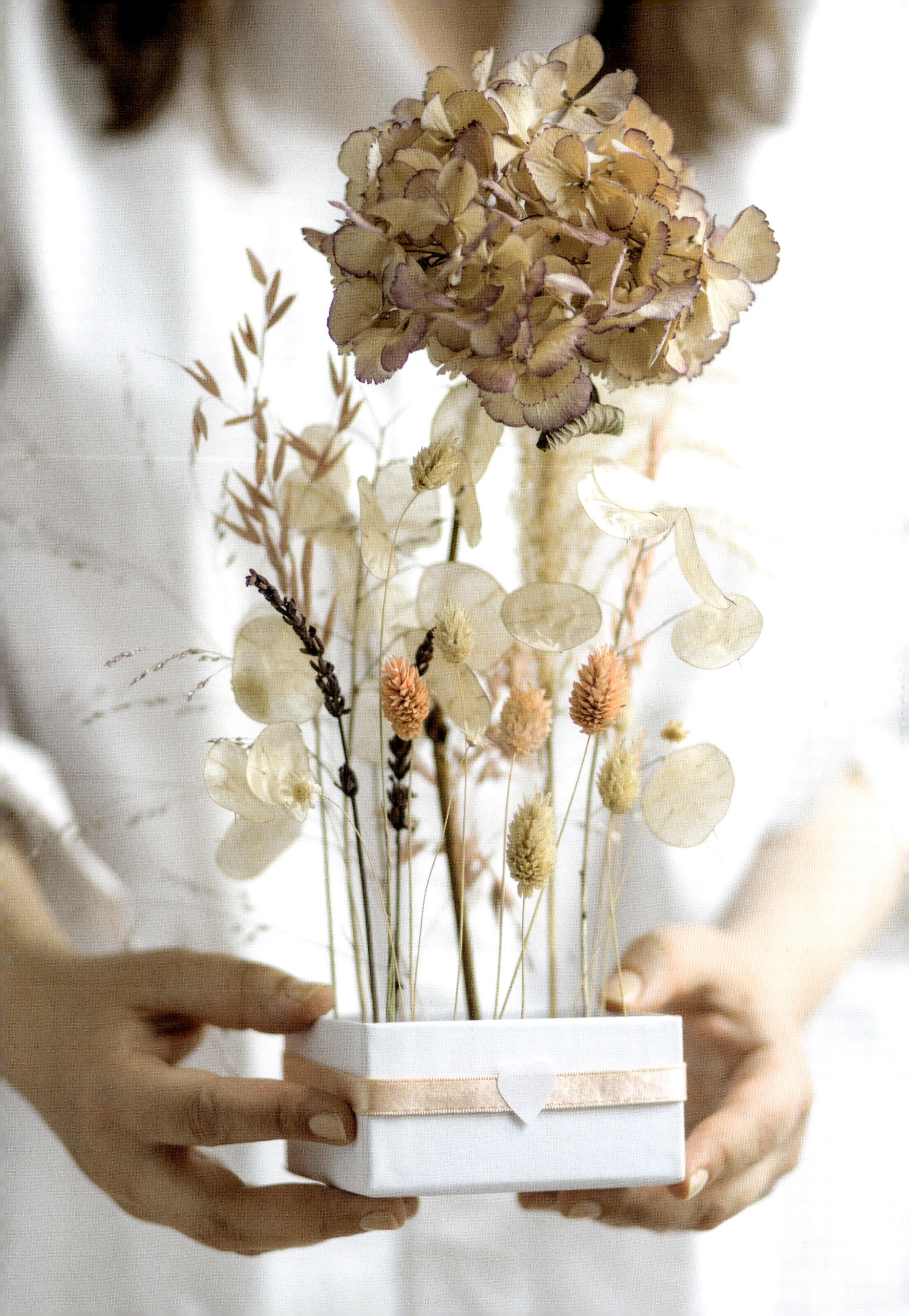

1. Steckschwamm zuschneiden
Je nach Höhe der Trockenblumen die Geschenkschachtel auswählen. Je kürzer die Stängel der Trockenblumen, desto niedriger die Schachtel. Zunächst eine Schachtel ohne Deckel vorbereiten und das Innenleben abmessen. Den Steckschwamm mit einem Bastelmesser auf das gewünschte Maß zuschneiden. Den zugeschnittenen Steckschwamm in die Schachtel stecken und darauf achten, dass der Steckschwamm einen Großteil der Schachtel einnehmen sollte.

2. Blumen auswählen
Überlege dir nun, welche Blumen du wo positionieren möchtest. Ich empfehle, im hinteren Drittel der Box die höheren und vorne die niedrigeren Trockenblumen zu platzieren. Drapiere die ausgewählten Blumen an deinem Arbeitstisch und schneide sie, wenn nötig, in die gewünschte Länge.

3. Blumen stecken
Stecke die einzelnen Blumen nach und nach in den Steckschaum. Betrachte die Schachtel zwischendurch aus der Distanz, um zu sehen, wo noch eine Blume fehlt oder zu viel ist.

4. Band anbringen
Zum Schluss kannst du noch ein Satin- oder Geschenkband um die Geschenkeschachtel wickeln und eine Schleife binden. Du kannst diese entweder mit einem doppelseitigen Klebeband oder einem Sticker an der Schachtel fixieren. Dann ist deine selbst gemachte Aufmerksamkeit auch schon fertig und kann verschenkt werden!

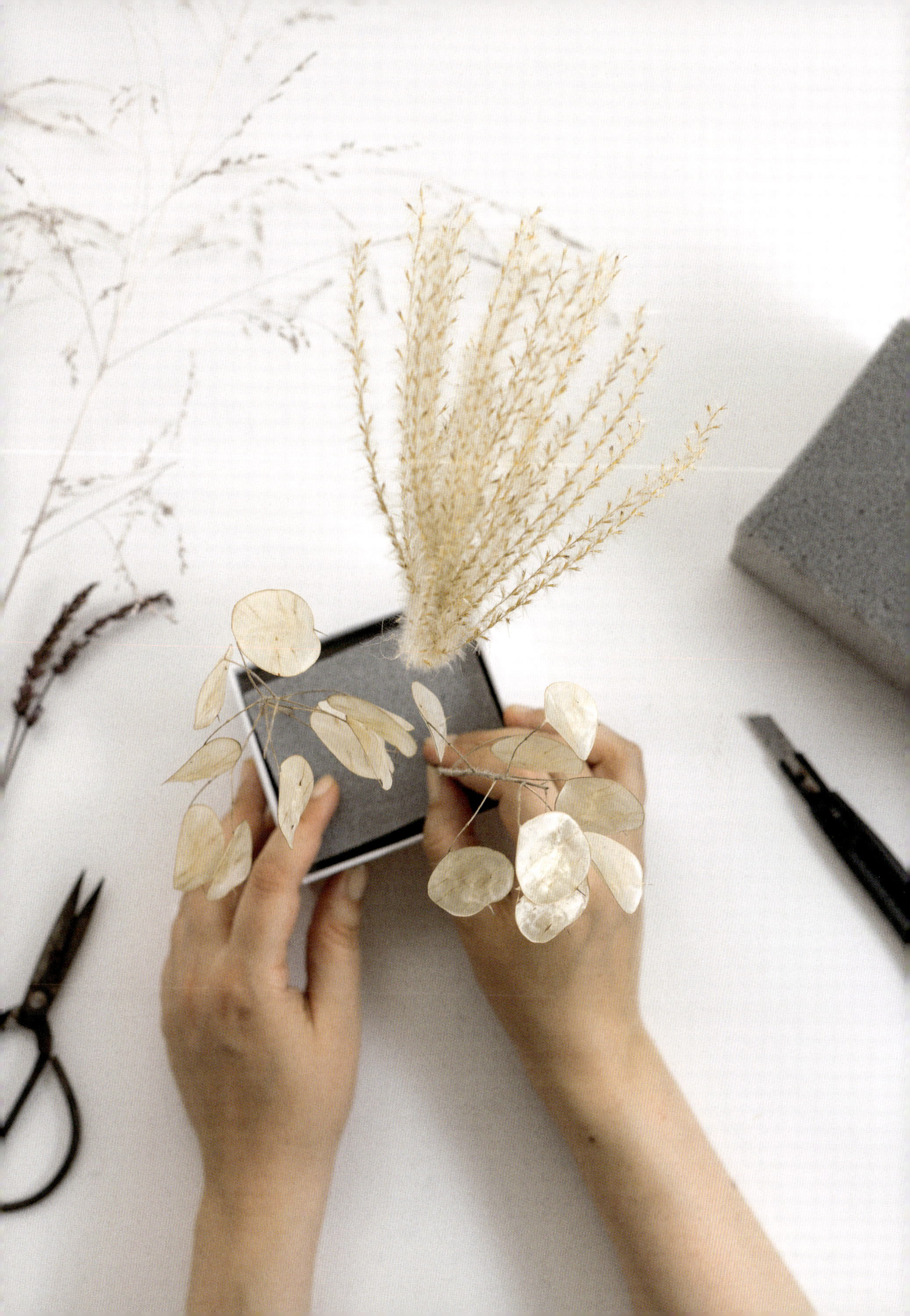

NACHHALTIGES KONFETTI AUS TROCKENBLUMEN

Oh, wie ich Konfettiwerfen liebe, ob bei einer Hochzeit oder einem Geburtstag. Auch verschenke ich gerne Konfetti in Kuverts! Leider ist es eine ziemliche Arbeit, die Konfetti-Teile nach der Party aufheben zu müssen. Ich habe mir daher eine nachhaltige Version von Konfetti ausgedacht, die du ohne schlechtes Gewissen auch draußen werfen kannst. Mit dem richtigen Locher kannst du ganz einfach perfektes Konfetti aus frischen und getrockneten Blumen und Blättern herstellen. Du kannst selbstverständlich einen herkömmlichen Locher dafür verwenden, ich würde dir jedoch eine Lochzange empfehlen. Damit geht es wesentlich schneller.
Du brauchst etwa einen großen Bund Eukalyptus für fünf gut gefüllte Säckchen Konfetti. Zu dünne Blüten eignen sich nicht, und wenn die Blätter zu trocken oder zu zart sind, zerbröseln sie beim Lochen. Nimm daher lieber robustes Blattwerk.

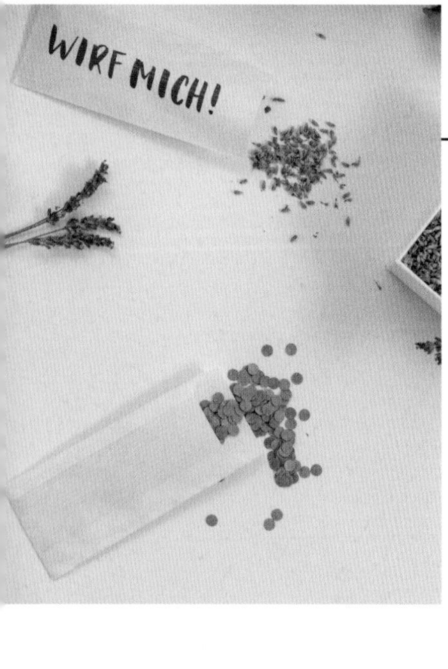

MATERIAL

- frische oder getrocknete Blumen
- frische oder getrocknete Blätter
- Papiertüte oder Kuvert

WERKZEUG

- Lochzange
- Blumenschere

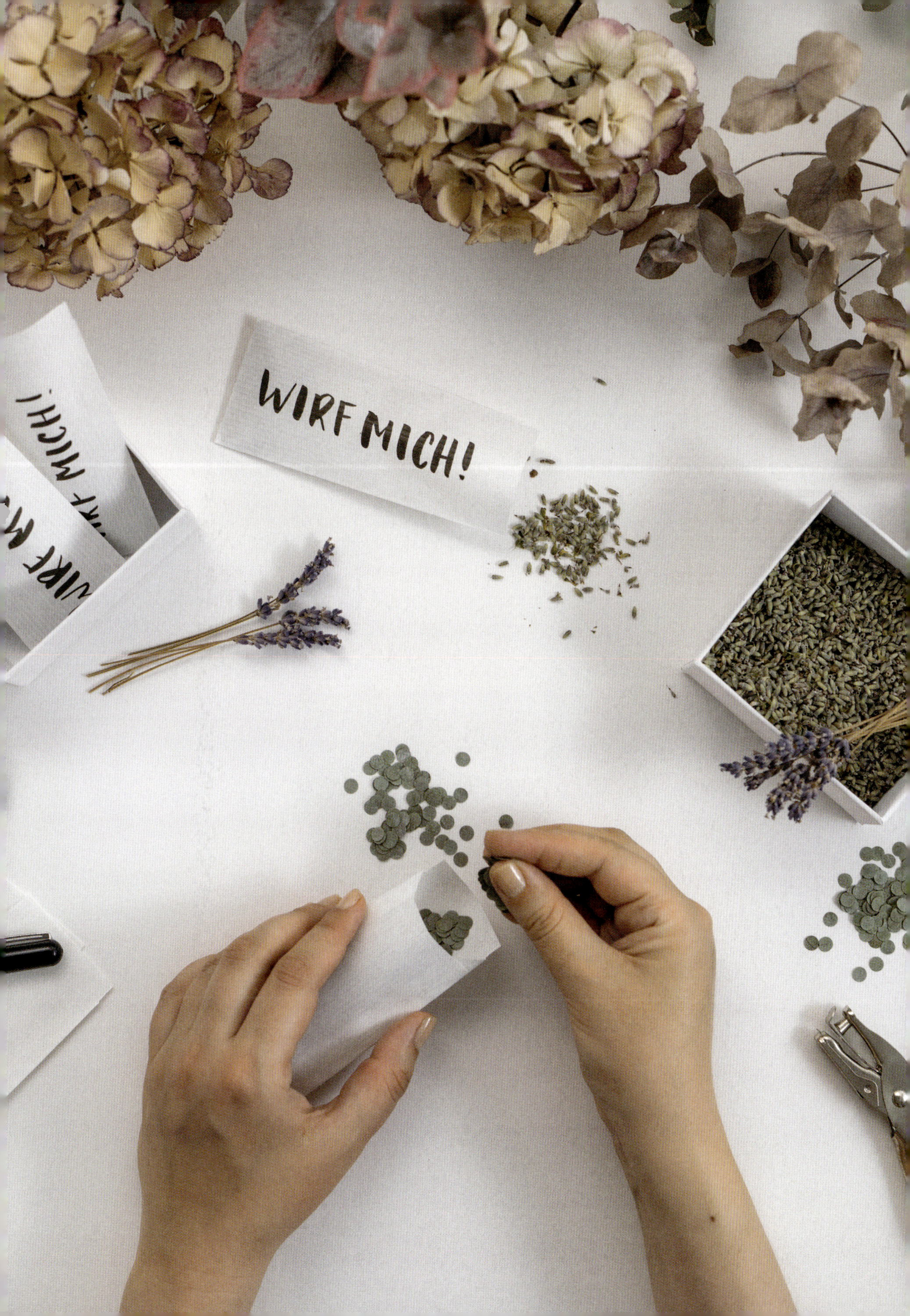
WIRF MICH!

1. Getrocknete Blumen und Blätter auswählen
Du kannst das nachhaltige Konfetti aus trockenen oder frischen Blättern stanzen. Ich habe hier getrockneten Eukalyptus mit der Lochzange bearbeitet.

2. Blumen und Blätter stanzen
Stelle die frischen oder getrockneten Blätter mitsamt ihren Ästen in eine Vase. Knicke ein Blatt nach dem anderen vom Zweig und loche vom Blattrand nach innen das gesamte Blatt. Leere nach jedem Blatt den Auffangbehälter der Einlochzange, zum Beispiel in eine kleine Schachtel.

3. Gestanzte Konfetti trocknen
Wenn die verwendeten Blätter nicht schon getrocknet waren, solltest du diese in einer Schüssel ausbreiten oder auf einem Tablett oder Backblech verteilen und trocknen lassen. Achte darauf, dass sie nicht in der Sonne oder neben einem offenen Fenster liegen, da bei einem Windstoß das gesamte Konfetti verteilt wird.

4. Getrocknetes Konfetti verpacken
Sobald das Konfetti getrocknet ist, kannst du es direkt für deine Zwecke verwenden. Für einen Brief gibst du etwa 1 g Konfetti in ein Kuvert. Oder du packst 5 g Konfetti in eine Papiertüte und beschriftest sie. Du kannst übrigens auch Blumen kopfüber hängend trocknen lassen, und sobald sie getrocknet sind, die einzelnen Blütenblätter abzupfen und als Konfetti verwenden. Ebenso eignen sich Lavendelblüten dazu. Der Duft von getrocknetem Eukalyptus, Rosen und Lavendel ist einfach herrlich und bringt garantiert gute Laune bei jeder Feier!

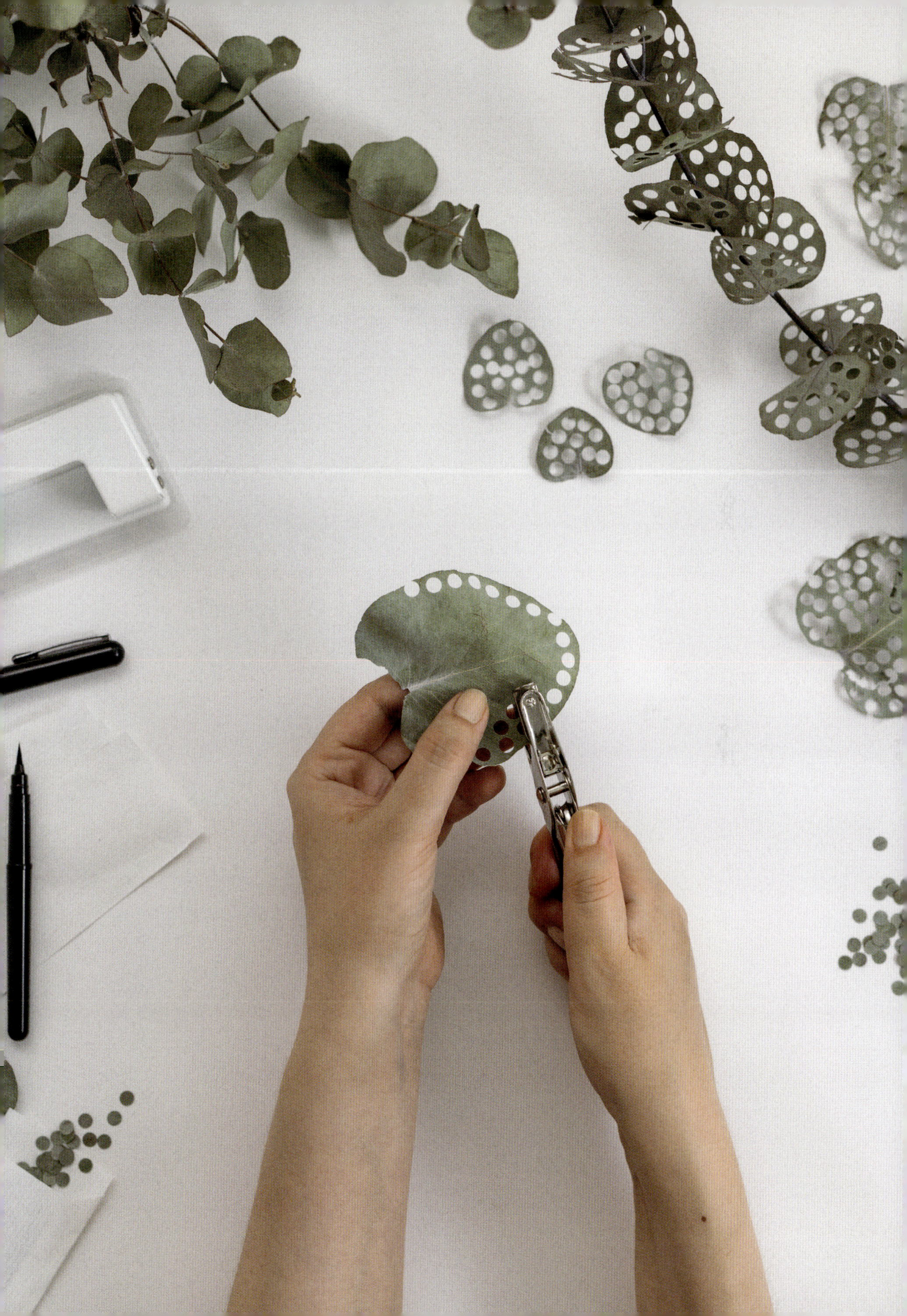

BADEKUGELN MIT GETROCKNETEN BLUMEN

Die Zutaten zu besorgen, ist eigentlich das Aufwendigste an diesem DIY-Projekt. Wenn du alles erst mal zuhause hast, dann bist du in Windeseile fertig. Die Zutaten findest du in zwei bis drei verschiedenen Läden. Natron/Speisesoda und Zitronensäure bekommst du günstig in der Apotheke, Maisstärke und Kokosöl gibt's im Supermarkt und das ätherische Öl in in einer Drogerie oder einem Reformhaus. Die Formen für die Badekugeln habe ich im Internet bestellt. Ich finde die Formen aus Metall ansprechender als die aus Plastik; außerdem werden die Kugeln für den Trocknungs- und Aushärteprozess im Kühlschrank durch das Metall noch schneller hart. Durch das Mischen von Natron/Speisesoda und Wasser kann es zu einer chemischen Reaktion kommen. Diese Reaktion wollen wir aber erst, wenn wir die fertige Kugel in das Badewasser werfen und sie sich auflösen soll. Daher achte bitte wirklich genau auf die Schritt-für-Schritt-Anleitung, dann kann nichts schief gehen. Folgende Kombinationen habe ich für dieses DIY-Projekt umgesetzt: getrockneten Zitronenabrieb mit Lemongrasöl und gelb-grüne Lebensmittelfarbe, getrocknete Lavendelblüten mit Lavendelöl und lila Lebensmittelfarbe, Eukalyptusöl und grüne Lebensmittelfarbe.
Mit der angegebenen Menge kannst du zwei große und zwei mittlere Badekugeln herstellen.

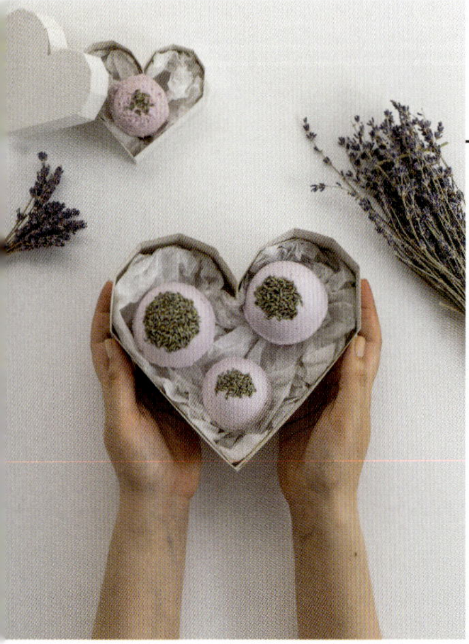

MATERIAL

200 g Natron/Speisesoda
100 g Zitronensäure
100 g Milchpulver
100 g Meersalz
100 g Maisstärke
50 g Kokosöl (fest)
1 TL Wasser
10–15 Tropfen ätherisches Öl
1 TL getrocknete Blumen oder Schalenabrieb von Früchten
Lebensmittelfarbe (optional)

WERKZEUG

Badekugelformen aus Metall (Durchmesser 6,5 cm und 5,5 cm)

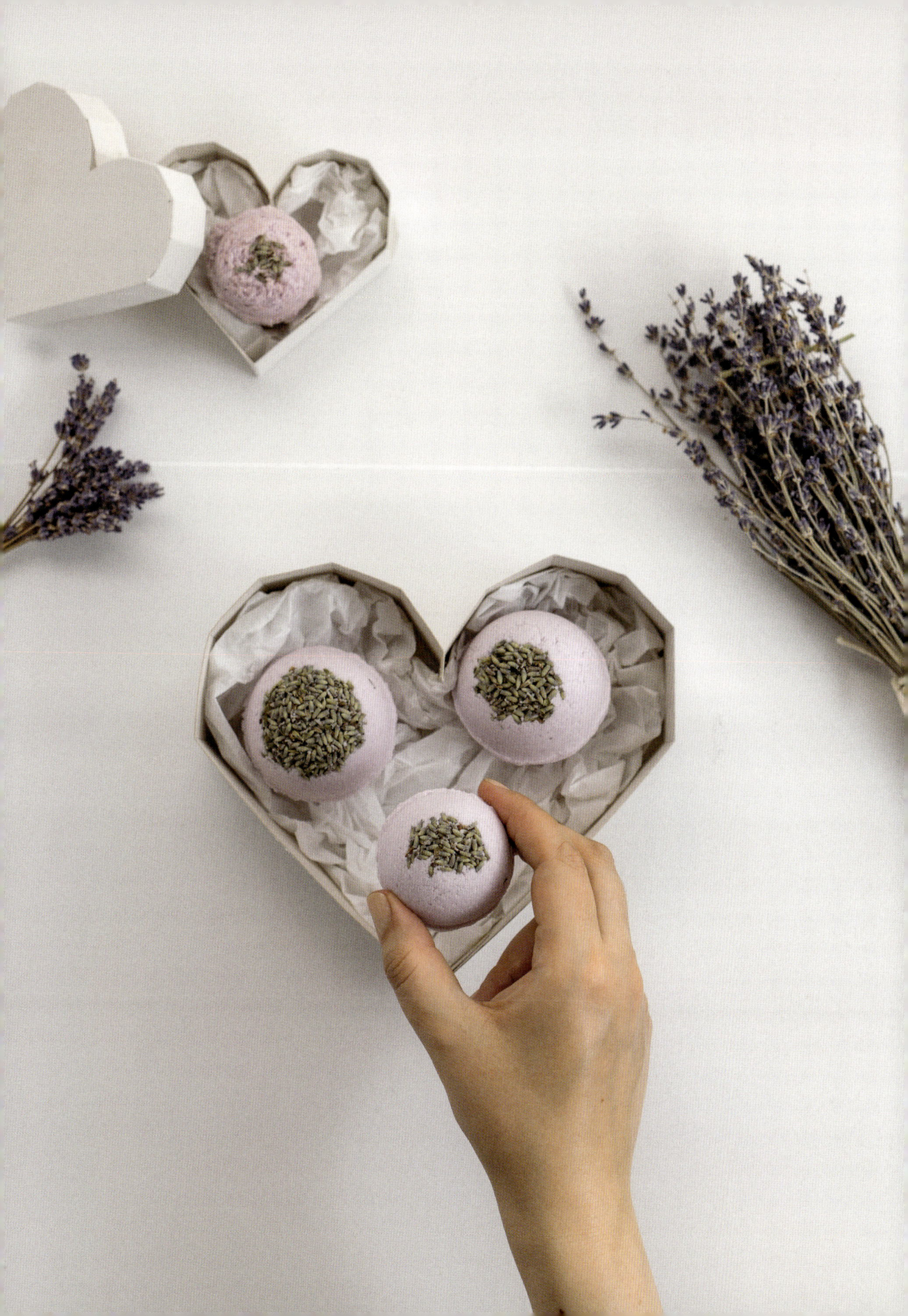

1. Zutaten abwiegen und vorbereiten
Um so entspannt und effizient wie möglich mehrere Badekugeln mit unterschiedlichen Farben und Düften herzustellen, wiege sämtliche benötigten Zutaten ab und bereite alles auf deinem Arbeitstisch vor.

2. Lebensmittelfarbe auflösen
Löse die flüssige Lebensmittelfarbe zuerst in einer Schüssel mit 4 EL Wasser auf. So kannst du sehen, wie intensiv deine Farbe in etwa wird.

3. Zutaten vermengen
Vermenge das Natron, die Maisstärke und das Kokosfett in einer Schüssel und knete die Masse gut mit den Händen durch. Gib danach das eingefärbte Wasser zur Masse in die Schüssel und knete nochmals alles durch, sodass sich die gesamte Masse einfärbt.

4. Zitronensäure beimengen
Zum Schluss der Masse die Zitronensäure beimengen. Anschließend die duftende und eingefärbte Masse mit den Händen noch einmal kräftig durchkneten.

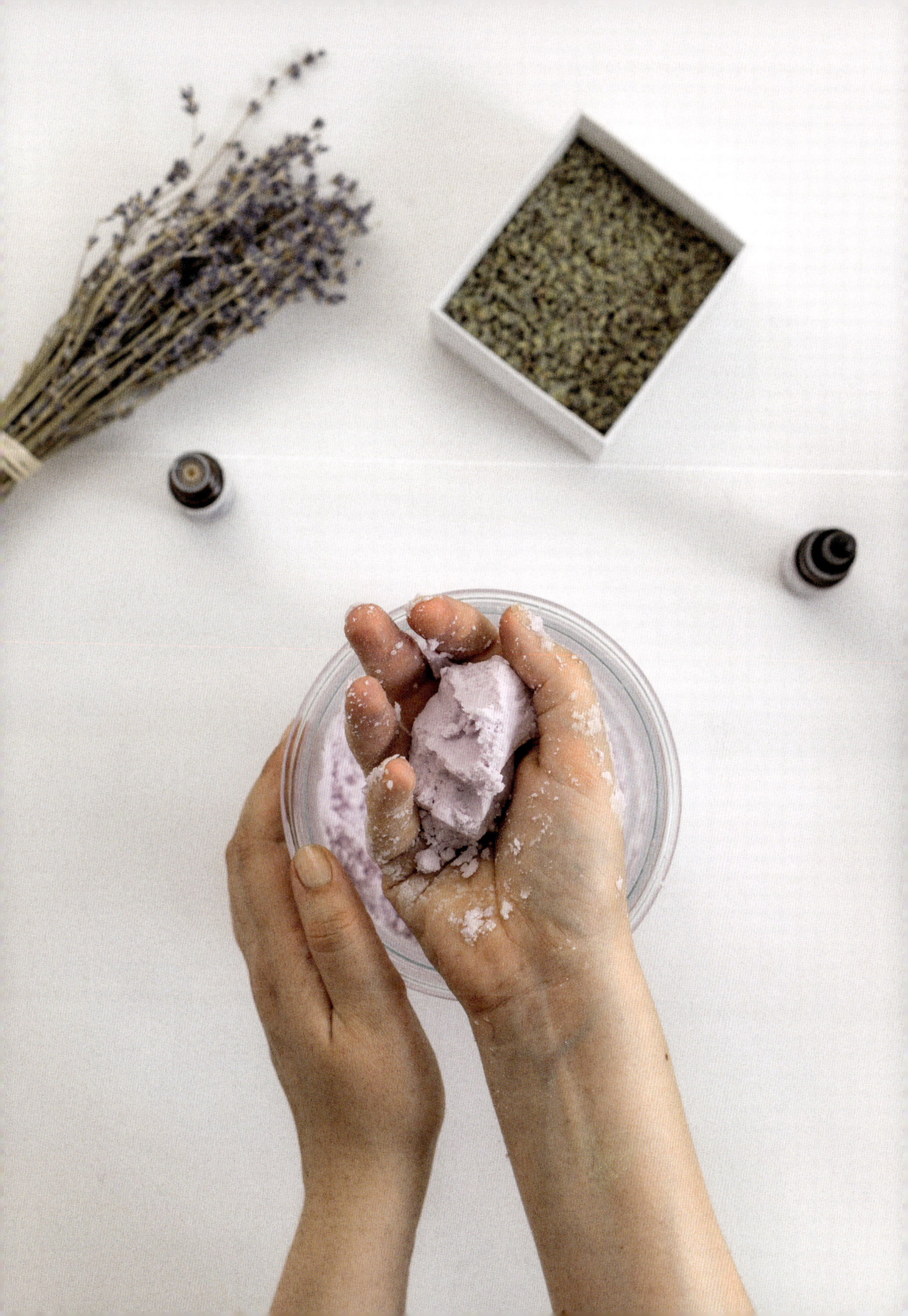

5. Duft hinzufügen
Hier habe ich drei verschiedene Sorten Badekugeln hergestellt. Eine Sorte zum Entspannen mit Lavendel, eine weitere für einen Frischekick mit Lemongras und eine dritte mit Eukalyptus für ein wenig Urlaubsfeeling. Füge nun die ätherischen Öle nach deinen Vorstellungen hinzu und knete alles nochmals durch.

6. Form vorbereiten
In die Formen kannst du nun ein paar getrocknete Blüten oder Abrieb von Zitrusfrüchten legen. Bei der Lavendel-Kugel habe ich ein paar getrocknete Lavendelblüten in die Form gelegt und bei der Lemongras-Kugel etwas getrockneten Limettenabrieb.

7. Masse in Form pressen
Jetzt kannst du die vorbereitete Masse in beide Halbformen geben und mit den Fingern gut andrücken.

8. Farbspiel
Wenn gewünscht, kannst du beim Einfüllen auch verschiedene Farben in mehreren Schichten kombinieren. Achte jedoch darauf, dass du die verschiedenen Düfte nicht vermischst, sonst kann das Badevergnügen sehr intensiv werden.

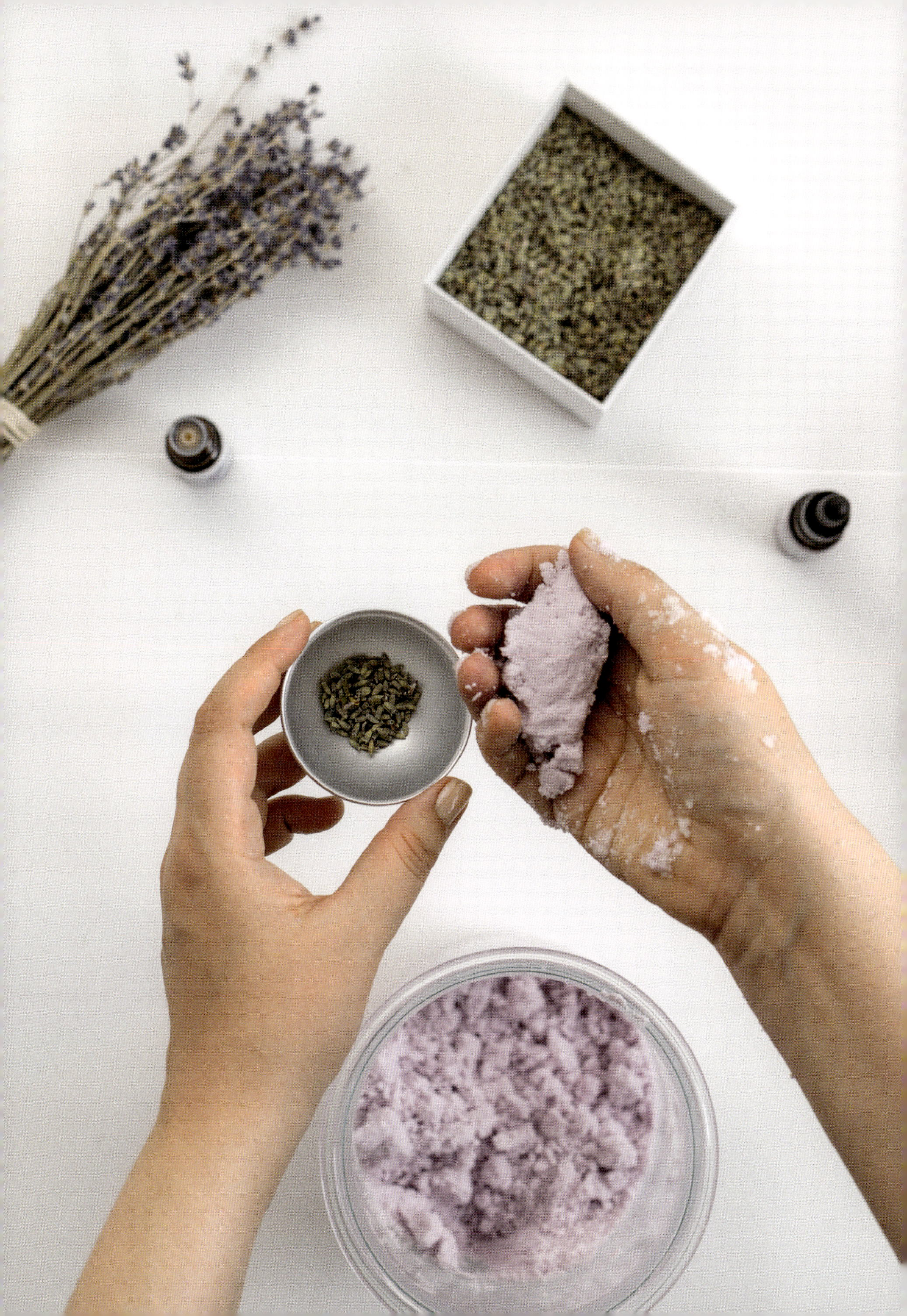

9. Formen befüllen
Damit sich die beiden Hälften der Kugelform auch verbinden und eine Kugel ergeben ist es wichtig, beide Hälften etwas über den Rand zu befüllen. Dann die beiden Hälften zusammenfügen und fest aufeinanderdrücken.

10. Trocknen lassen
Du kannst anschließend die Badekugeln rausnehmen und an der Luft trocknen lassen. Ich empfehle jedoch, die Kugeln in der Form in den Kühlschrank zu stellen, nach ein paar Stunden rauszunehmen und dann an der Luft zu trocknen. Da Kokosfett bei höheren Temperaturen nicht hart wird, ist eine Zeit im Kühlschrank empfehlenswert. Schau regelmäßig nach deinen Badekugeln; sobald sie ausgehärtet sind, kannst du sie aus der Form lösen.

11. Badekugel aus Form lösen
Ist das Kokosfett gehärtet, kannst du die Badekugel vorsichtig aus der Form lösen. Lege die Kugeln danach auf ein Tablett oder ein Schneidebrett und lasse sie drei Tage bei Zimmertemperatur vollständig aushärten.

12. Badekugeln verpacken
Jetzt kannst du die Badekugeln verpacken und deinen Liebsten schenken. Gerade als kleine Aufmerksamkeit sind sie großartig, um Freude zu bereiten.

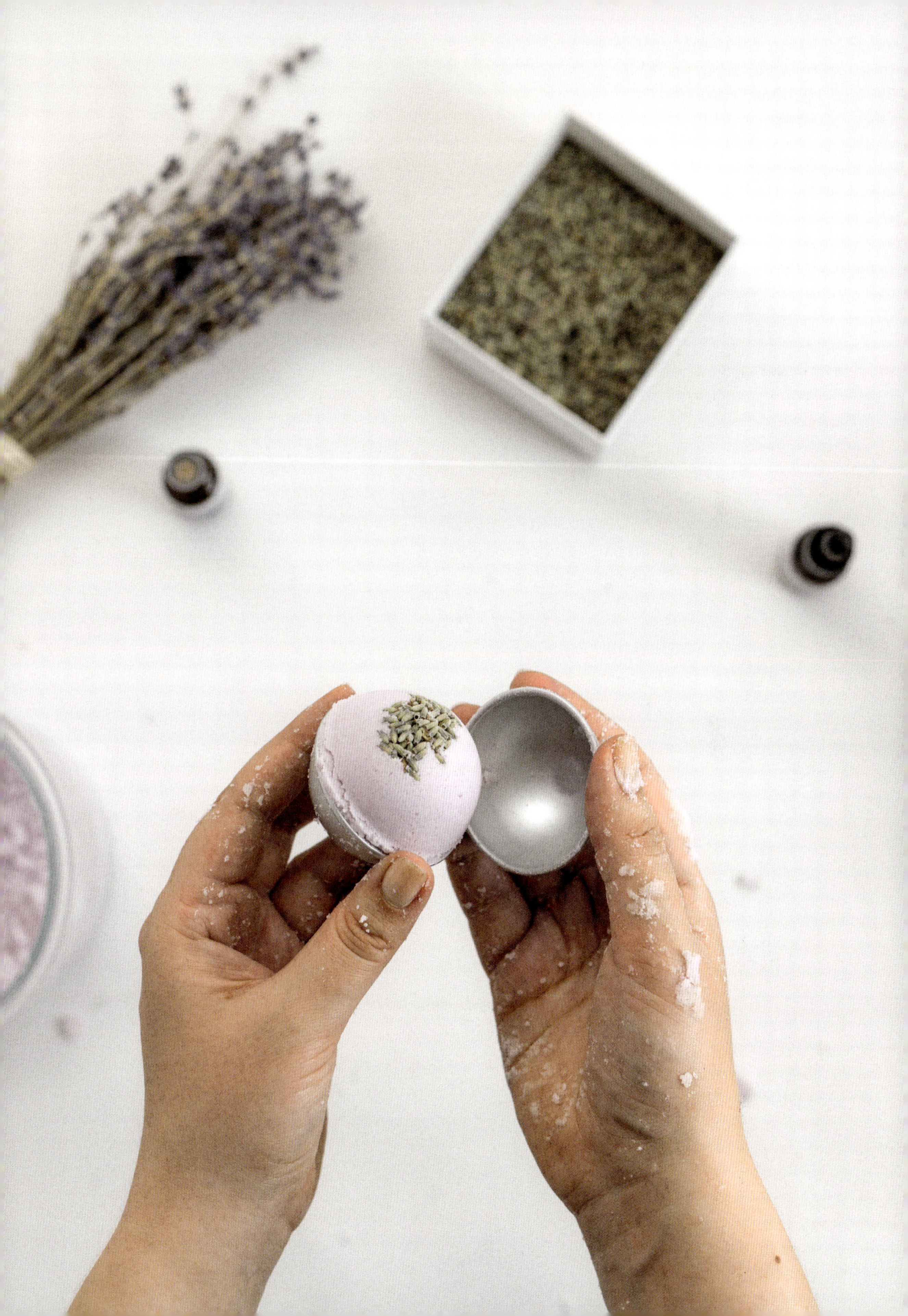

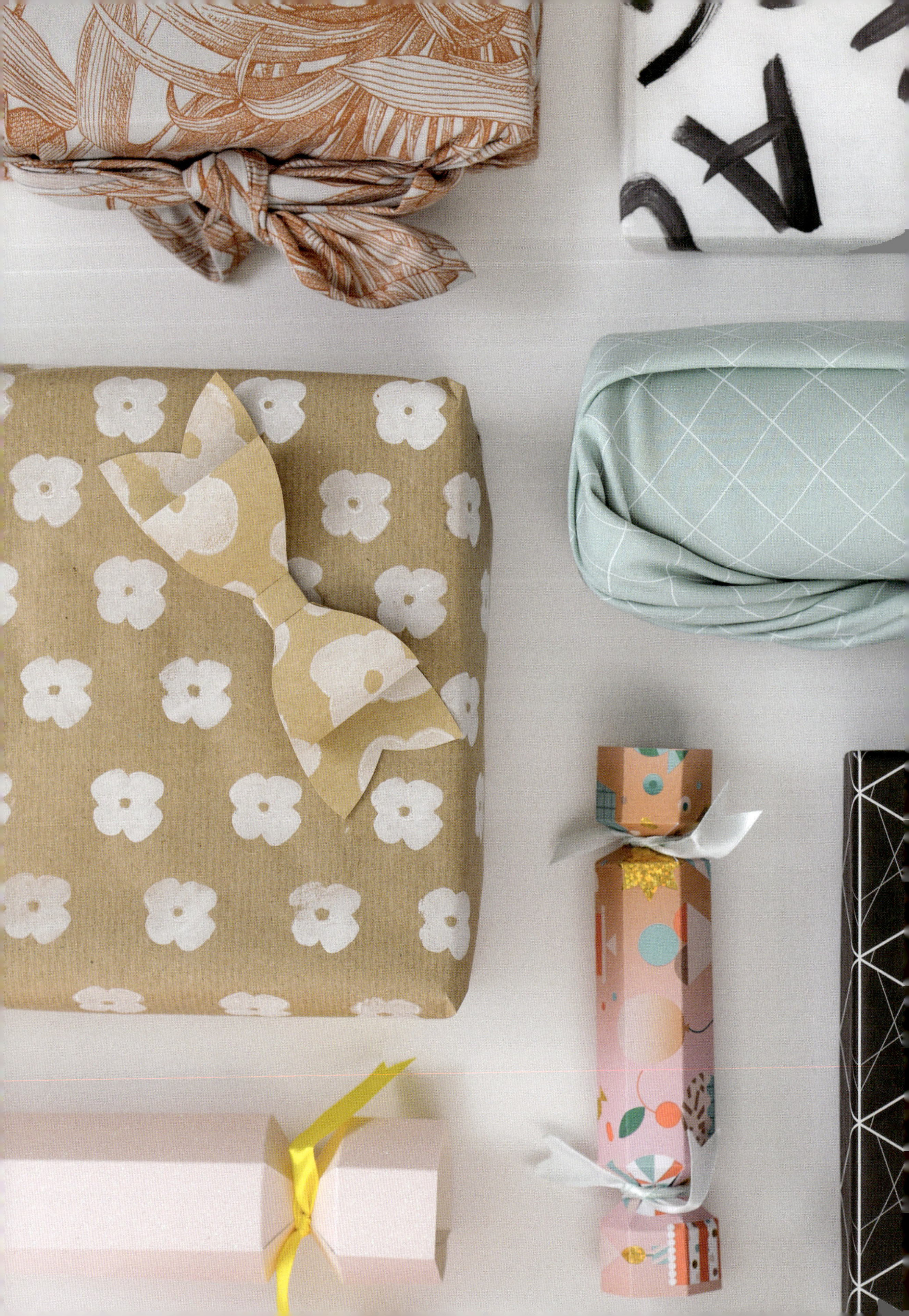

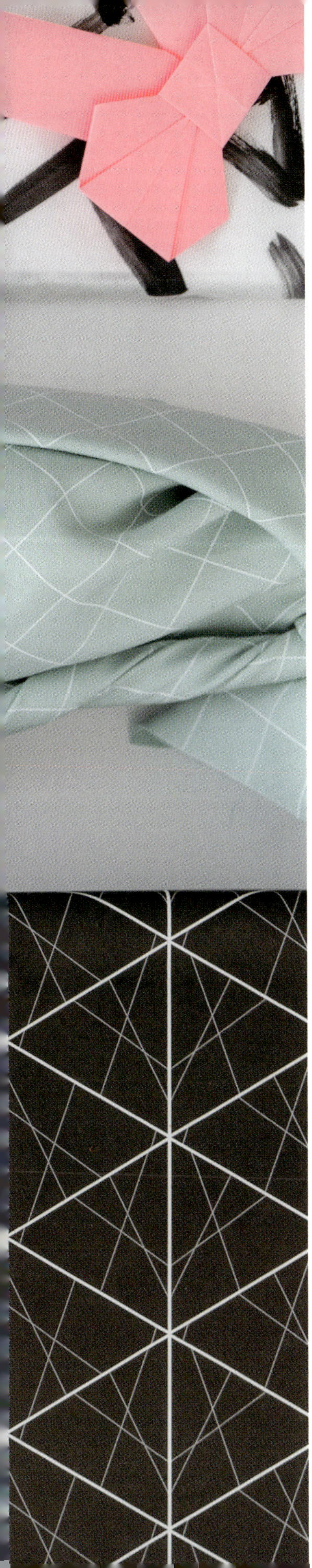

GESCHENKE VERPACKEN

SCHACHTELN IN HERZFORM

Es ist wunderbar, Geschenke selbst zu gestalten. Noch schöner ist es, wenn auch die Verpackung selbst gemacht ist. Daher habe ich für kleine Aufmerksamkeiten diese großartige Pappschachtel in Form eines Herzens entworfen. Ein bisschen Liebe kannst du schließlich immer verschenken.
Die Vorlage für diese Schachtel findest du bei den Vorlagen im Downloadbereich von *welovehandmade.at*. Diese kannst du in verschiedenen Größen ausdrucken. Entweder im üblichen DIN-A4-Format – dann wird die Schachtel jedoch relativ klein und passt für kleine Pralinen oder Schmuck. Oder du druckst sie in DIN A3 oder DIN A2 aus. Dann kannst du zum Beispiel auch die Badekugeln wunderbar darin verpacken.

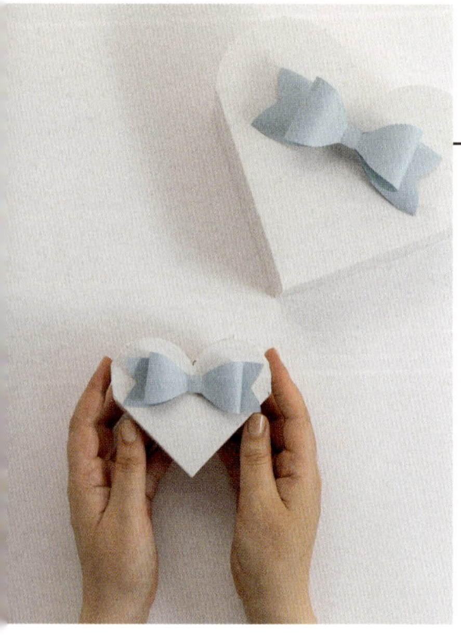

MATERIAL

Vorlage
160 g Druckerpapier für die Vorlage
Tonpapier

WERKZEUG

Schneidelineal
Schneidematte
Bastelmesser
Falzbein
Klebestreifen
Superkleber

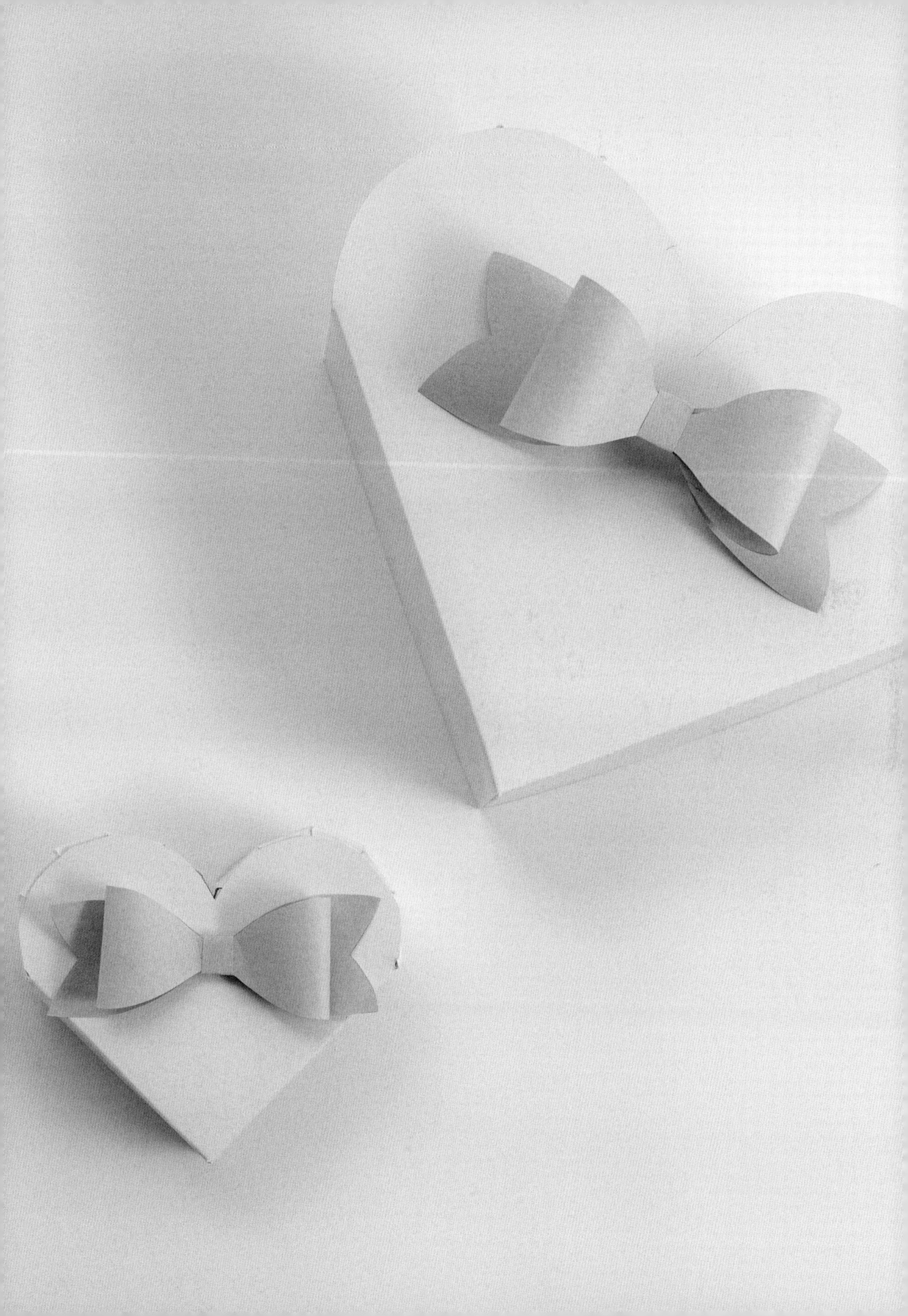

1. Vorlagen ausdrucken
Zunächst druckst du die Vorlage für den Boden und für den Deckel auf herkömmlichem Druckerpapier aus. Dann überträgst du die Vorlage auf das gewünschte Tonpapier. Für eine größere Schachtel drucke die Vorlage auf drei DIN-A4-Blätter aus und klebe sie mit Klebestreifen zu einer großen Vorlage zusammen. Übertrage auch die gestrichenen Falzlinien.

2. Deckel und Boden ausschneiden
Anschließend schneidest du mit dem Bastelmesser die vorgezeichneten Formen aus. Achte darauf, nur an den durchgehenden Linien entlang zu schneiden.

3. Deckel und Boden falten
Die ausgeschnittenen Schachtelformen werden nun mit dem Falzbein und dem Lineal vorgefalzt und anschließend gefaltet. Zum Nachstreichen des Knicks nimm am besten die Spitze des Falzbeins und fahre vorsichtig darüber.

4. Deckel und Boden kleben
Dann kannst du die Laschen wie abgebildet kleben. Die Vorlage zeigt, an welchen Stellen du Klebstoff anbringen sollst. Dann ist deine Schachtel fertig und du kannst sie noch verzieren, sofern sie nicht bereits aus stärkerem Motivpapier gefaltet ist.

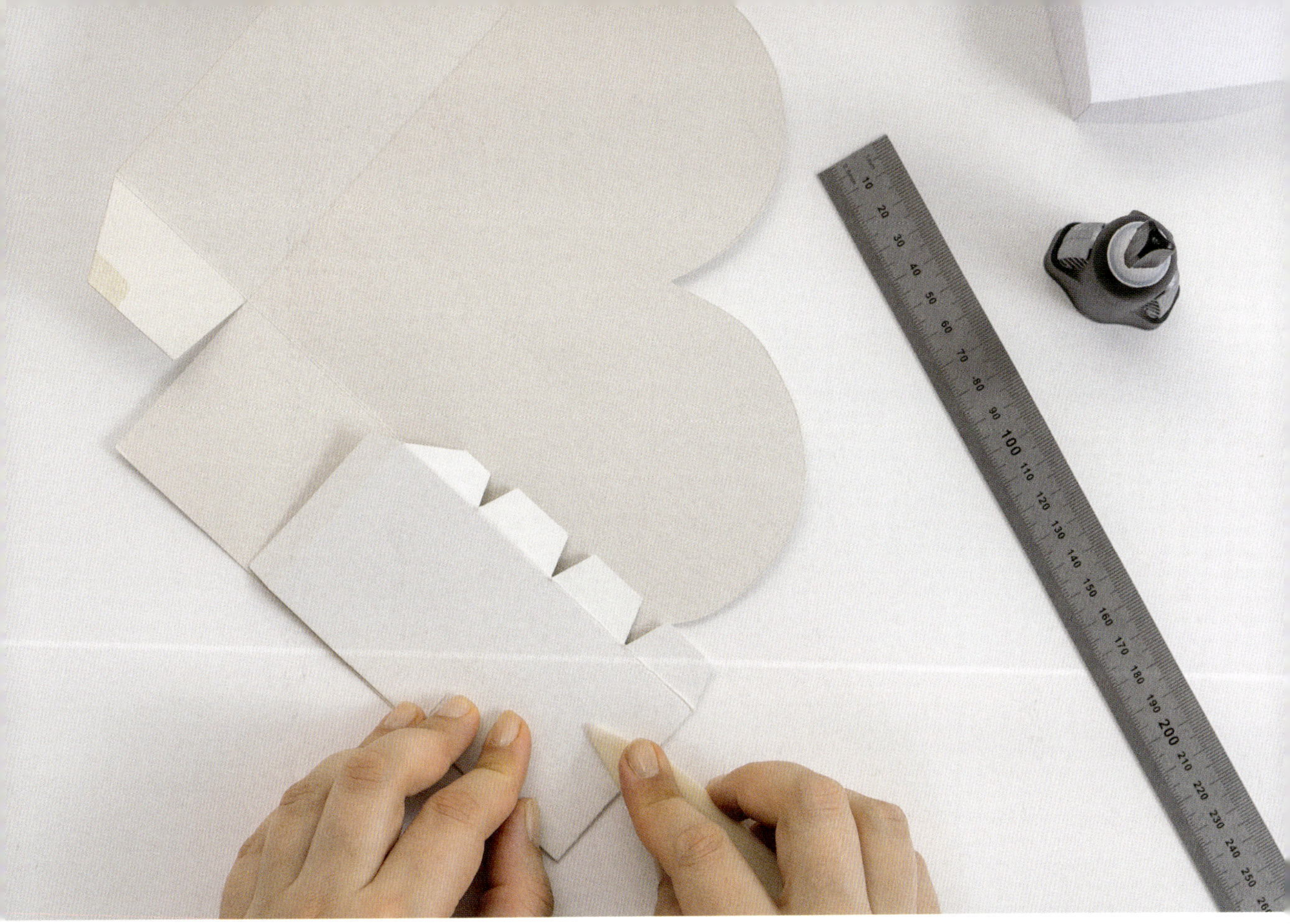

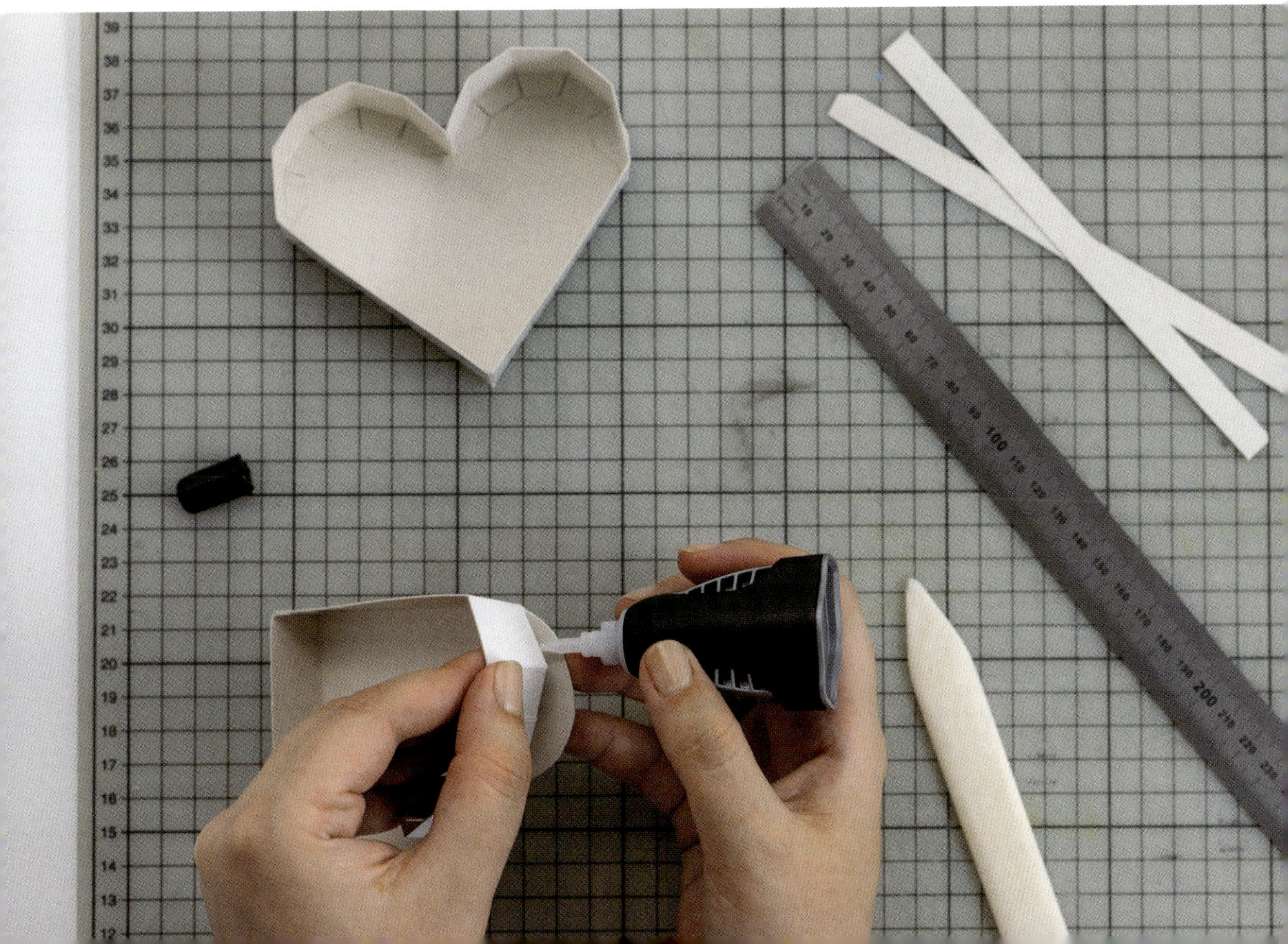

SCHACHTEL MIT PAPIER ÜBERZIEHEN

Im Alltag sammeln sich relativ viele Verpackungen an. Um ihre Lebensdauer zu verlängern, können bereits gebrauchte Schachteln oder Kisten mit Geschenk- oder Schmuckpapier überzogen werden. Gebrauchte Schuhschachteln oder – wie in diesem Fall – Tortenschachteln können, nachdem sie gut gereinigt sind, noch für Freude sorgen.

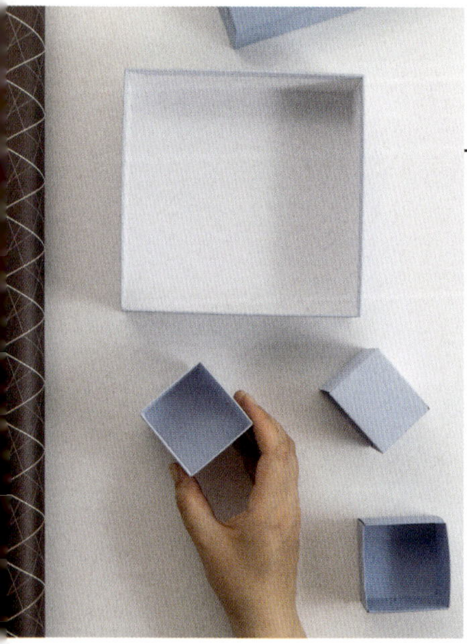

MATERIAL	WERKZEUG
Schachtel Geschenkpapier oder japanisches Papier	Bleistift Falzbein Geodreieck Papierschere Klebestift

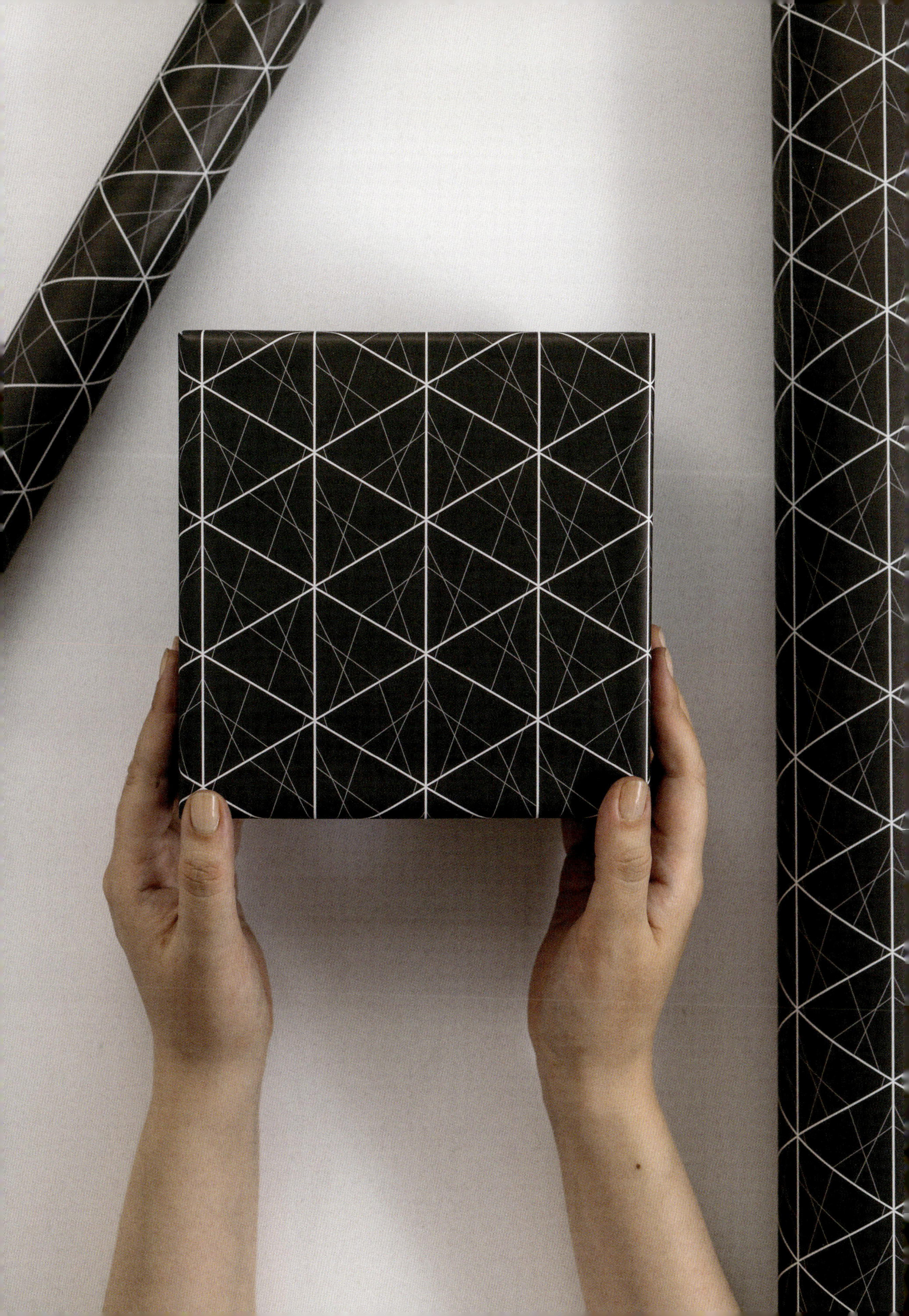

1. Papier auswählen

Es ist nicht schwierig, eine Schachtel mit Papier zu beziehen. Allerdings brauchst du für die Übergänge etwas Fingerspitzengefühl, je nach Muster des Geschenk- oder Motivpapiers.

2. Papier abmessen

Lege das Geschenkpapier auf deine Arbeitsfläche, mit der nicht bedruckten Seite nach oben. Platziere den Boden der Schachtel in der Mitte des Papiers. Um die richtige Größe für dein Geschenkpapier zu bemessen, kippst du die Schachtel einmal auf jede Seite und markierst mit dem Bleistift die Ausmaße. Addiere noch mal ungefähr rund 5 cm hinzu, um das Papier zum Schluss über die Kante in das Innere der Schachtel kleben zu können. An jeder der aufgeklappten Seiten zeichnest du auf einer der Seiten mit dem Geo-Dreieck eine Lasche hinzu. So werden später die Ecken sauber und präzise. Bevor du das Papier zuschneidest, überprüfe, ob sich die Motive auf dem Papier auf der Schachtel an der gewünschten Stelle befinden.

3. Papier kleben

Du kannst, bevor du das Geschenkpapier an die Schachtel klebst, eine Schablone nach deinen gezeichneten Maßen anfertigen und mit Packpapier testen. Wenn du sicher bist, bestreichst du mit dem Klebestift das Geschenkpapier, und zwar dort, wo der Boden der Schachtel platziert wird, großflächig mit Kleber. Platziere dann die Schachtel genau drauf und drehe die Schachtel um. Streiche hier mit der Längsseite des Falzbeins vorsichtig den Boden nach, sodass sich die geklebte Stelle mit der Schachtel verbindet.

4. Boden beziehen

Dann kannst du jede Seite nach und nach mit Klebstoff bestreichen und die Schachtel Schritt für Schritt jeweils auf die vorbereiteten Seiten kippen. Das überschüssige Papier nach innen in die Schachtel streichen und mit dem Falzbein nachziehen. Die Seitenlasche vorsichtig um die Ecke biegen und mit dem Falzbein glatt streichen. Diesen Vorgang wiederholst du auf allen Seiten mit Seitenlasche. Die vierte Seite ohne Seitenlasche zum Schluss mit Klebstoff bestreichen und präzise an der Seite festkleben. Bei der vierten Seite des Geschenkpapiers die überstehende Lasche mit der Papierschere abschneiden, da ansonsten eine unschöne Spitze an der Seite zu sehen ist. Das Papier mit Klebstoff bestreichen und präzise an der Seite der Schachtel hochstreichen und so festkleben.

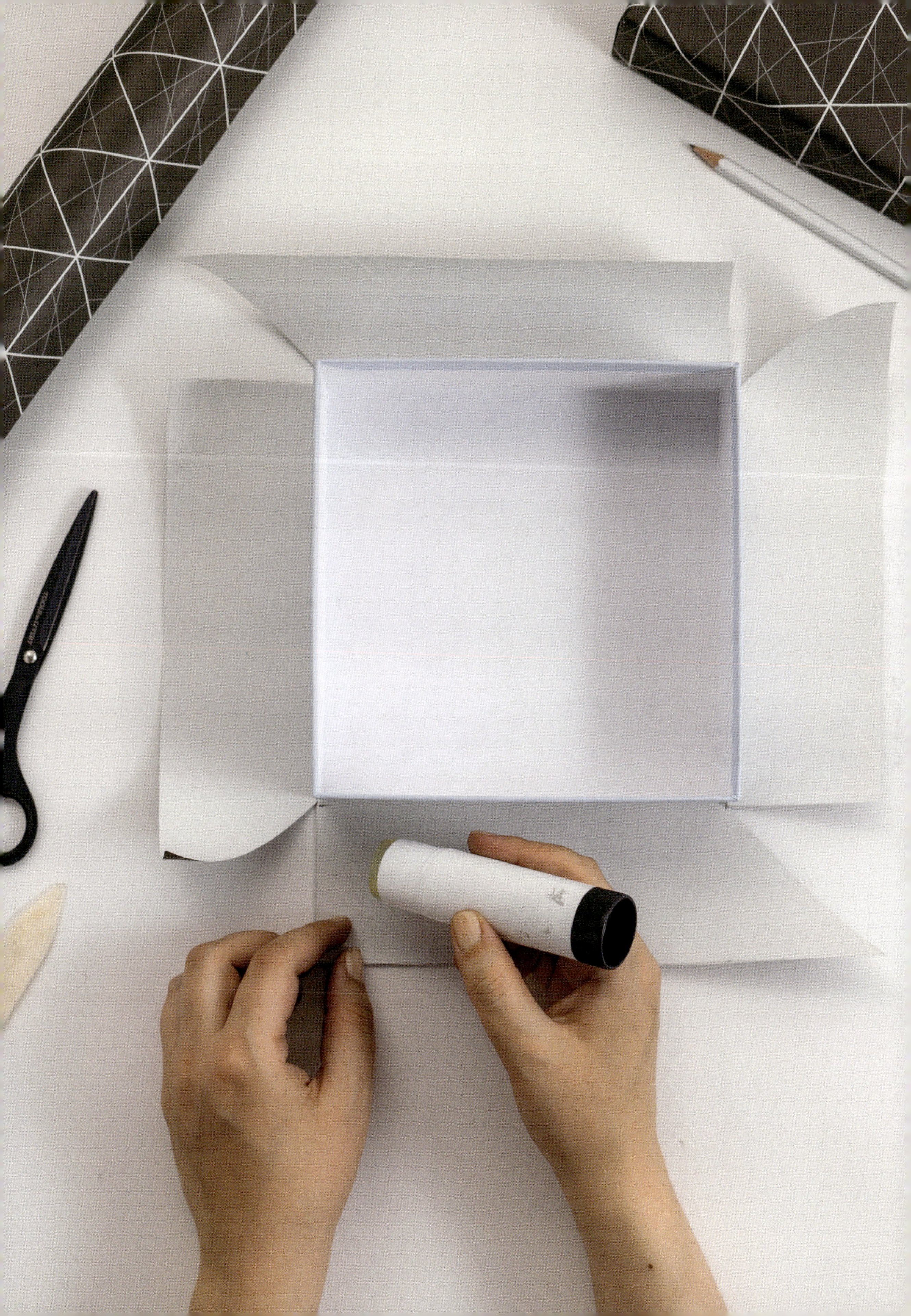

GESCHENKPAPIER BEDRUCKEN

Geschenke in selbst gemachtes Geschenkpapier zu verpacken, macht mir immer ganz besondere Freude, und auch die Beschenkten schätzen das individuelle Papier sehr. Da das Papier nicht so dünn ist wie herkömmliches Papier, kann es auch mehrfach wiederverwendet werden. Manche der selbst gemachten Geschenkpapiere hat meine Familie seit Jahren im Einsatz. Das Geschenkpapier kann auch je nach Anlass personalisiert werden. Für dieses DIY-Projekt habe ich das Papier mit verschieden großen Blumen bedruckt, aber im Downloadbereich (siehe Seite 182) findest du darüber hinaus Herzen, Sterne oder geometrische Formen, die du verwenden kannst, um dein Geschenkpapier zu bedrucken. Probier einfach unterschiedliche Formen und Farben für dein ganz persönliches Geschenkpapier aus!

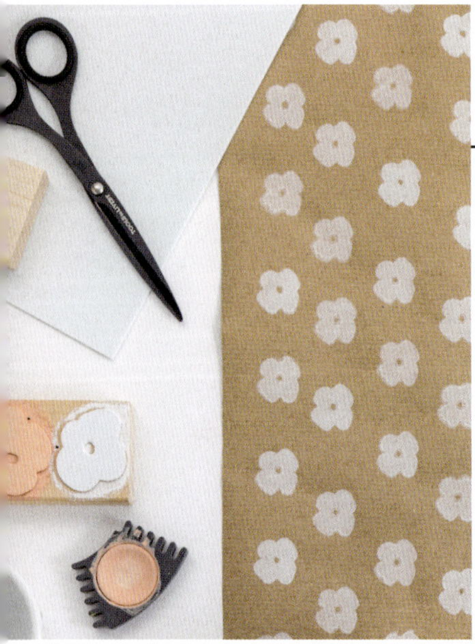

MATERIAL

Vorlage
160 g Druckerpapier
für die Vorlage
Moosgummi
Holzklötzchen
Packpapier oder dünner
Fotokarton

WERKZEUG

Bastelschere
Bleistift
Superkleber oder Heißkleber
Wassertankpinsel
Deckweiß
Wassermalfarben
Wasserbecher

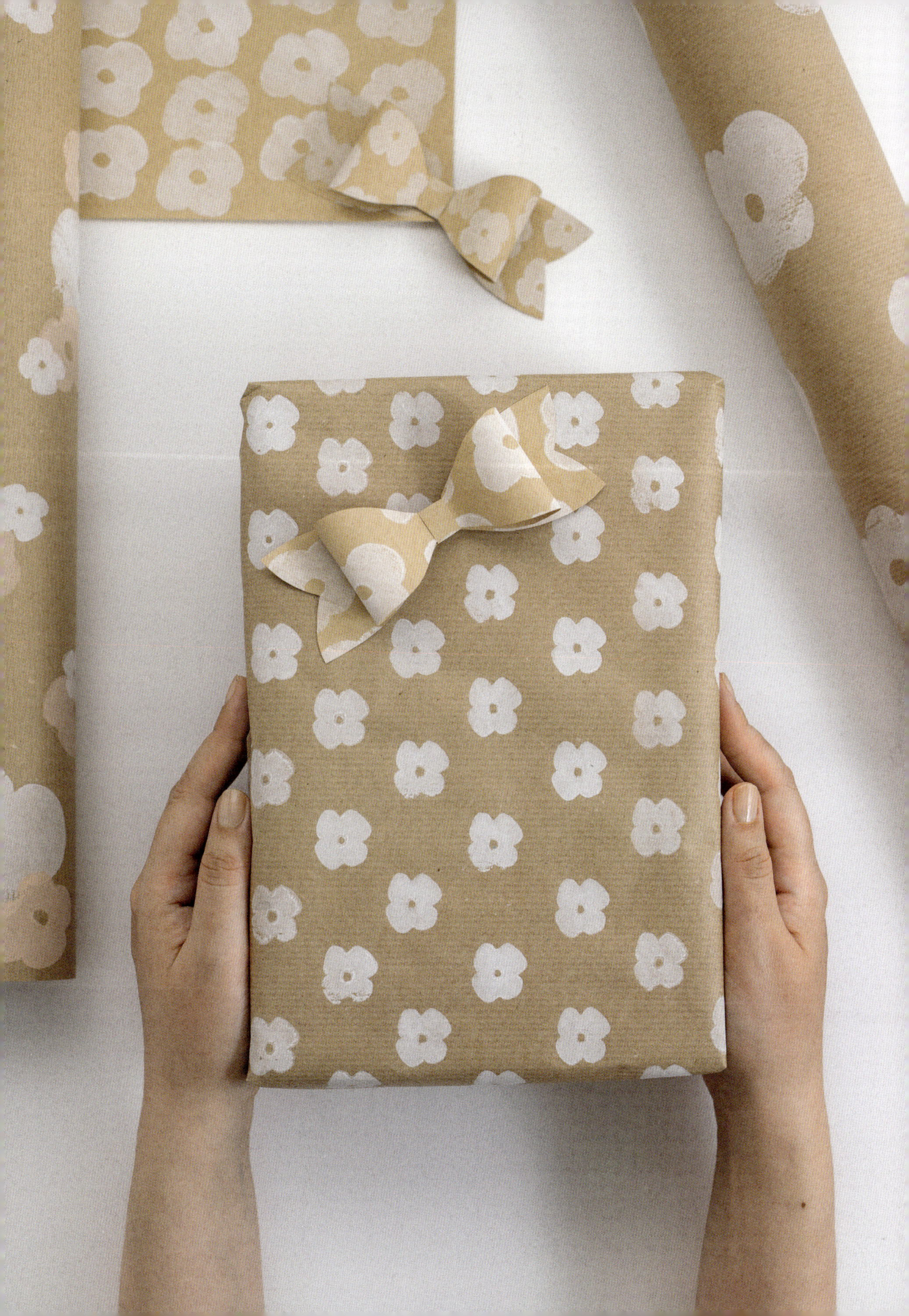

1. Motiv und Transfermedium vorbereiten
Entweder die hier vorgesehene Vorlage verwenden oder eigene Vorlagen zeichnen. Die Motive auf Moosgummi übertragen und ausschneiden. Die Moosgummi-Motive mit Superkleber oder Heißkleber auf Klötzchen aus Holz oder Hartplastik kleben. Fertig ist der Stempel.

2. Farben auswählen und auftragen
Du kannst zum Beispiel weißes oder braunes Packpapier oder auch dünneren Fotokarton verwenden. Für das braune Packpapier habe ich hier zum Stempeln Deckweiß und hellrosa Wassermalfarben verwendet. Die Farbe wird mit einem Pinsel auf den Stempel aufgetragen. Die Farbe sollte nicht zu wässrig sein, sondern eher mehr Pigmente enthalten. Du kannst die Farben mit dem Stempel auf Kopierpapier testen.

3. Muster stempeln
Wenn du deine Stempel vorbereitet hast, werden die Muster gestempelt. Beginne bei unterschiedlichen Motiven mit den größten und stemple dann immer die nächstkleinere Größe auf das Papier. Falls du mehrere Farben übereinander drucken möchtest, warte immer zuerst ab, bis das gedruckte Motiv vollständig getrocknet ist.

4. Geschenkpapier trocknen lassen
Wenn du mehrere Meter Papierrollen bedruckst, dann empfehle ich, das Papier zum Beispiel auf einem Wäscheständer zu trocknen. Wenn das Papier vollständig trocken ist, kannst du es wieder vorsichtig aufrollen.

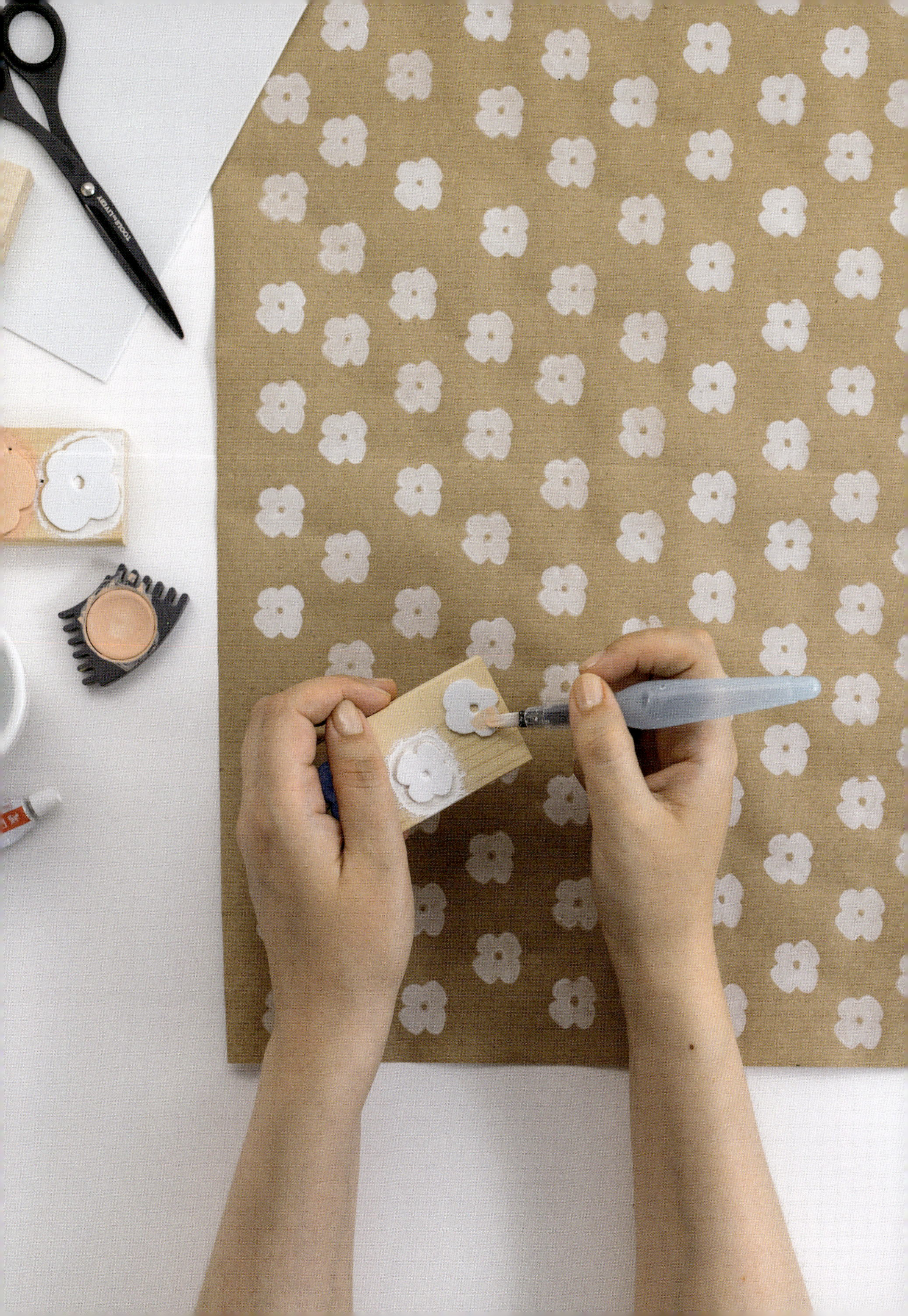

GESCHENKPAPIER BEMALEN/BESCHRIFTEN

Geschenkpapier zu beschriften, geht superschnell und ist eine großartige Möglichkeit, um deinem Geschenk, im wahrsten Sinne des Wortes, deine persönliche Handschrift zu verleihen. Früher habe ich mit Bleistift Hilfslinien gezeichnet, mittlerweile finde ich gerade die unperfekte Schrift schön. Es geht sogar schnell und einfach, eine ganze Rolle Packpapier mit unterschiedlichen Mustern zu verzieren. So kannst du zum Beispiel für saisonale Anlässe, wie Weihnachten oder Geburtstage, mehrere Rollen Packpapier in denselben Farben jedoch mit unterschiedlichen Mustern und Schriftzügen gestalten. Es entsteht ein ganz persönliches Geschenkpapier-Set mit Rollen, die farblich zusammenpassen, sich aber durch verschiedene Muster unterscheiden.

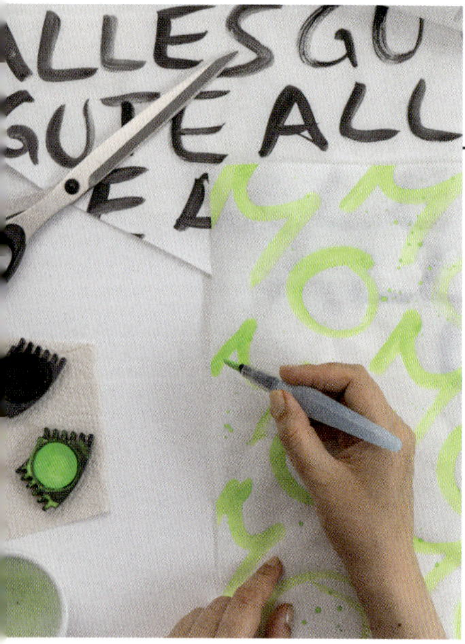

MATERIAL	WERKZEUG
Packpapier	Pinsel
Küchenrolle	Wasserfarben
	Marker
	Wasserbehälter

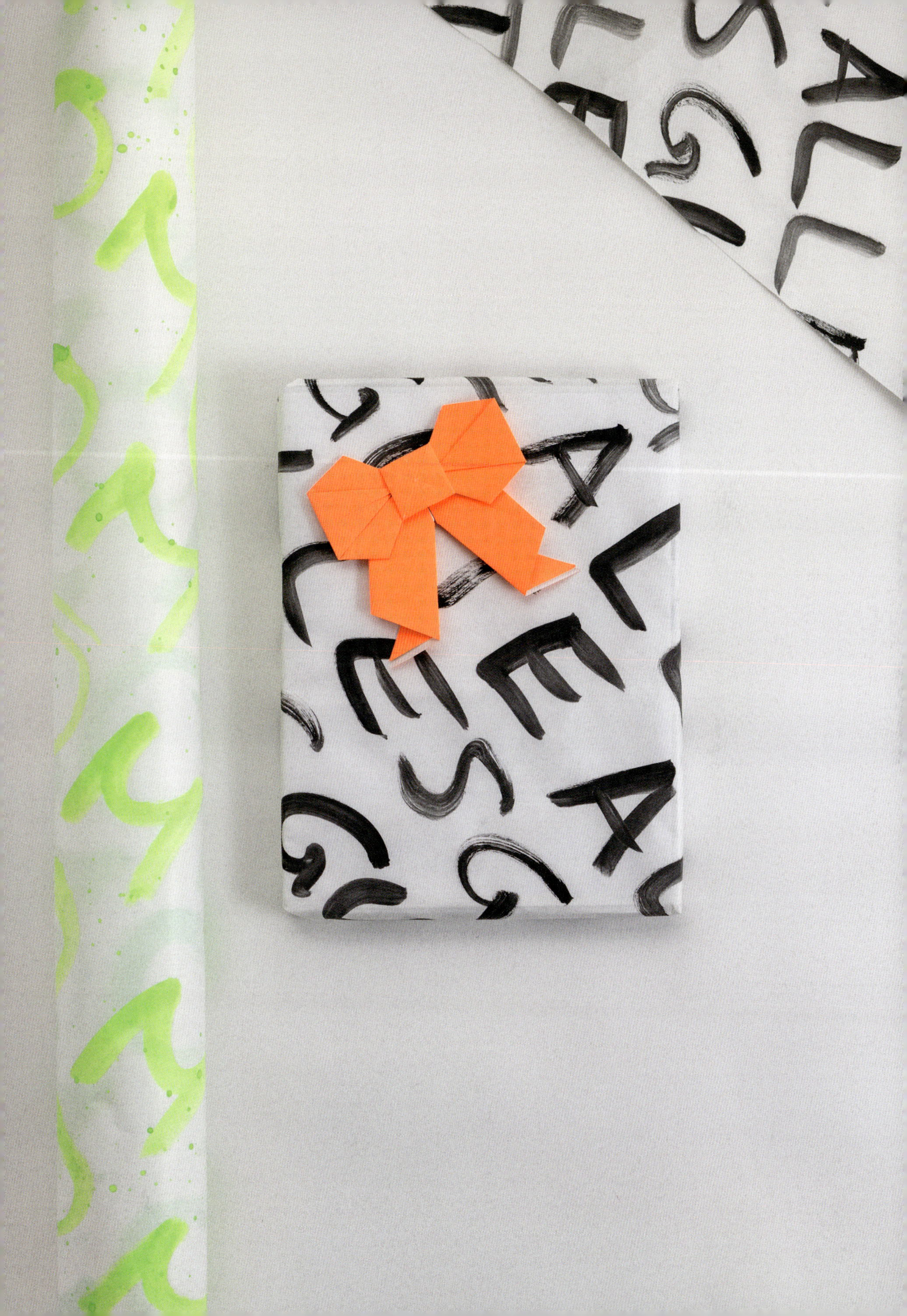

1. Papier vorbereiten

Das Papier in der benötigten Größe zuschneiden und auf dem Arbeitstisch ausbreiten. Am besten eine Unterlage oder Zeitungspapier unter das Papier legen, damit Striche, die über das Papier hinausgehen, nicht auf der Arbeitsfläche landen.

2. Schriftzug überlegen

Zum Schreiben von Wörtern oder Grußformeln verwende Pinsel oder Marker in verschiedenen Stärken. Für die Schriftzüge „ALLES GUTE“ und „MOM“ habe ich hier mit einem 0,5 cm breiten Pinsel gearbeitet. Du kannst das Papier entweder schräg oder gerade vor dich legen, den Schriftzug in Wellen oder in unterschiedlichen Größen schreiben.

3. Schreiben

Schreibe am besten über das Papier hinaus, um keine unnötigen Lücken zu schaffen. So wirkt die Handschrift noch regelmäßiger und du vermeidest, dass die Buchstaben kleiner oder größer werden.

4. Bemalen

Genauso kannst du beim Bemalen des Papiers vorgehen. Achte darauf, die Pinselstriche in gleichen Abständen zu platzieren, und spiele mit unterschiedlichen Formen. Anschließend lässt du das Papier trocknen und packst deine Geschenke damit ein.

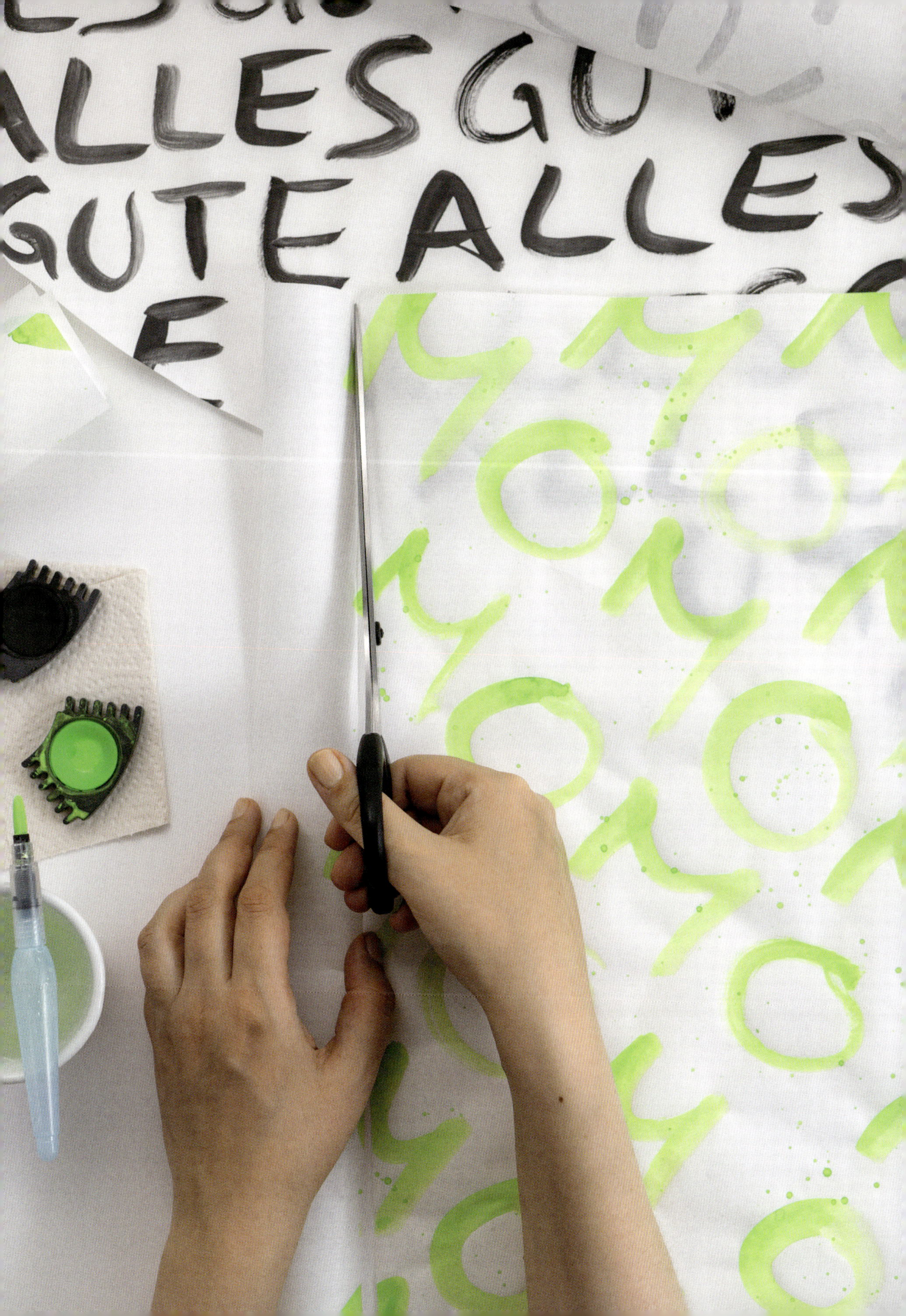
ALLES
GUTE ALLES

GESCHENKPAPIER MIT CUT-OUTS

Um Geschenkpapier zu einem Hingucker zu machen, braucht es gar nicht so viel. Du kannst ganz einfach mit zwei verschiedenen einfarbigen Geschenk- oder Packpapieren Muster oder Motive ausschneiden. So kannst du deinem Geschenk durch die Verpackung einen ganz besonderen Look verleihen und die Freude ist bei der beschenkten Person noch größer, wenn du ihr dein Geschenk überreichst!
Je nach Anlass kannst du unterschiedliche Motive oder Wörter (Anleitung auf Seite 116) in das Geschenkpapier schneiden, zum Beispiel Herzen oder „YAY".

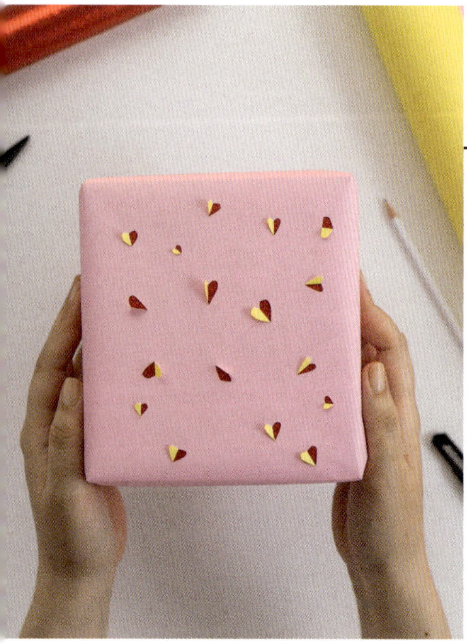

MATERIAL	WERKZEUG
zweifarbiges Geschenkpapier	Bleistift
Kraftpapier	Bastelmesser
Motiv- oder Effektpapier	Schneidematte
Kopierpapier	Papierschere
	Superkleber oder Klebestreifen
	Falzbein

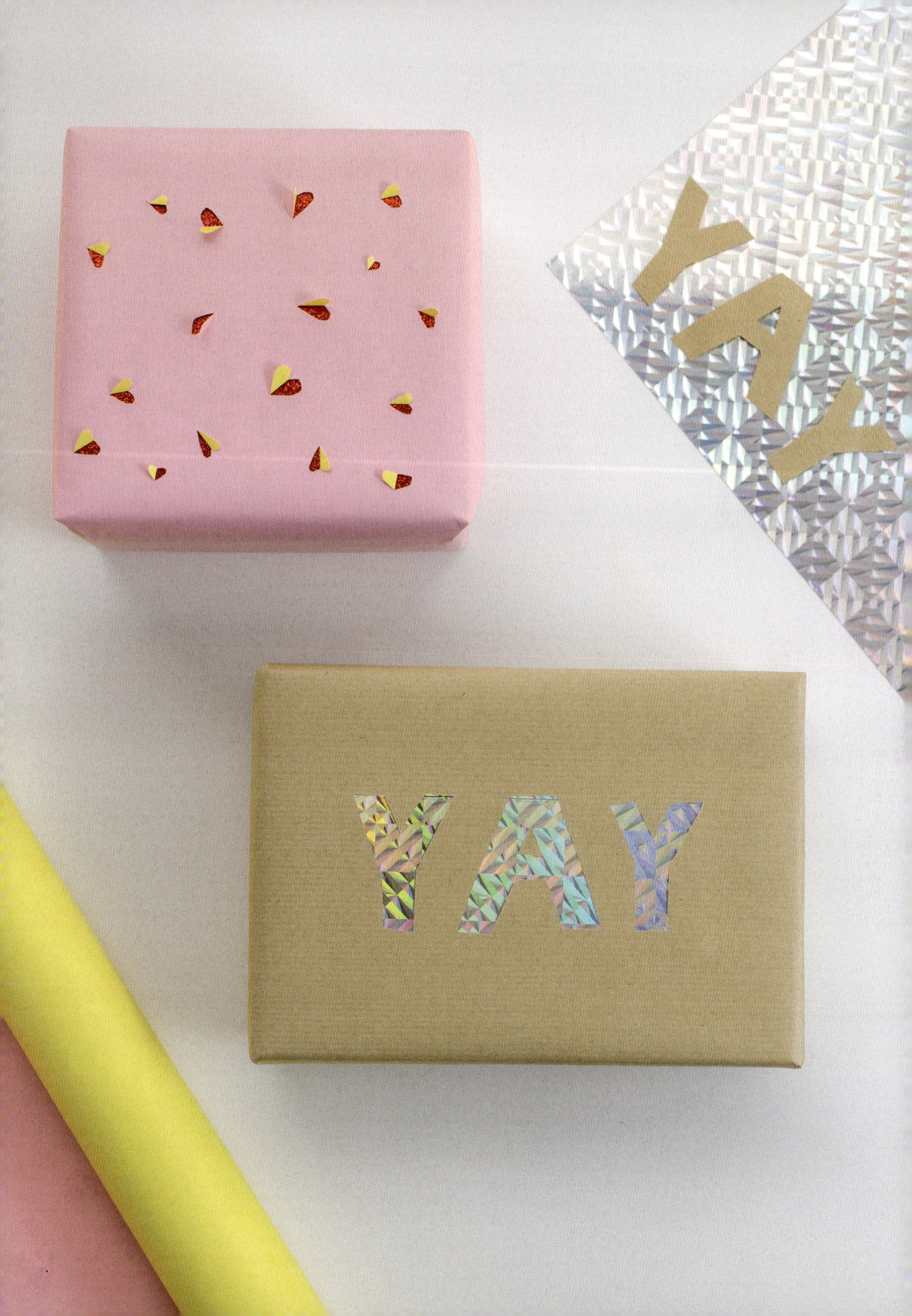
YAY
YAY

1. Papier zuschneiden
Bereite zuerst das Geschenkpapier, ich empfehle hier ein einfarbiges Papier, in der Größe des Geschenkes vor.

2. Motiv skizzieren
Skizziere dein Motiv zuerst mit Bleistift auf Kopierpapier. Hier habe ich mich für Herzen entschieden.

3. Motiv übertragen
Zeichne die Herzen in unterschiedlichen Größen und Formen auf der Rückseite deines Geschenkpapiers auf.

4. Papier einschneiden
Lege das Papier auf die Schneidematte und schneide mithilfe eines Bastelmessers nur eine Hälfte der Herzen aus.

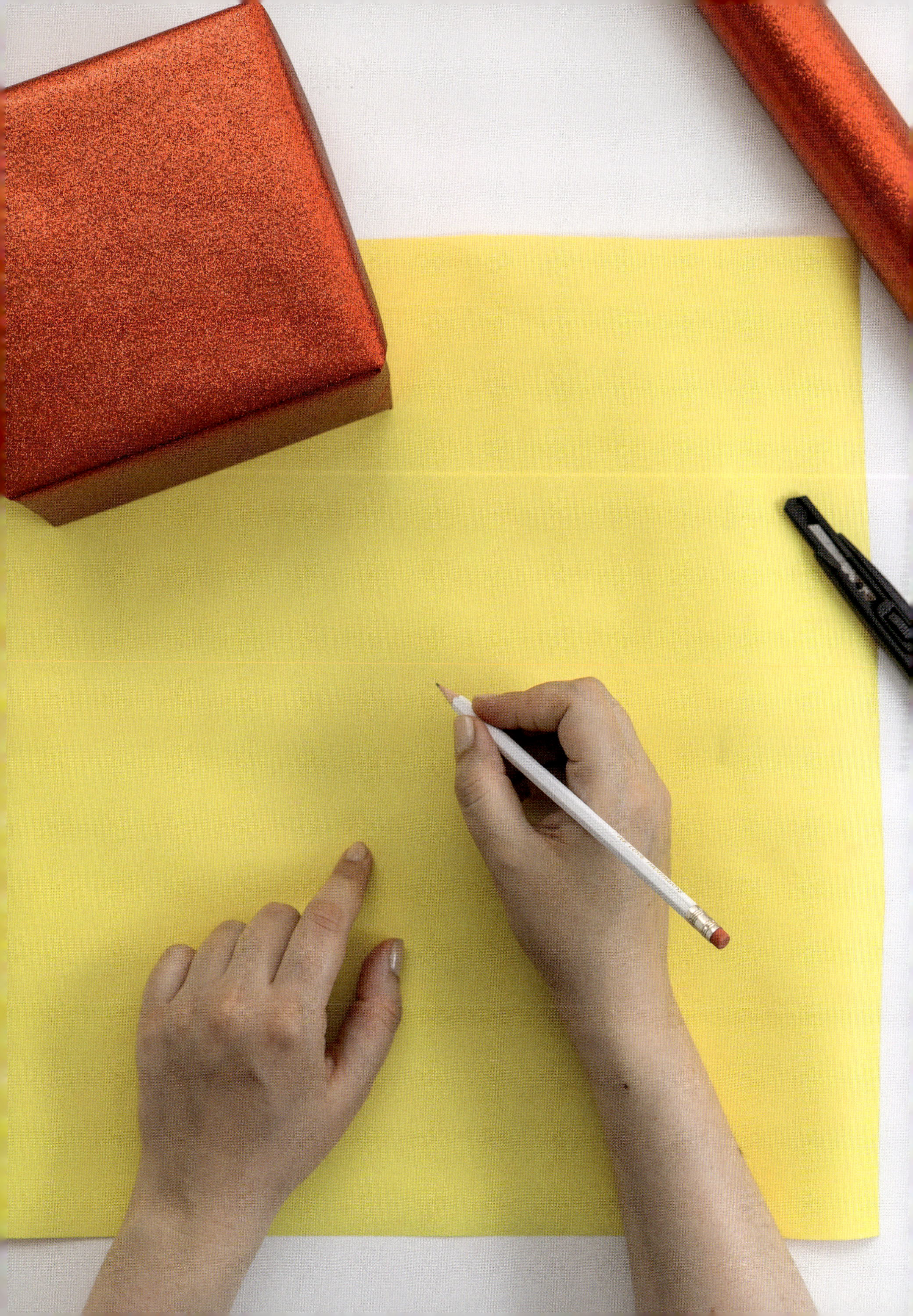

5. Motiv falten
Drehe nun das Papier auf die andere Seite und biege mit dem Falzbein vorsichtig die Herzen auf der oberen Seite des Geschenkpapieres um. So entstehen kleine 3D-Herzen.

6. Hintergrundpapier zuschneiden
Um das Geschenk nicht durch die Einschnitte erkennen zu können, schneide in der Größe des Geschenkes einen Hintergrund aus Motiv- oder Glitzerpapier zu. Optional kannst du auch nur die ausgeschnittenen Sichtfenster mit Glitzerpapier hinterlegen.

7. Hintergrundpapier anbringen
Packe nun das Geschenk zuerst mit dem Hintergrundpapier ein. In diesem Fall habe ich das Geschenk zuerst in das rote Glitzerpapier eingewickelt.

8. Geschenk einpacken
Nun kannst du das Geschenk mit dem Geschenkpapier mit den ausgeschnittenen Herzen einwickeln. Bringe nach Wunsch noch eine Schleife an.

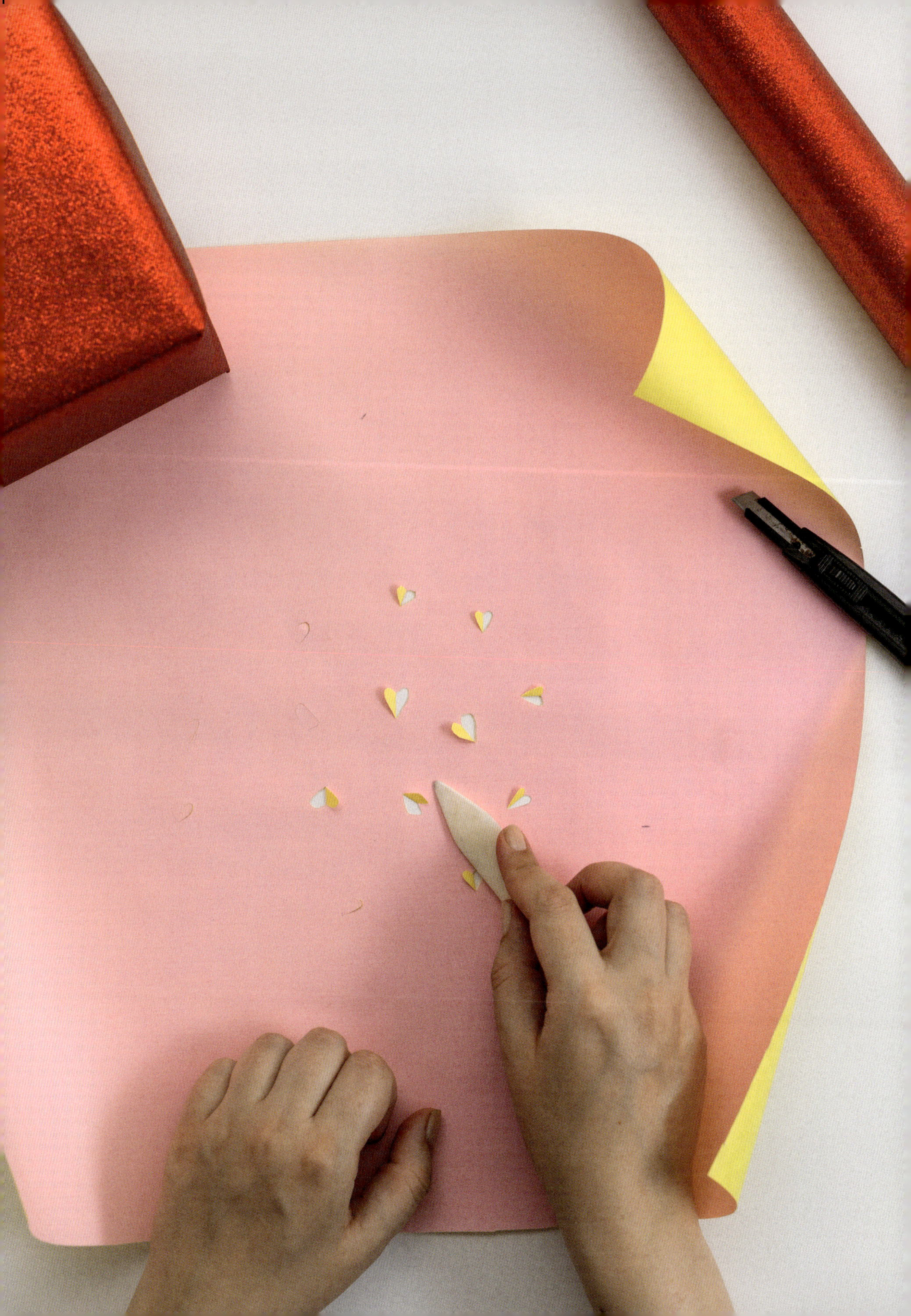

1. Papier vorbereiten
Bereite zwei unterschiedliche Papiere in der Größe des Geschenks vor, am besten ein buntes Geschenkpapier und ein Kraftpapier. Schneide beide Papiere in der gleichen Größe zu.

2. Wort skizzieren
Skizziere das gewünschte Wort, in diesem Fall „YAY", als Vorlage.

3. Wort ausschneiden
Die Vorlage wird nun auf das Kraftpapier übertragen. Ich habe es groß und prominent auf der Vorderseite eines Geschenkes platziert. Anschließend das „YAY" auf der Schneidematte mit dem Bastelmesser aus dem Kraftpapier ausschneiden.

4. Geschenk einwickeln
Das Motivpapier auf der Rückseite des ausgeschnittenen Schriftzuges platzieren, mit Klebstoff festkleben und das Geschenk damit einpacken. Teile von Buchstaben, die nach dem Ausschneiden nicht mit dem Rest verbunden sind (wie in diesem Beispiel das kleine Dreieck beim „A"), an die richtige Stelle auf das Motivpapier kleben. Achte beim Einpacken darauf, dass die ausgeschnittene Fläche mit dem Schriftzug prominent auf dem Geschenk platziert ist.

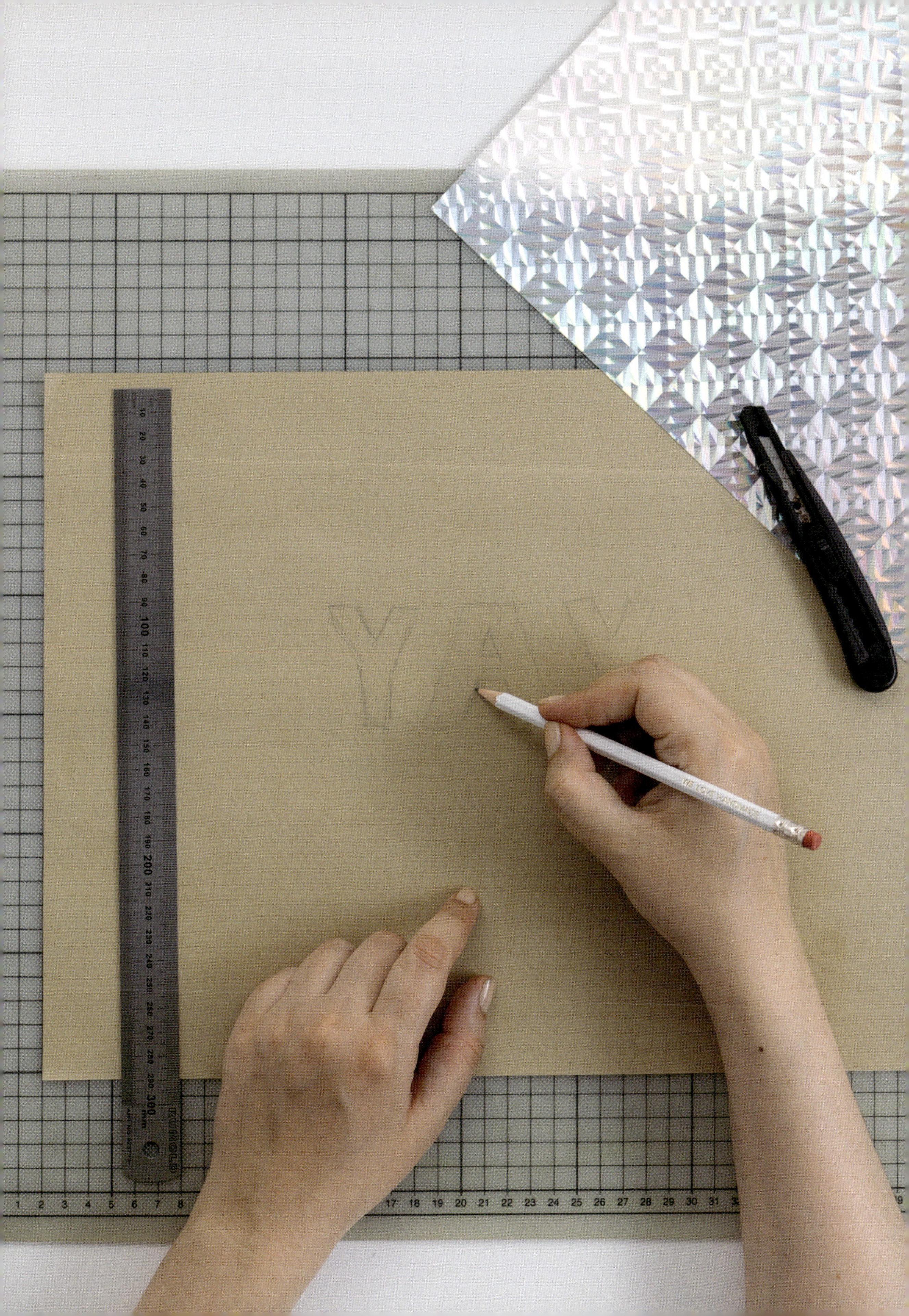
YAY

SCHLEIFEN AUS PAPIER

Was machst du, wenn du beim Einpacken eines Geschenks keine passenden Geschenkbänder oder Schleifen zur Hand hast? In diesem Fall kannst du dir einfach die Vorlage schnappen und passend zum verwendeten Geschenkpapier Papierschleifen in gewünschter Größe selber machen! Die Papierschleife kann auch an einer Getränkeflasche angebracht werden und fertig ist das Mitbringsel für die nächste Dinnerparty!
Die Vorlagen kannst du so groß oder so klein ausdrucken, wie du möchtest. Du kannst die Schleifen aus dem gleichen Papier oder aus anderem Geschenkpapier machen.

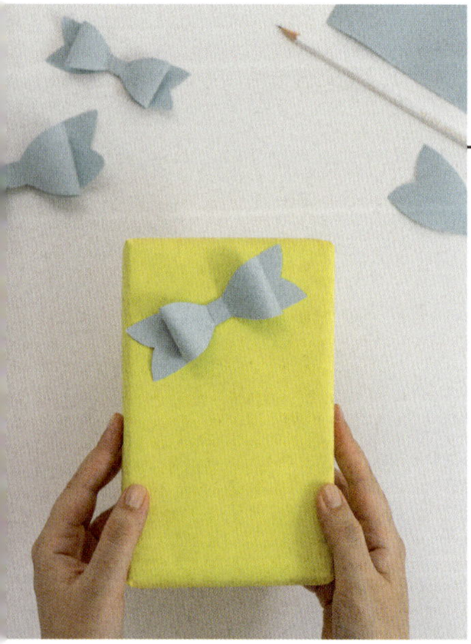

MATERIAL

Papier nach Wunsch bis 150 g/m^2
Vorlage

WERKZEUG

Bleistift
Papierschere
Bastelmesser
Schneidematte
Schneidelineal
Klebestift oder Superkleber

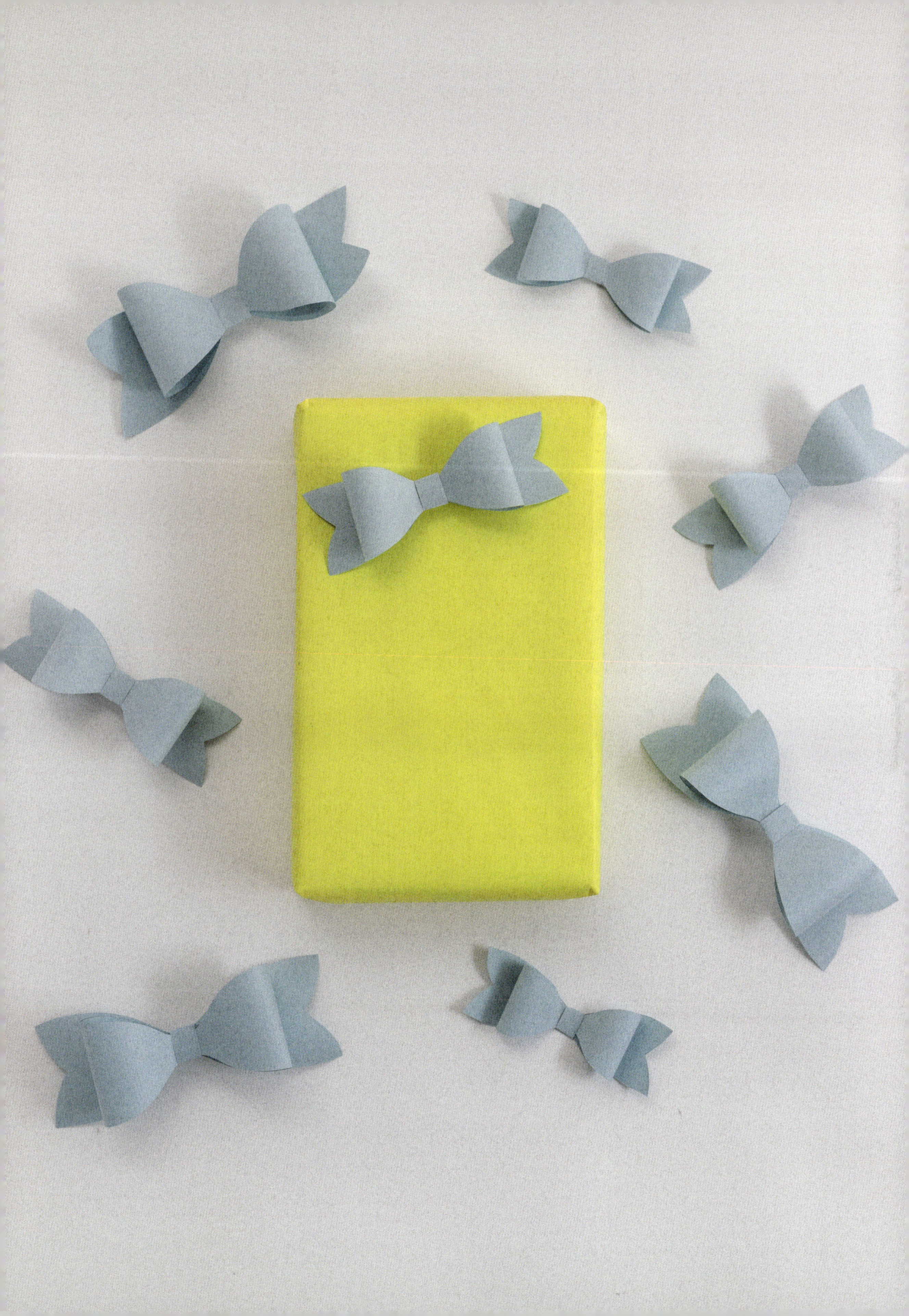

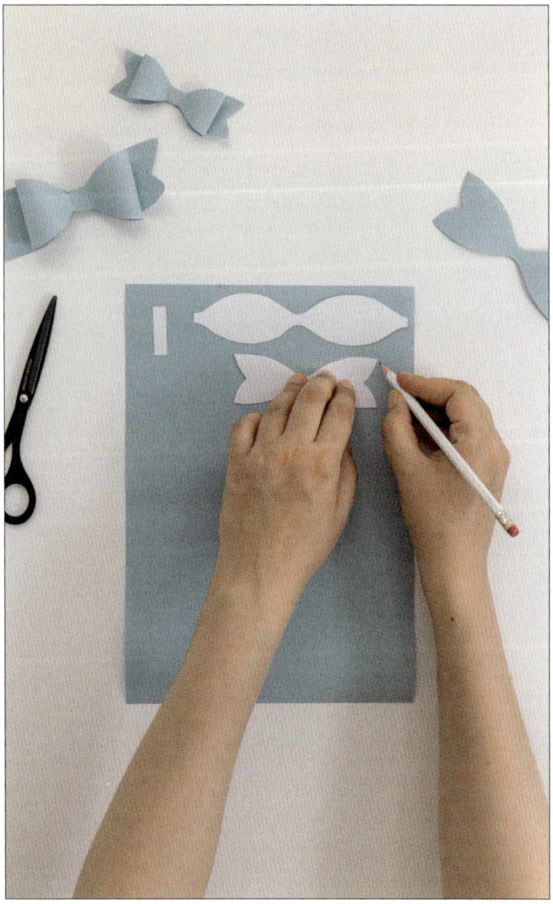

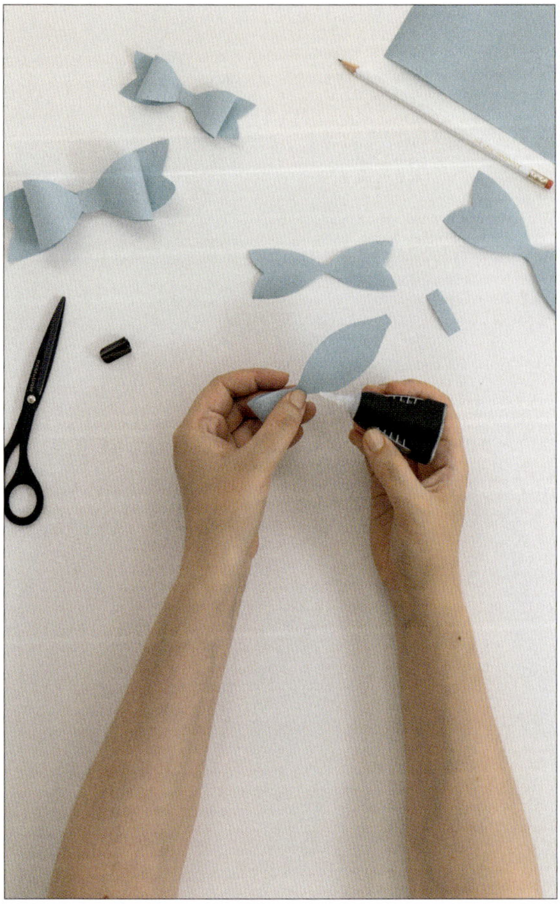

1. Vorlage ausdrucken
Zunächst druckst und schneidest du die Vorlage aus. Dann überträgst du die Vorlagen auf das vorbereitete Papier mit einem Bleistift.

2. Papier ausschneiden
Anschließend schneidest du die Vorlage mit dem Bastelmesser auf der Schneidematte aus. Dann gibst du einen Klecks Klebstoff in die Mitte der großen Schleife und biegst vorsichtig das linke Ende in die Mitte.

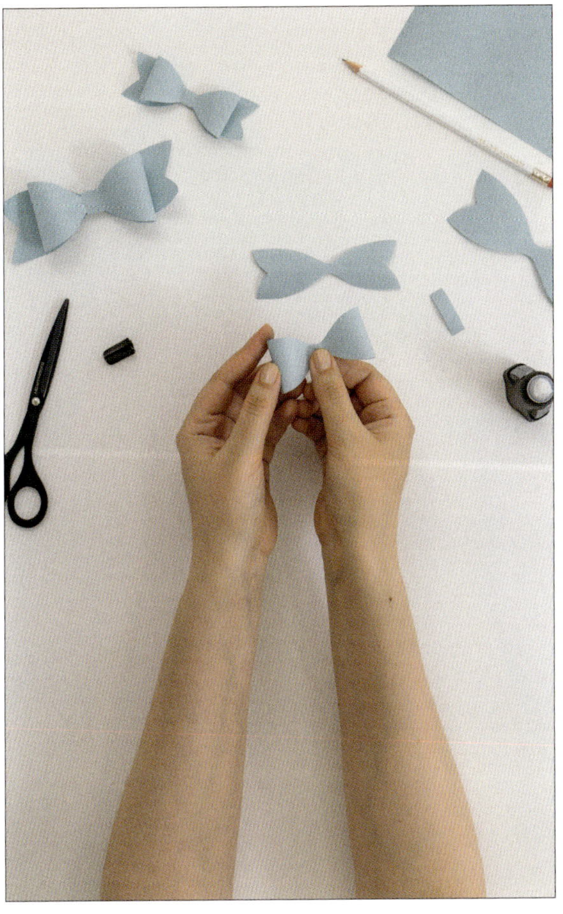

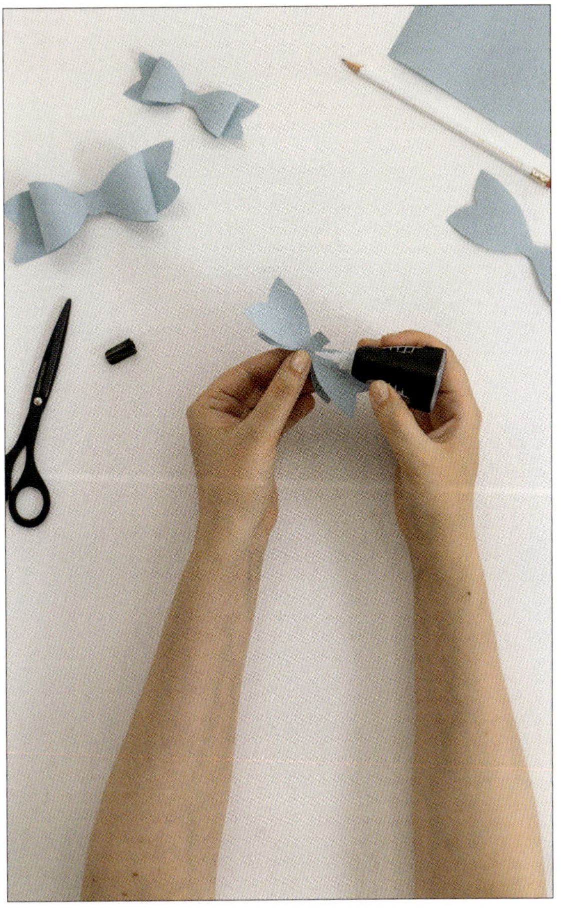

3. Schleife falten und kleben

Weiters wieder einen Klecks Klebstoff auf das linke Ende in der Mitte geben und das rechte Ende in die Mitte biegen. Achte darauf, dass der Klebstoff nicht auf den Seiten herausquillt. Falls doch, dann wische ihn mit etwas Küchenpapier weg. Warte nun, bis der Klebstoff getrocknet ist, um fortzufahren.

4. Schleife zusammenbauen und fixieren

Jetzt nimmst du den zusammengeklebten Teil der Schleife und legst ihn auf den unteren Teil. Dann legst du das kleine rechteckige Stück Papier in der Mitte der Schleife auf den Steg und faltest die beiden Enden nach hinten um. Dort klebst du die Enden mit etwas Klebstoff auf die Rückseite der Schleife.

ORIGAMISCHLEIFE

Auch die Origamischleife ist ein absoluter Hingucker! Sie ist allerdings im Unterschied zur Papierschleife ein wenig komplexer gestaltet. Schaue dir daher vor dem Start die Schritt-für-Schritt-Anleitung gut an. Ich habe jeden einzelnen Schritt für dich genau beschrieben. Wenn du eine Origamischleife zuerst einmal mit normalem Druckerpapier ausprobierst, dann klappt es mit dem Origami-Motivpapier später bestimmt auch.
Du kannst selbstverständlich auch Geschenkpapier oder normales Kopierpapier für die Origamischleife verwenden. Schneide ganz einfach aus größeren Papieren Quadrate zu. Arbeite hier am besten mit einem Geodreieck, um so präzise wie möglich zu arbeiten. Beim Zuschneiden kann es passieren, dass du dich ein wenig verschneidest oder vermisst. Daher bereitet die Variante mit dem vorgeschnittenen Origamipapier weniger Stress.

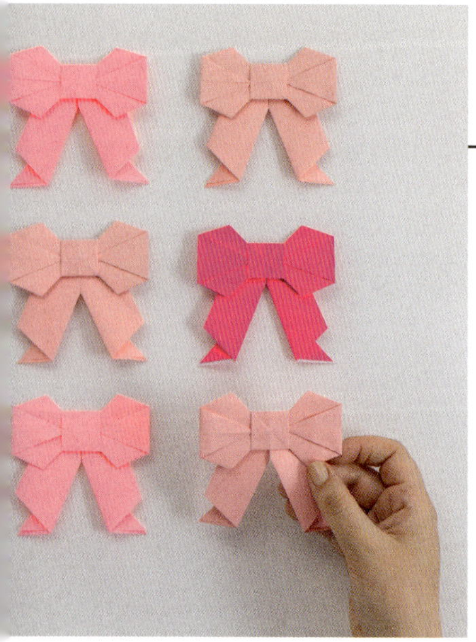

MATERIAL	WERKZEUG
Origamipapier 80 g/m², 15 x 15 cm	Schere Lineal Falzbein Schneidematte (optional)

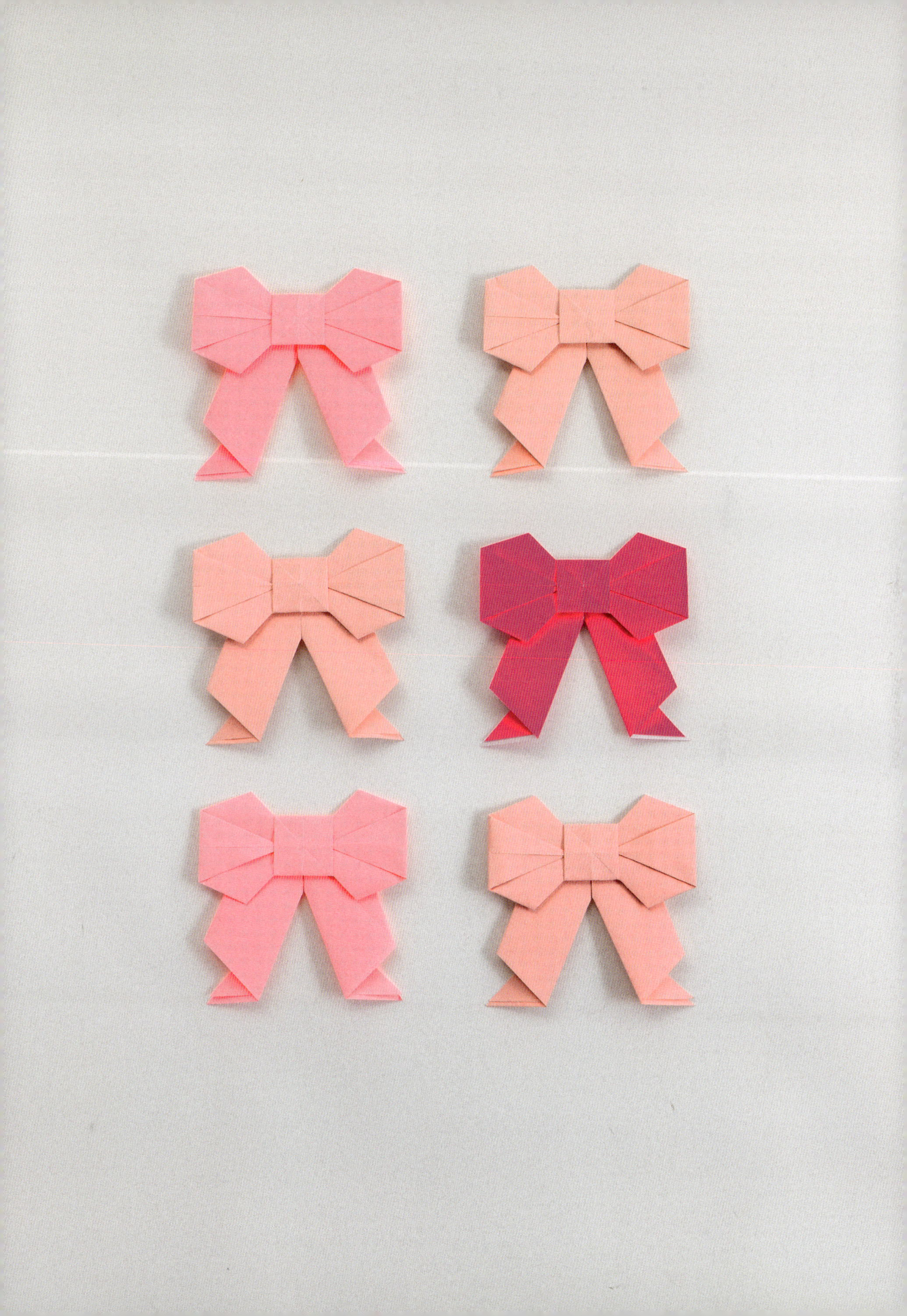

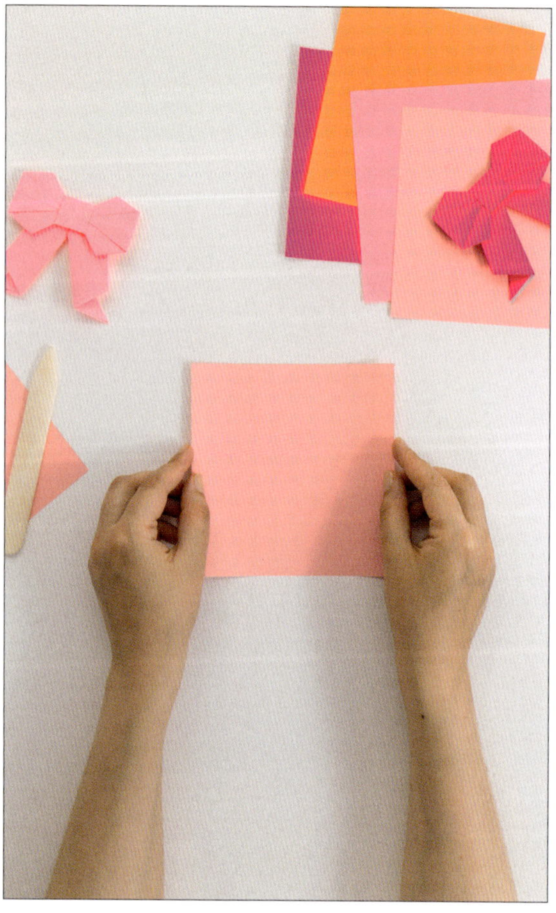

1. Papier vorbereiten
Zuerst bereitest du ein quadratisches Papier vor. Entweder du schneidest dir ein passendes Quadrat aus Motivpapier in der Größe von 15 x 15 cm zu, oder du verwendest dafür passendes Origamipapier. Lege das Quadrat auf die saubere Arbeitsfläche.

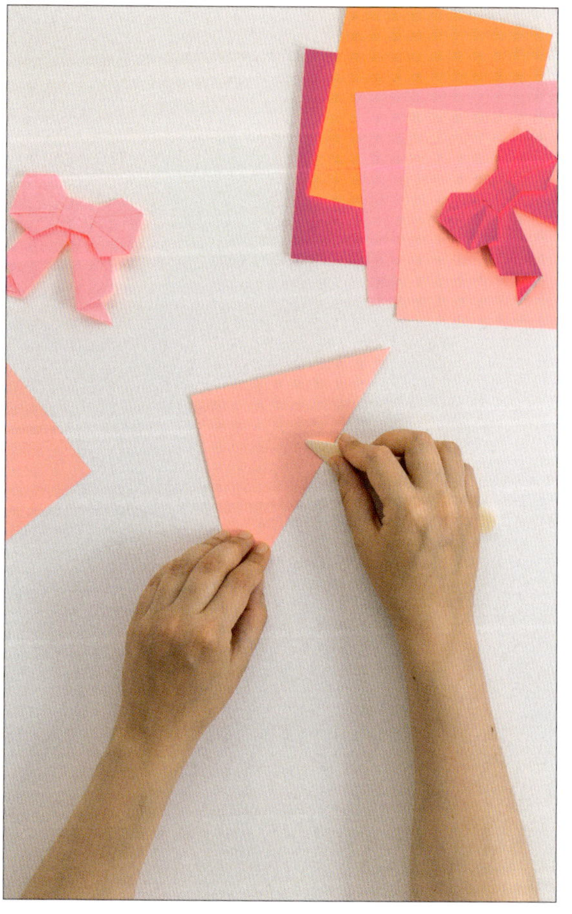

2. Falten
Falte das quadratische Blatt Papier, wie abgebildet, diagonal in der Hälfte. Arbeite präzise und streiche den Knick mit dem Falzbein nach.

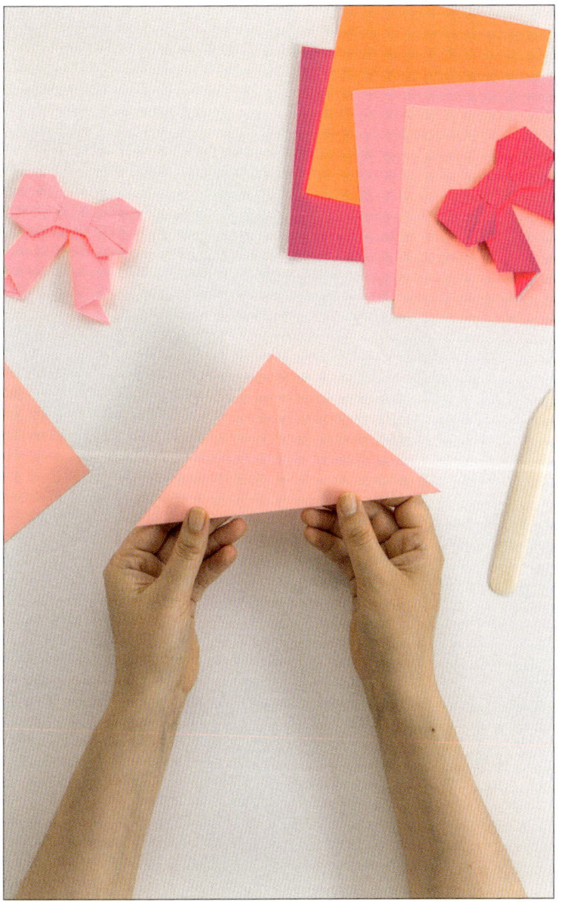

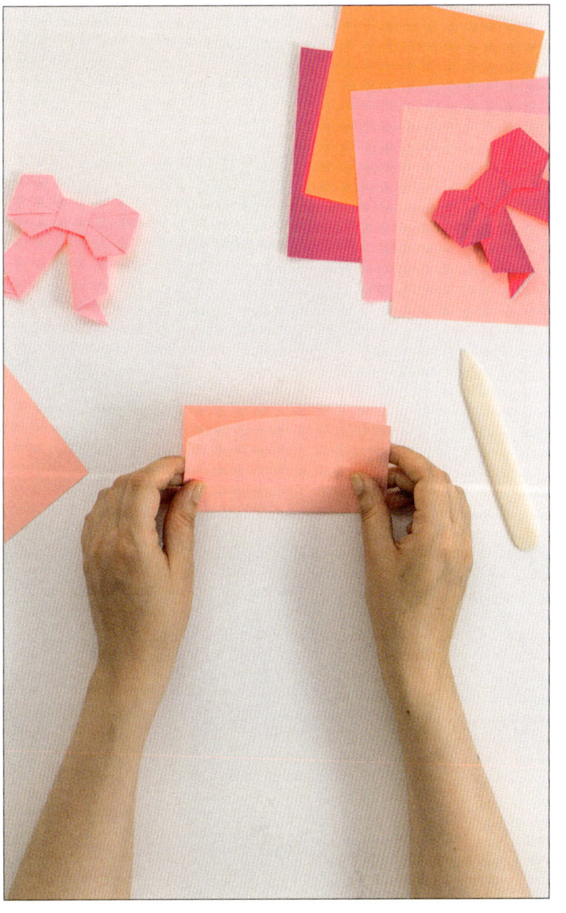

3. Falten
Falte das Blatt Papier wieder auseinander und falte es in der anderen Richtung diagonal in der Hälfte. Streiche auch hier mit dem Falzbein den Knick nach.

4. Falten
Falte das Blatt Papier wieder auseinander und falte das Quadrat in der Hälfte, sodass ein Rechteck entsteht. Achte darauf, dass die Kanten genau aufeinandergelegt sind. Ziehe wieder mit dem Falzbein über den Knick.

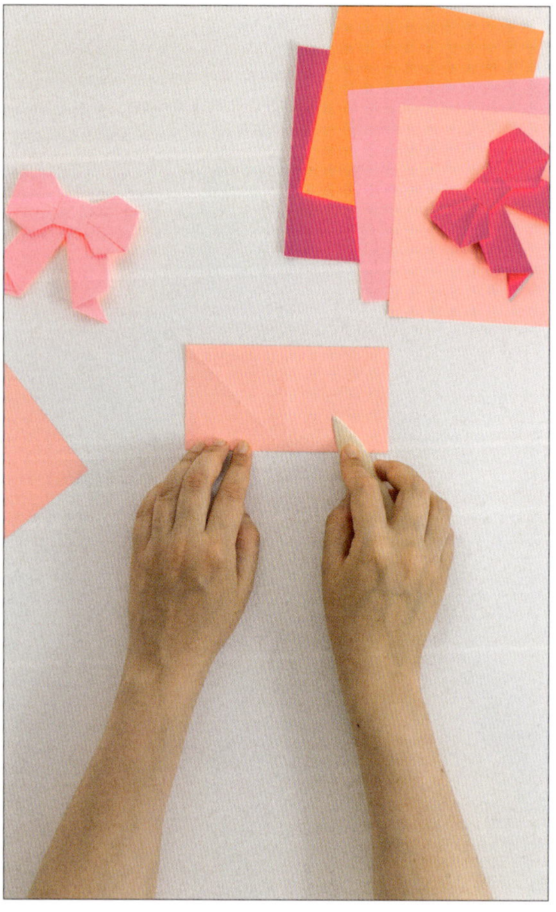

5. Falten

Falte das Blatt Papier wieder auseinander, drehe es um 90 Grad und falte es wieder in der Hälfte.

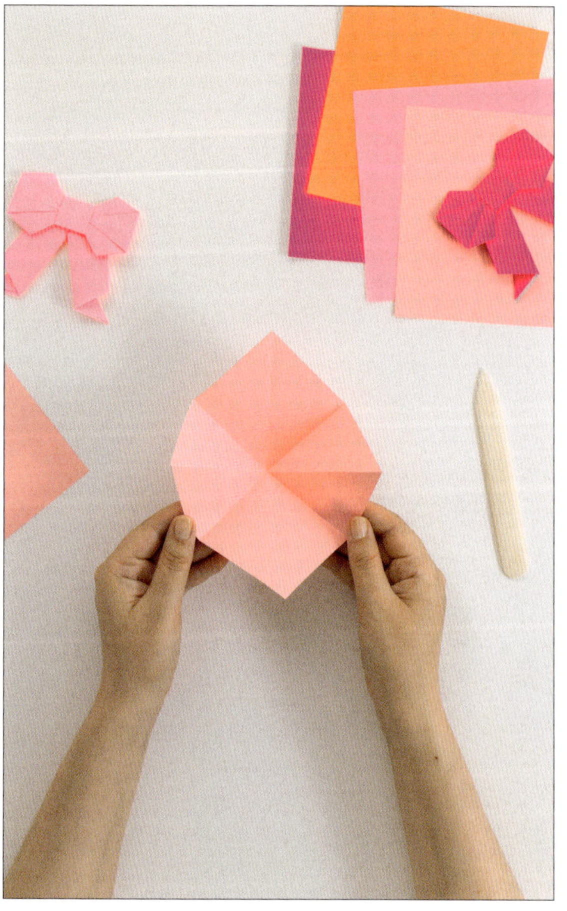

6. Falten

Falte das Blatt Papier wieder auseinander und lege es so auf deinen Arbeitstisch, dass die Seite mit dem Muster oder die farbige Seite unten liegt. Hier habe ich Papier verwendet, das auf beiden Seiten dieselbe Farbe hat und dadurch einfacher zu Falten ist.

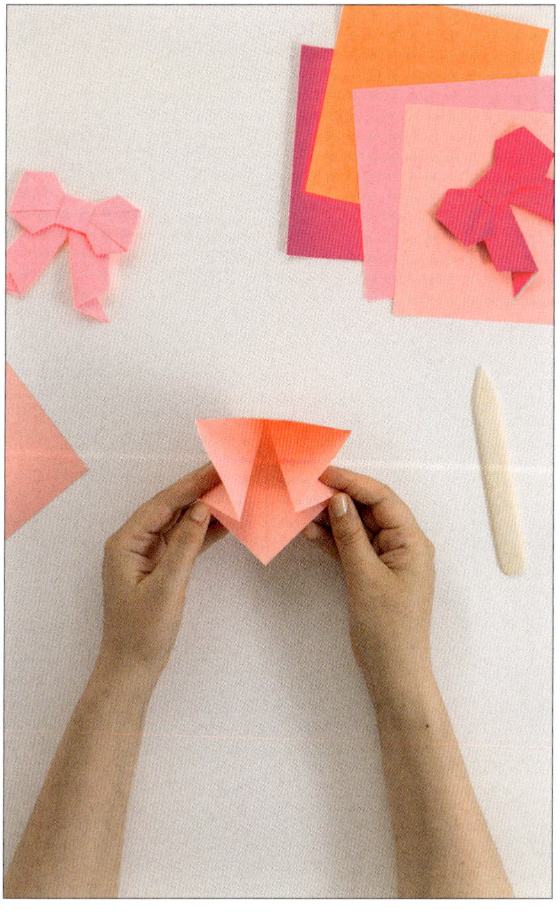

7. Falten

Falte zwei gegenüberliegende Ecken nach innen. Es entsteht dadurch ein kleines Quadrat, wobei die farbige Seite außen liegt. Die offene Spitze zeigt in deine Richtung.

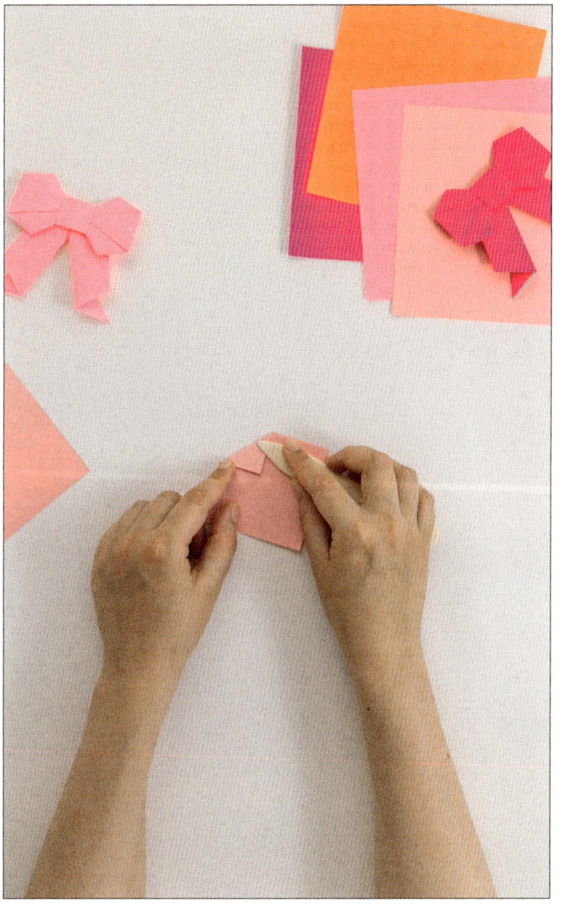

8. Falten

Die obere, geschlossene Spitze faltest du 2 cm nach unten. Achte darauf, dass die Spitze auf der mittleren Faltlinie liegt. Auf jeden Fall mit dem Falzbein nachstreichen, um eine schöne Faltlinie zu erzeugen.

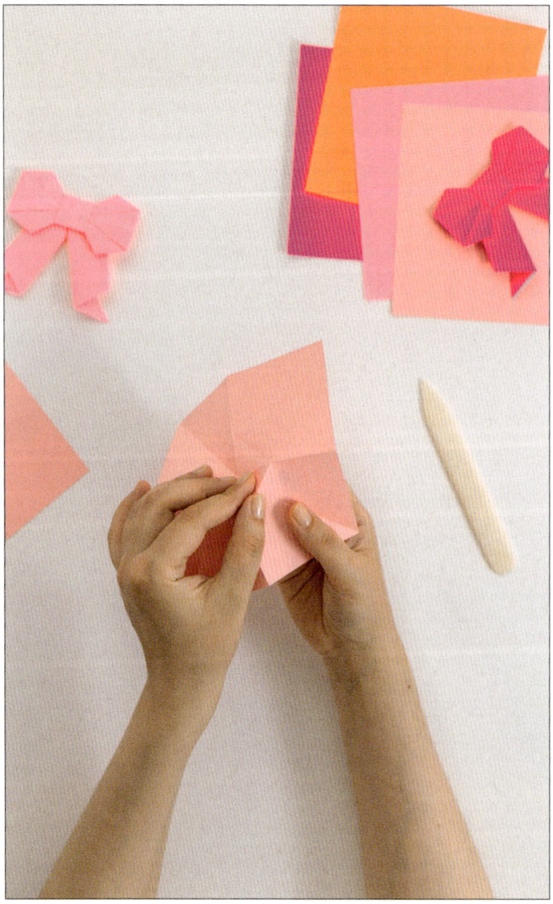

9. Falten

Falte das Blatt Papier vollständig auseinander und streiche die Falze des mittigen kleinen Quadrats mit den Fingern vorsichtig nach.

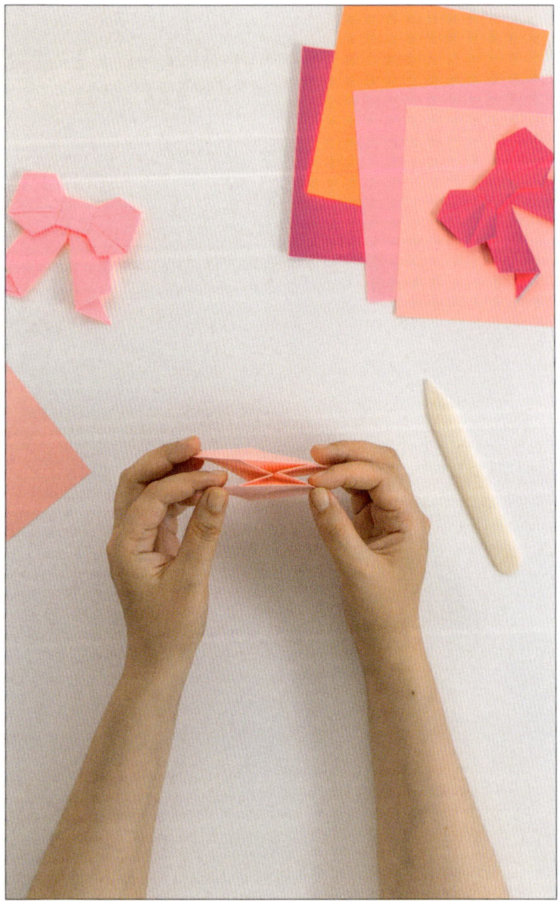

10. Falten

Falte das kleine Quadrat in der Mitte nach innen. Die Spitze zeigt wieder zu dir. Die Seiten werden wieder eingefaltet wie bei Schritt 7.

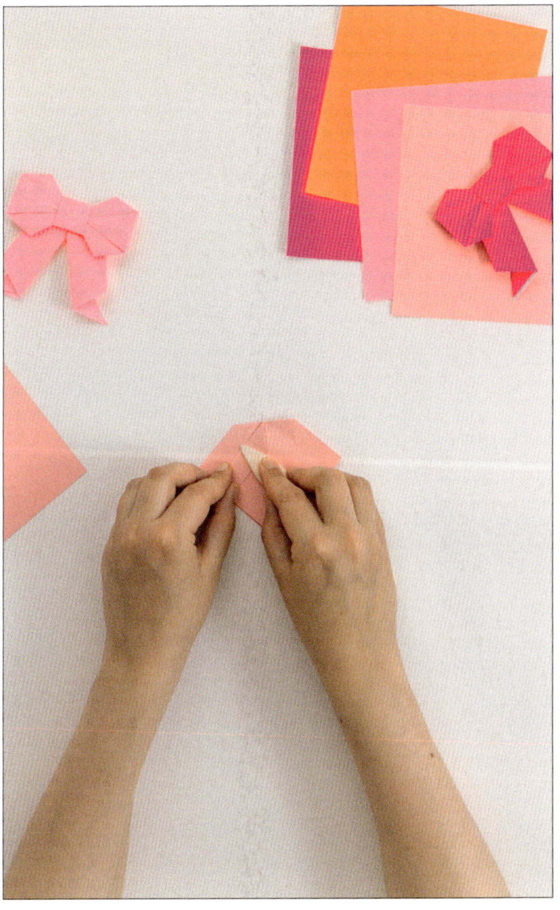

11. Falten

Falte die beiden vorderen seitlichen Kanten nach vorne hin zur Mitte.

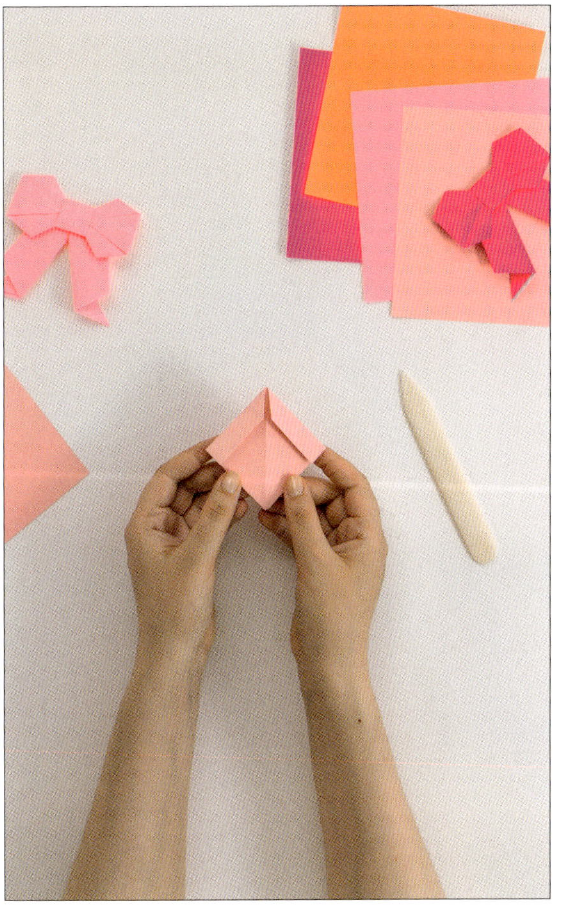

12. Falten

Falte die beiden hinteren Kanten nach hinten.

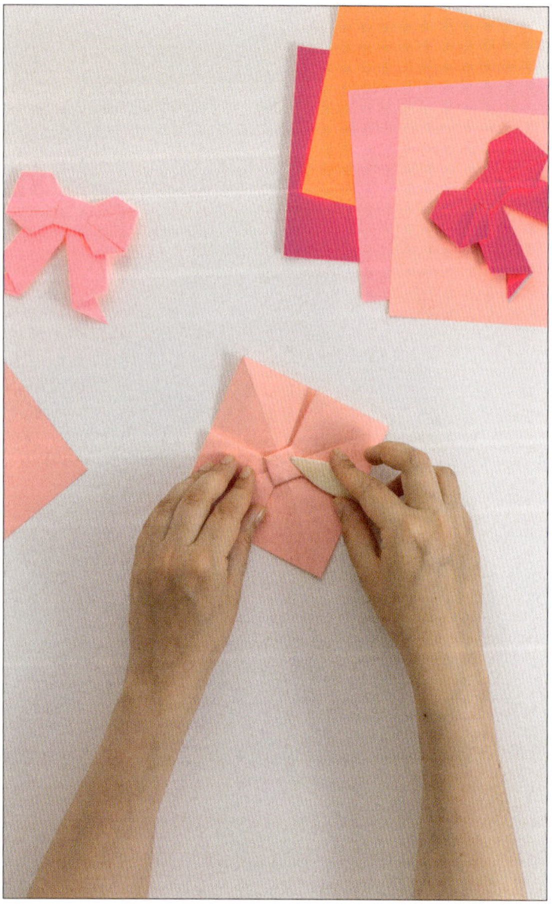

13. Falten
Drehe das Blatt Papier auf die andere Seite und öffne es vorsichtig wie abgebildet. In der Mitte zeigt sich ein kleines Quadrat, das ihr mit dem Falzbein vorsichtig flach drückt. Dieses Quadrat ist zum Schluss die Mitte der Schleife.

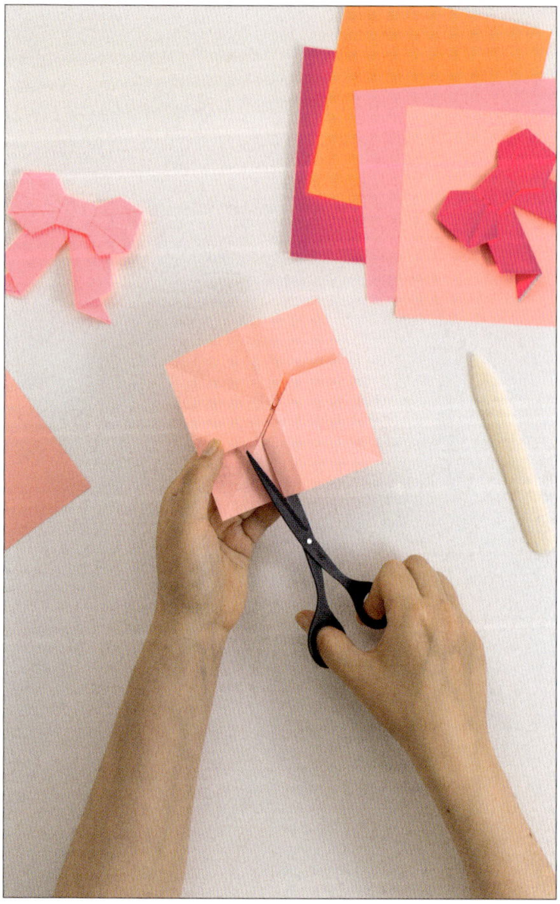

14. Falten
Drehe das Blatt Papier nun um und schneide, wie abgebildet, mit einer Schere vorsichtig in das Papier bis zum innen gelegenen Eckpunkt.

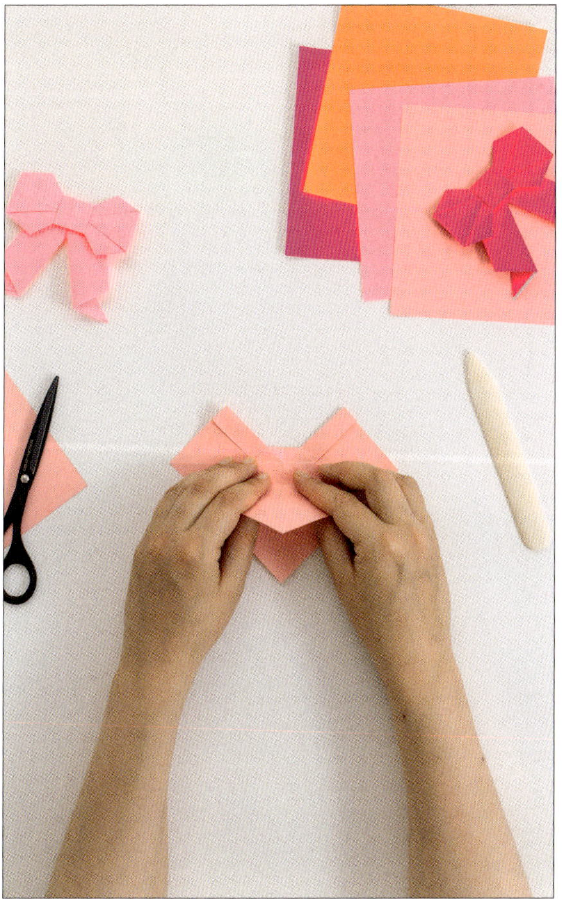

15. Falten

Wiederhole diesen Vorgang auf allen Seiten.

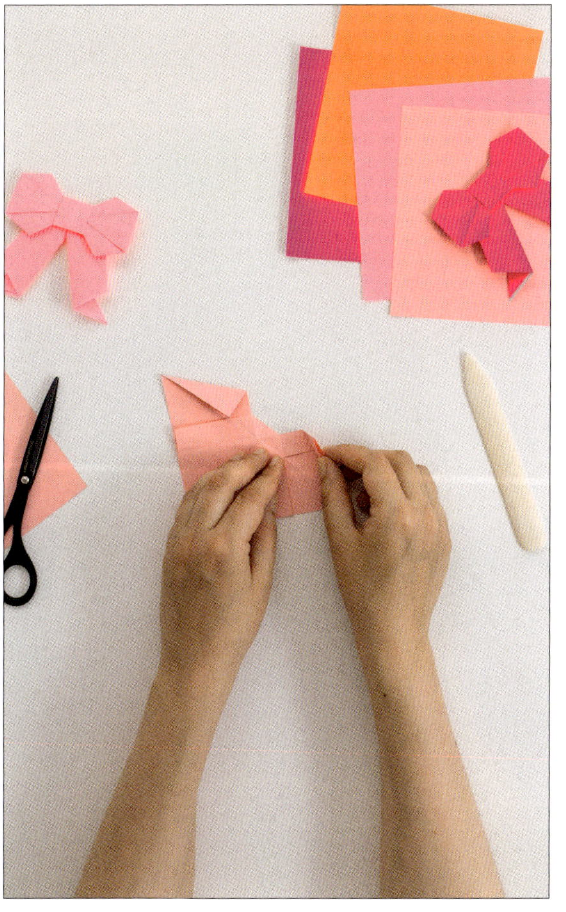

16. Falten

Lege das Blatt Papier mit der „schönen" Seite nach unten und falte die eingeschnittenen Ecken bis zur mittleren Faltlinie. Wiederhole dies auf der linken Seite und auf der gegenüberliegenden Seite.

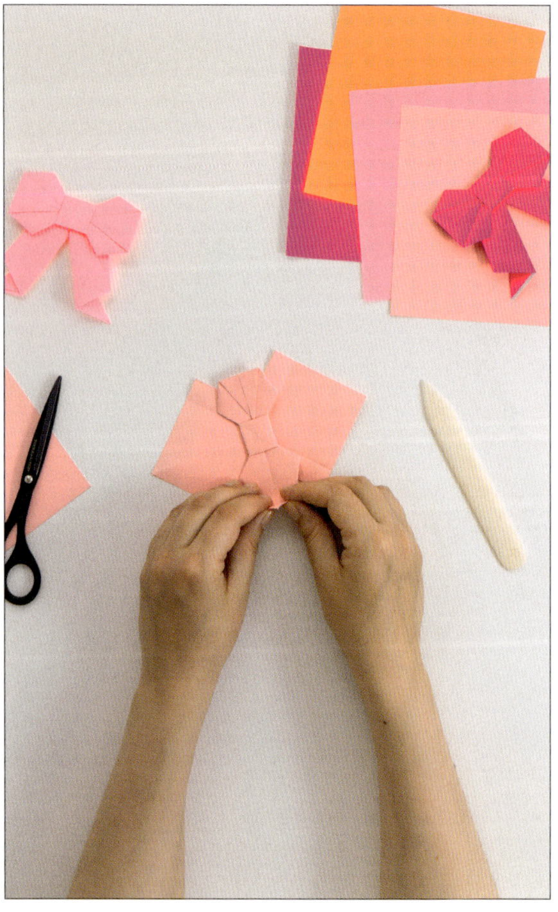

17. Falten
Drehe das Blatt Papier um und stecke die Spitze der eingeschnittenen Ecke in die Mitte des kleinen Quadrats.

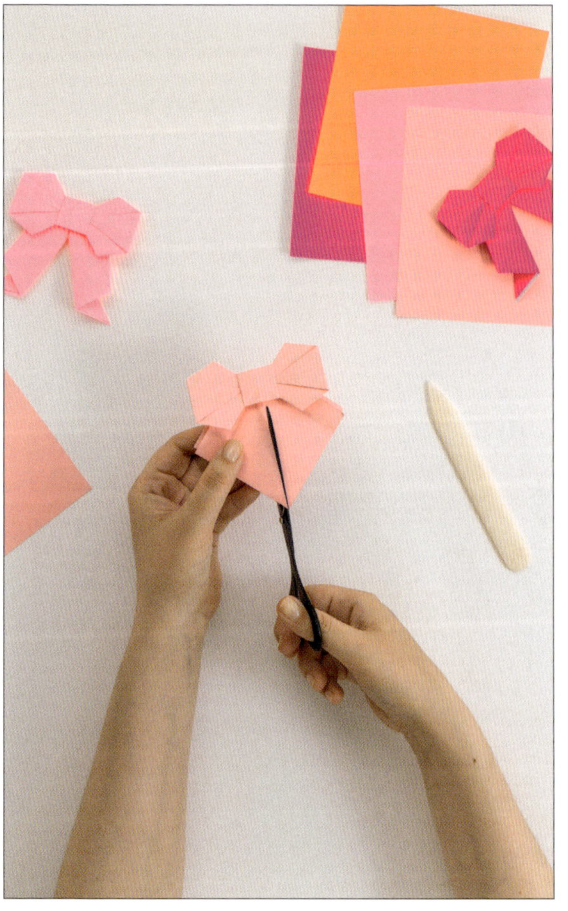

18. Falten
Lege das Blatt Papier nun wieder auf die andere Seite und schneide es bis zur Mitte ein.

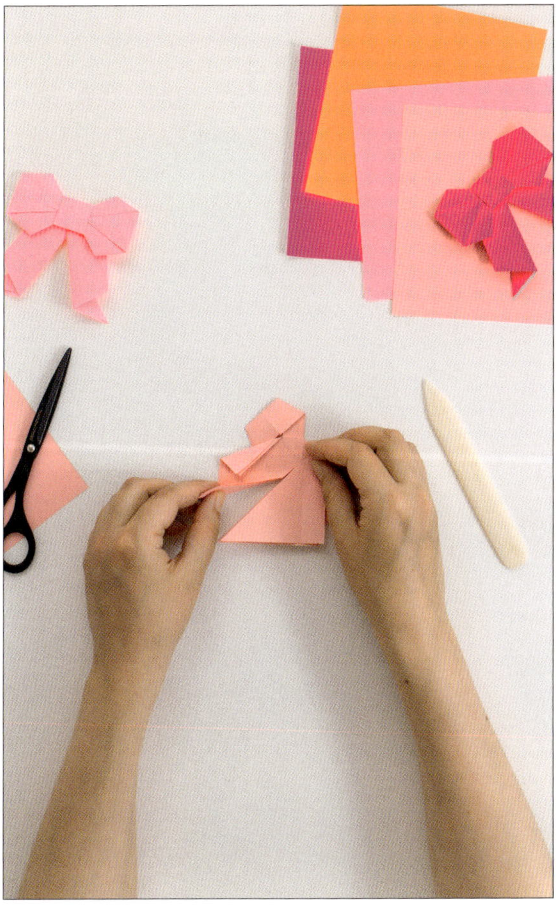

19. Falten

Falte die beiden äußeren parallel liegenden Flügel zur Mittellinie und die inneren Flügel ebenfalls parallel zur Mittellinie.

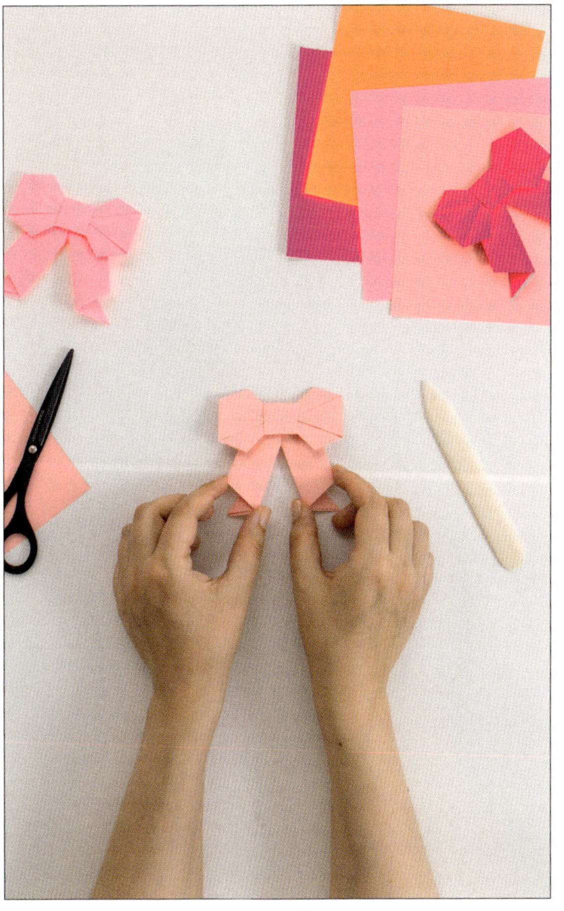

20. Falten

Drehe das Blatt Papier um und fertig ist deine hübsche Origamischleife.

GESCHENKANHÄNGER MIT MARMORIERTEM PAPIER

Papier zu marmorieren ist eine wunderschöne Handwerkskunst. Am liebsten würde ich ganze Rollen Geschenkpapier mit den unterschiedlichsten Farben marmorieren. Leider brauchst du dafür wirklich große Tauchbäder, daher üben wir hier mit kleineren Gebinden. Teste deine Marmorierfarben zuerst auf normalem Druckerpapier, denn jede Marke verhält sich unterschiedlich.

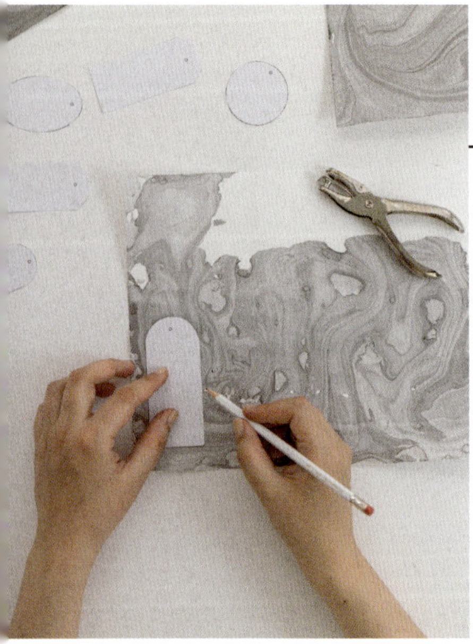

MATERIAL

- Japanpapier oder anderes saugfähiges Papier, mind. 130 g/m²
- Küchenpapier
- Backpapier
- Vorlage
- 160 g Druckerpapier für die Vorlage
- Bändchen
- Metallic-Stift

WERKZEUG

- Einlochzange
- Bastelmesser
- Schneidematte
- Papierschere
- Marmorierfarbe
- Bleistift
- Wäscheständer
- Wäscheklammern
- Arbeitshandschuhe
- Holzstab, zum Beispiel Zahnstocher (optional)
- Flaches Gefäß, größer als der Papierbogen
- Wasser

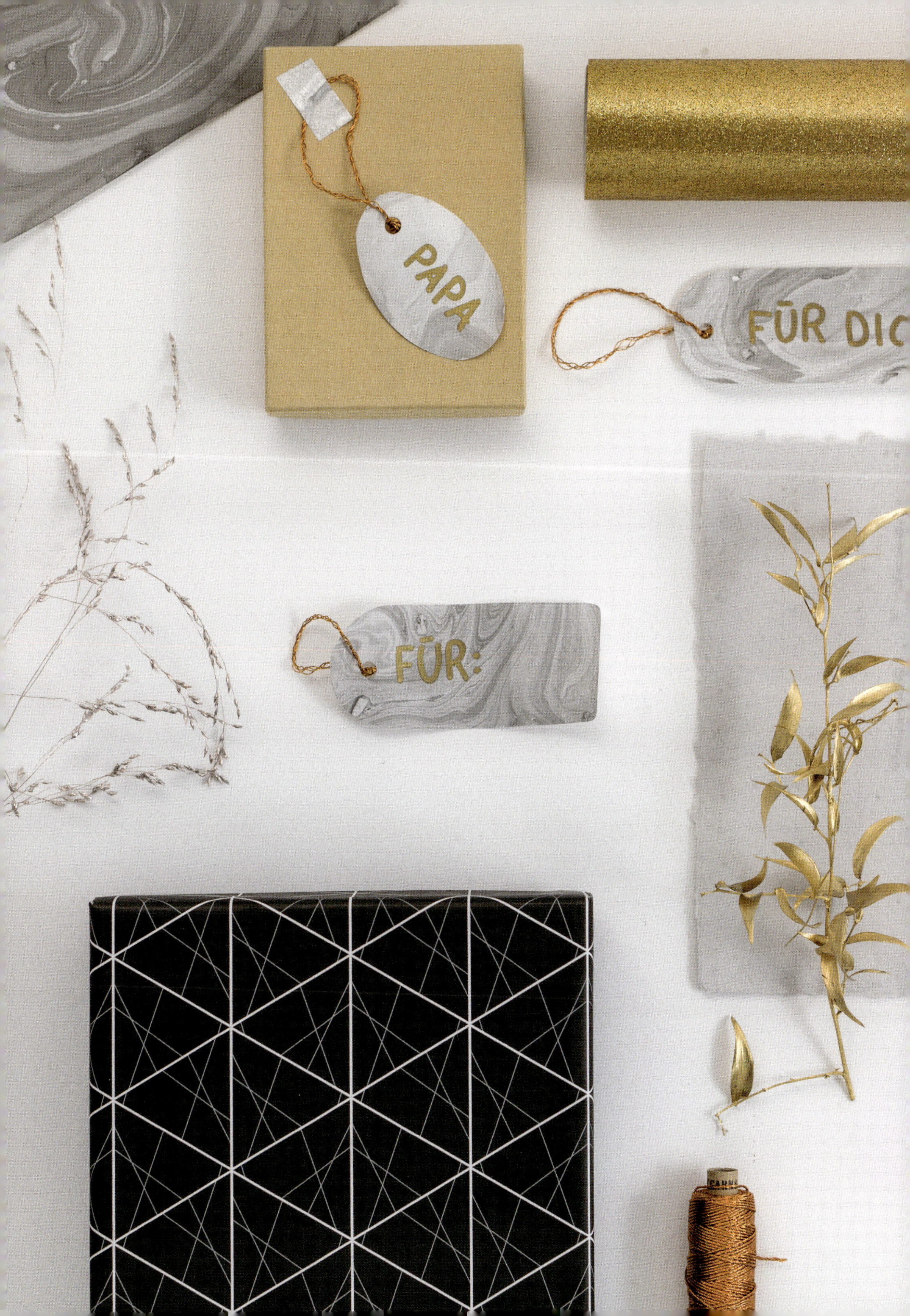
PAPA
FÜR DIC
FÜR:

1. Tauchbad vorbereiten
Fülle zu Beginn das Gefäß mit Wasser, und zwar so weit, dass du das Papier problemlos eintauchen kannst. Lege danach ein paar Bögen Backpapier auf die Arbeitsfläche. Auf dem Backpapier kannst du das frisch marmorierte Papier später trocknen lassen. Du kannst aber auch einen Wäscheständer mit ein paar Wäscheklammern zum Aufhängen verwenden. Stelle die Marmorierfarbe sicherheitshalber auf etwas Küchenpapier ab, denn beim Marmorieren können auch ein paar Tropfen Farbe daneben gehen. Verwende auf jeden Fall Arbeitshandschuhe, da die Finger beim Eintauchen in das Farbbad immer wieder Farbe abbekommen. Ich empfehle, nicht mehr als drei Farben für ein harmonisches Gesamtbild zu verwenden. Für dieses Projekt habe ich Schwarz, Blau und Gelb kombiniert.

2. Marmorierfarbe vorbereiten
Bereite das Tauchbad vor und gib von jeder Farbe, die du verwenden möchtest, je 1–2 Tropfen in das Wasser. Achte darauf, die verschiedenen Farben nicht an verschiedene Stellen zu tropfen und im gesamten Tauchbad zu verteilen. Jetzt musst du schnell arbeiten. Tauche einen Holzstab in die Farbe und ziehe ein Marmormuster.

3. Papier färben
Sobald das Tauchbad mit der Farbe vorbereitet ist, solltest du wirklich schnell arbeiten. Mach evtl. einen Testdurchgang mit Kopierpapier, oder starte direkt mit dem Papier deiner Wahl. Wie im Folgenden beschrieben, lege das Papier komplett in das Tauchbad ein und ziehe es danach schnell wieder heraus: Nimm dazu das Papier diagonal an den Ecken, sodass das Papier leicht gewölbt ist. Anschließend drücke das Papier mit der Wölbung nach unten langsam auf das Wasser, dann lasse die Ecken los. Lass das Papier etwas auf der Oberfläche liegen, damit es die Farbe aufnehmen kann.

4. Papier aus dem Tauchbad nehmen
Nimm das Papier aus dem Wasser und lass das restliche Wasser abtropfen. Jetzt hänge das marmorierte Papier entweder gleich auf einen Wäscheständer oder lege es auf das Backpapier. Lass das Papier trocknen und presse es danach unter mehreren Büchern über Nacht glatt.

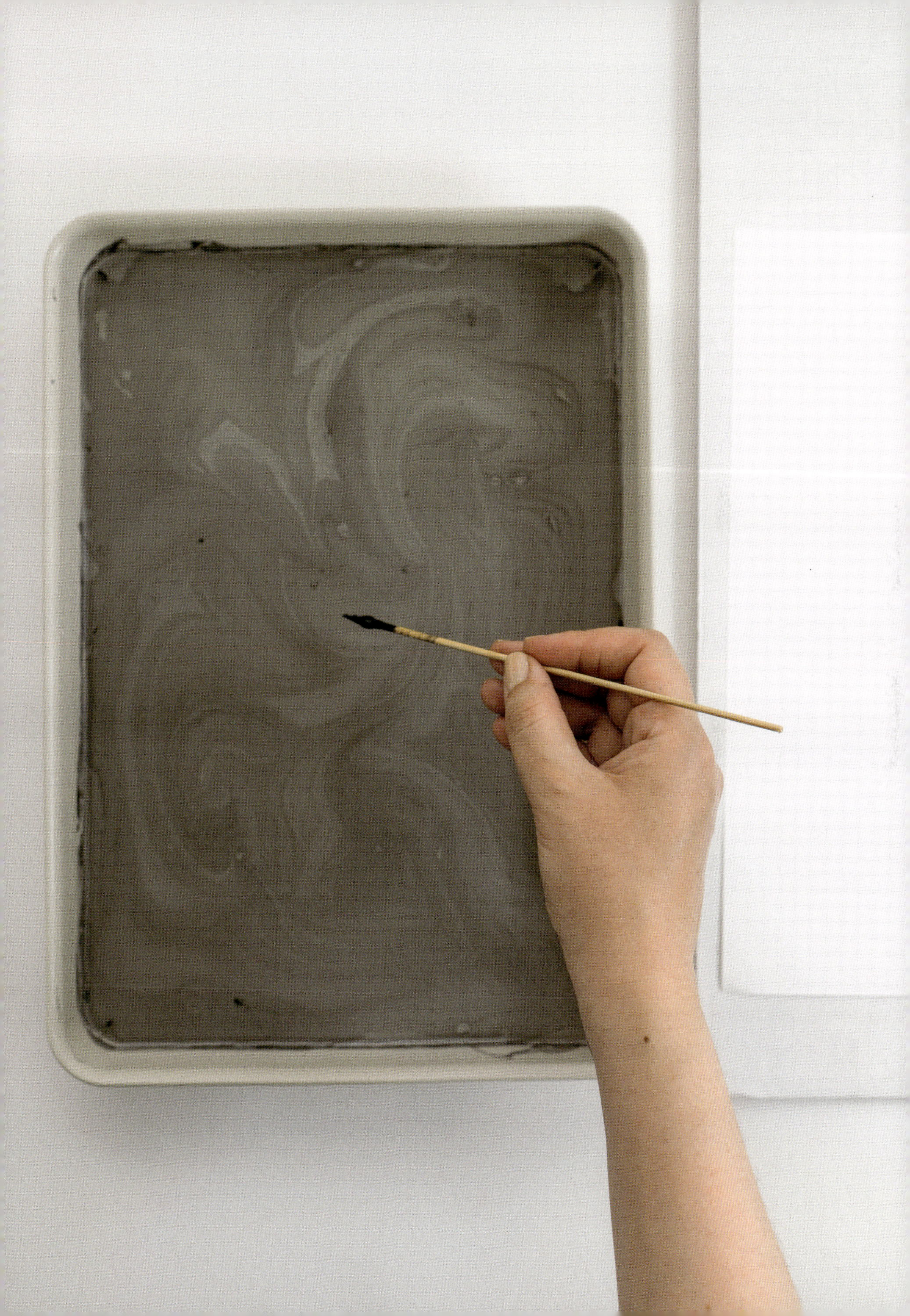

5. Geschenkanhänger vorbereiten
Sobald die marmorierten Papiere vollständig getrocknet und glatt gepresst sind, kannst du sie zum Beispiel zur Herstellung von Geschenkanhängern verwenden. Nimm dazu die Vorlage aus dem Downloadbereich (siehe Seite 182), drucke sie auf Papier von 160 g/m^2 und schneide sie anschließend aus.

6. Geschenkanhänger zuschneiden
Lege die gewünschten Vorlagen auf das marmorierte Papier, zeichne mit einem feinen Bleistift die Umrisse nach und schneide die Anhänger entlang dieser Linie mit einer Papierschere oder einem Bastelmesser auf einer Schneidematte aus. Mit einer Einlochzange oder einem Locher kannst du anschließend das Loch für das Bändchen zum Aufhängen stanzen.

7. Geschenkanhänger beschriften
Bevor die Geschenkanhänger verwendet werden, kannst du sie noch beschriften. Ich würde hier einen Metallic-Stift in Kombination mit den Marmorierfarben empfehlen. So kannst du deiner Geschenkverpackung noch eine besondere Note verleihen.

8. Bänder anbringen
Jetzt benötigst du pro Anhänger ein Bändchen von circa 10 cm Länge zum Aufhängen, und schon sind deine individualisierten Anhänger fertig. Die beschenkte Person freut sich bestimmt über solch außergewöhnliche Geschenkanhänger.

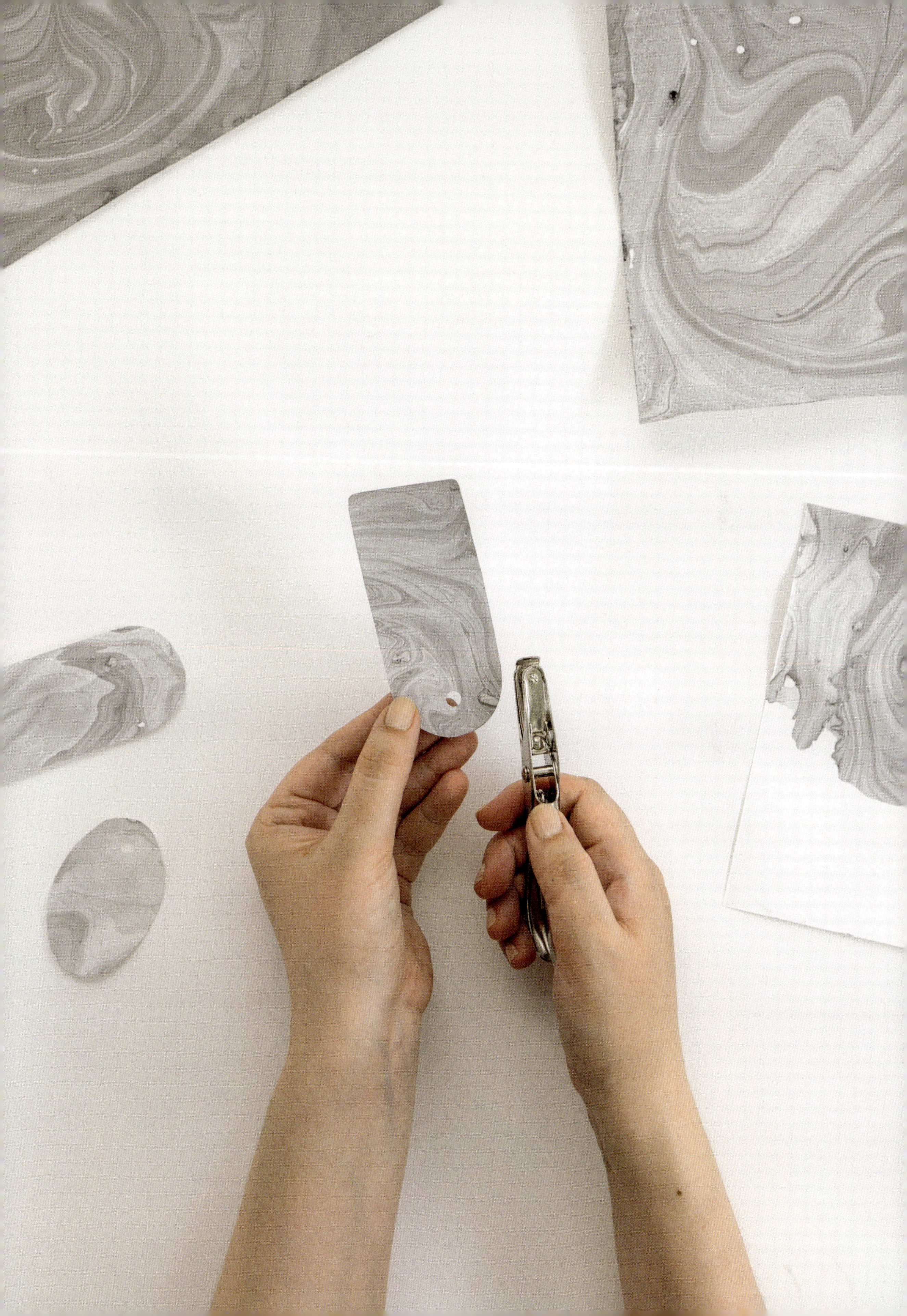

BONBON-GESCHENKBOXEN

Diese entzückenden Geschenkboxen in Form von Bonbons sind eine großartige Möglichkeit, um kleine Aufmerksamkeiten zu verpacken. Du kannst die Vorlagen in unterschiedlichen Größen ausdrucken und so ganz kleine oder riesengroße Bonbons gestalten. Du solltest nur darauf achten, dass das Papier nicht zu dünn ist, sondern mindestens eine Stärke von 160 g/m² hat, damit die Verpackung stabil ist.

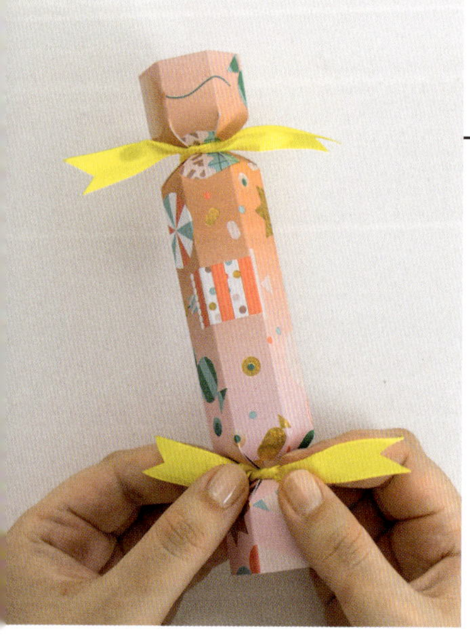

MATERIAL

Vorlagen
160 g Druckerpapier für die Vorlage
DIN-A4-Motivpapier oder Tonpapier
Satinband

WERKZEUG

Bleistift
Bastelmesser
Schneidelineal
Schneidematte
Falzbein
Klebstoff oder doppelseitiges Klebeband

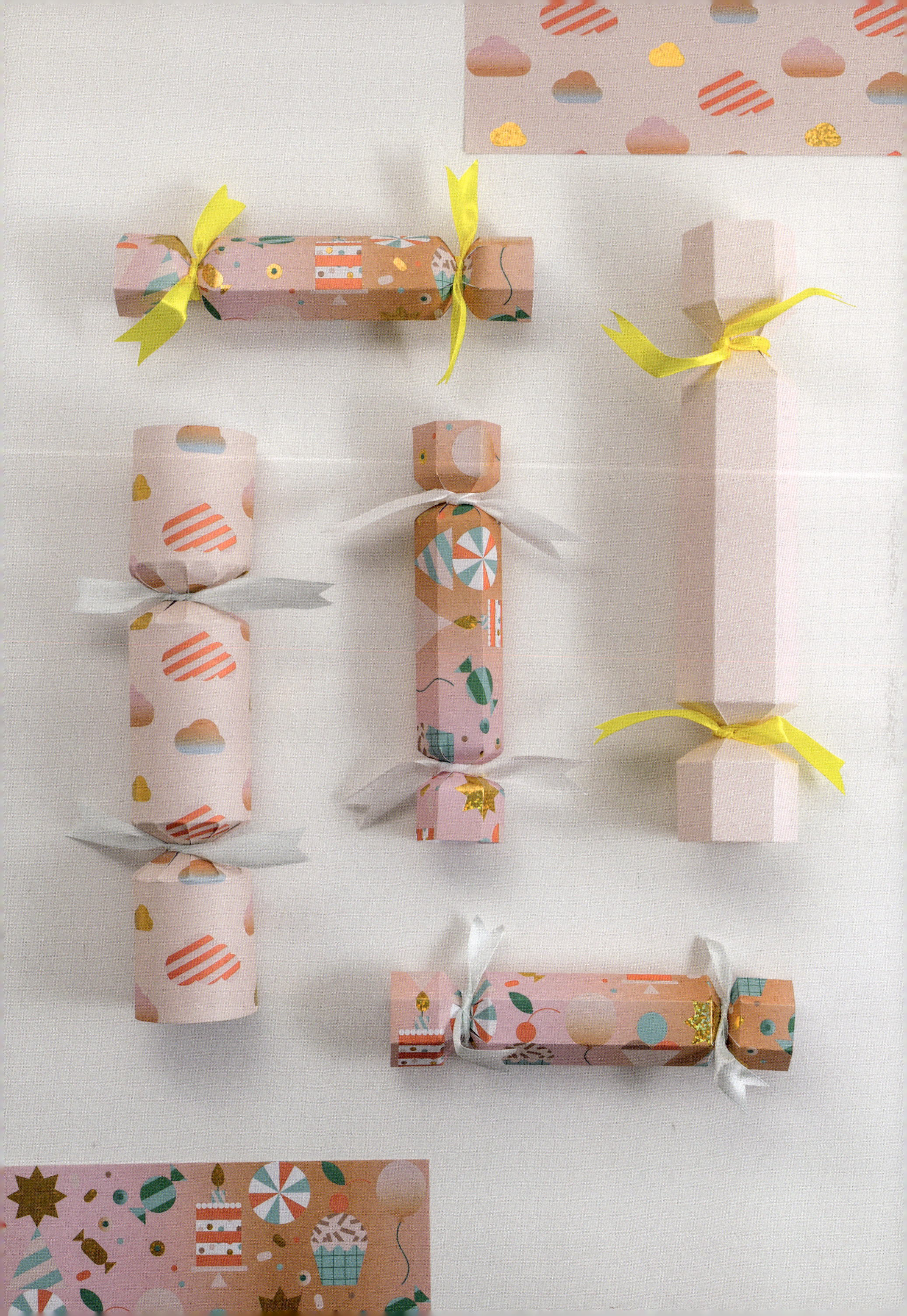

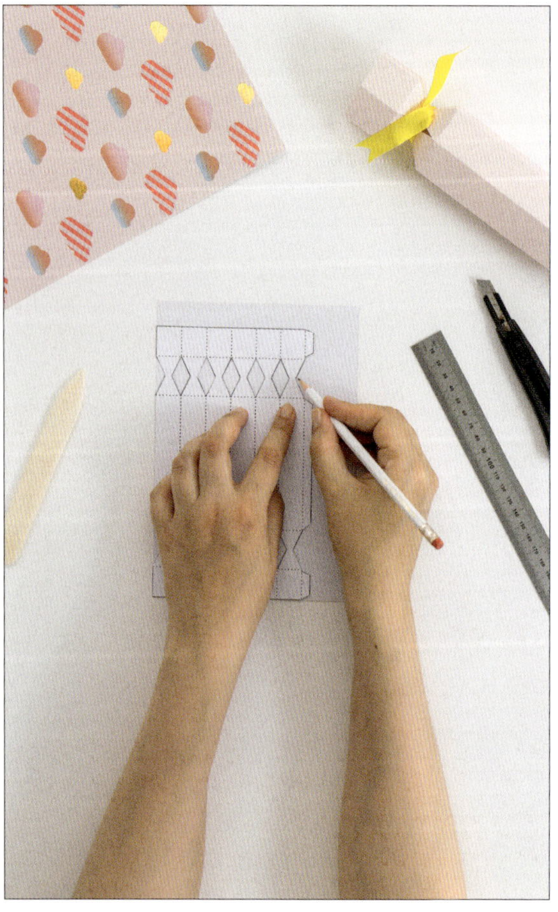

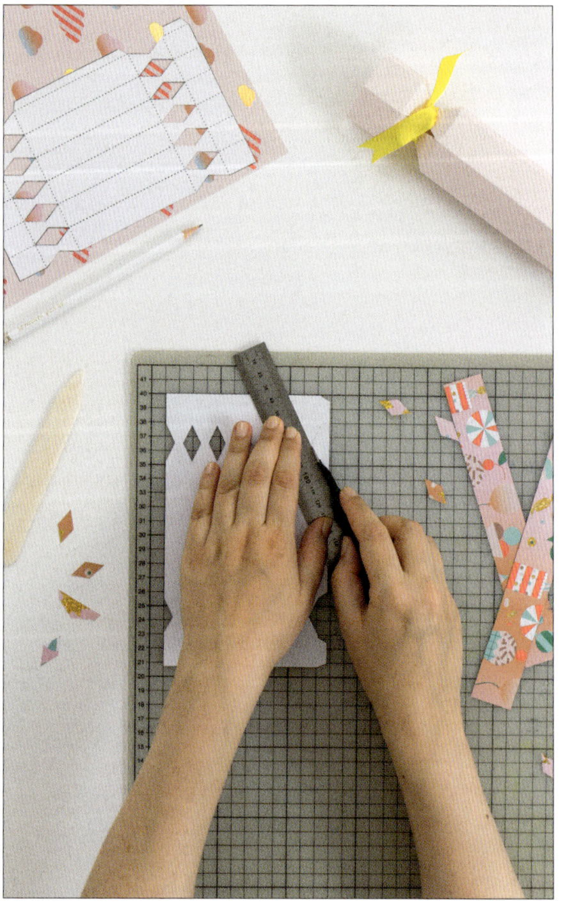

1. Vorlagen ausdrucken und zuschneiden
Lade die Vorlagen im Downloadbereich von *welovehandmade.at* herunter; am besten ist es, wenn du sie direkt auf die Rückseite des Motivpapieres ausdruckst und dann die nicht durchgezogenen Linien ausschneidest. Oder übertrage die Vorlagen mit Bleistift auf dein Motiv- oder Tonpapier. Vergiss nicht, auch die gestrichelten Linien zum Falten zu übertragen.

2. Bonbon-Box ausschneiden
Schneide dann die Geschenkboxen mit einem Bastelmesser auf einer Schneidematte präzise aus.

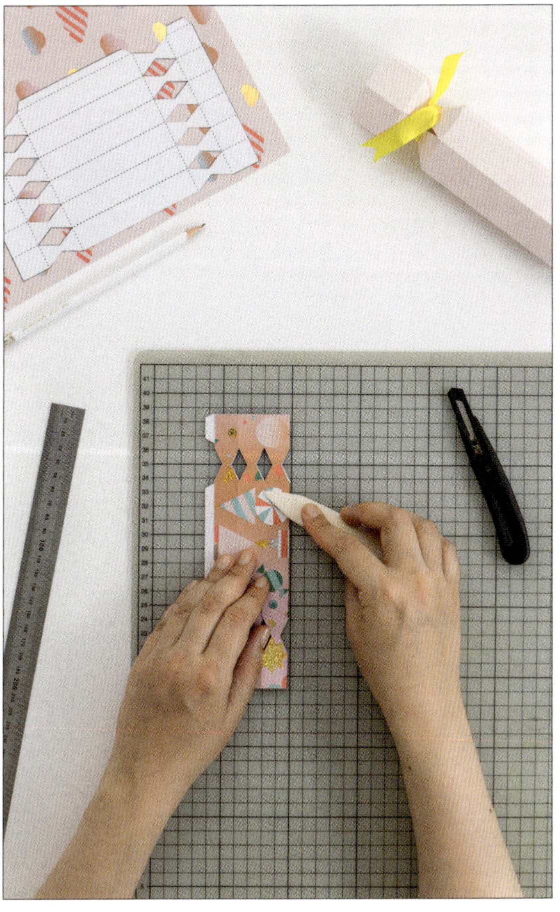

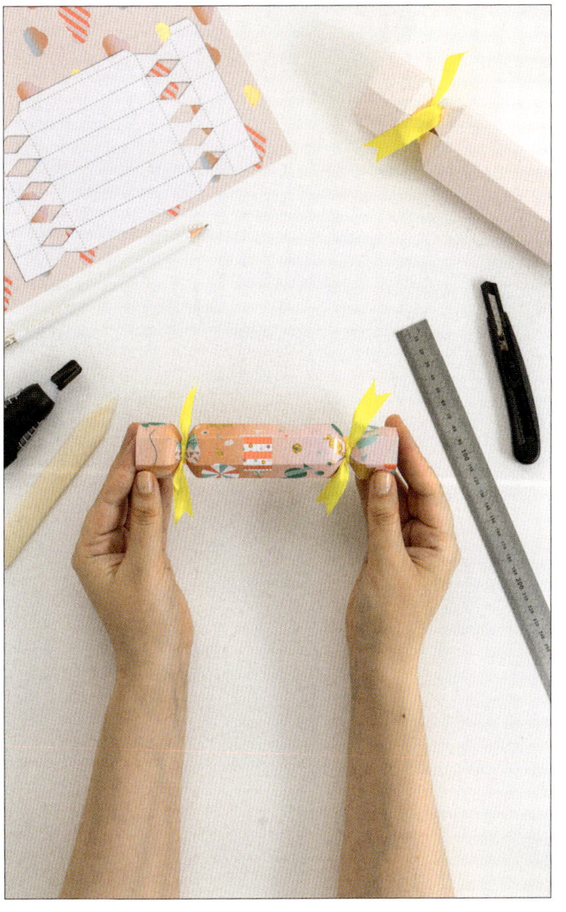

3. Bonbon-Box falzen und falten

Nimm nun das Falzbein zu Hilfe und ziehe mit der Spitze des Falzbeins die nicht durchgezogenen Linien nach. Anschließend faltest du das Papier an diesen Linien um und streichst mit der Längsseite des Falzbeins den Knick nach.

Eine der beiden Vorlagen sieht vor, die Box mittels Laschen zusammenzufügen. Für die Box aus der anderen Vorlage benötigst du einen Kleber, um sie zusammenzubauen; am besten Superkleber, da der sauber, präzise und – vor allem – schnell klebt.

4. Bonbon-Box füllen und binden

Fülle nun deine vorbereiteten Bonbon-Boxen durch die seitlichen Öffnungen und binde sie wie abgebildet mit Garn oder einem Satinband zu. Binde noch eine dekorative Schleife und schon ist deine Verpackung fertig.

FUROSHIKI-TUCH NÄHEN

Furoshiki, das Verpacken in Stoff, ist eine nachhaltige Verfahrensweise, die in Japan bereits seit über tausend Jahren angewendet wird. Frei übersetzt bedeutet Furoshiki „Badetuch", da die verwendeten Tücher in öffentlichen Badehäusern zum Einsatz kamen, um die Kleidung darin einzuwickeln. Üblicherweise werden Tücher mit einer Kantenlänge von rund 45 bis 105 cm als Furoshiki-Tücher verwendet. Da sich die Tücher leicht verknoten lassen sollen, wird auf Materialien wie Kunstfaser, Baumwolle oder Seide zurückgegriffen.
Für die folgenden Furoshiki-Projekte habe ich zwei Viskose-Stoffe und einen Leinenstoff verwendet. In der Vergangenheit habe ich des Öfteren auch schon mit Vintage-Halstüchern verpackt. Ein passendes Furoshiki-Tuch kannst du auch selbst nähen.

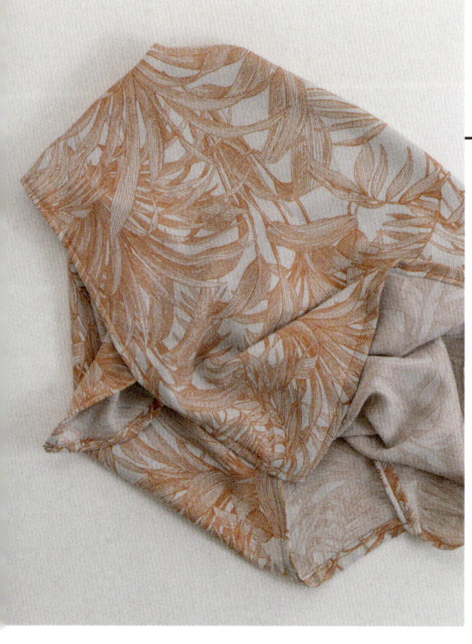

MATERIAL	WERKZEUG
Viskose-Stoff	Stoffschere
Leinenstoff	Bügeleisen
Nähzwirn in passender Farbe	Nähmaschine
	Stecknadeln
	Maßband

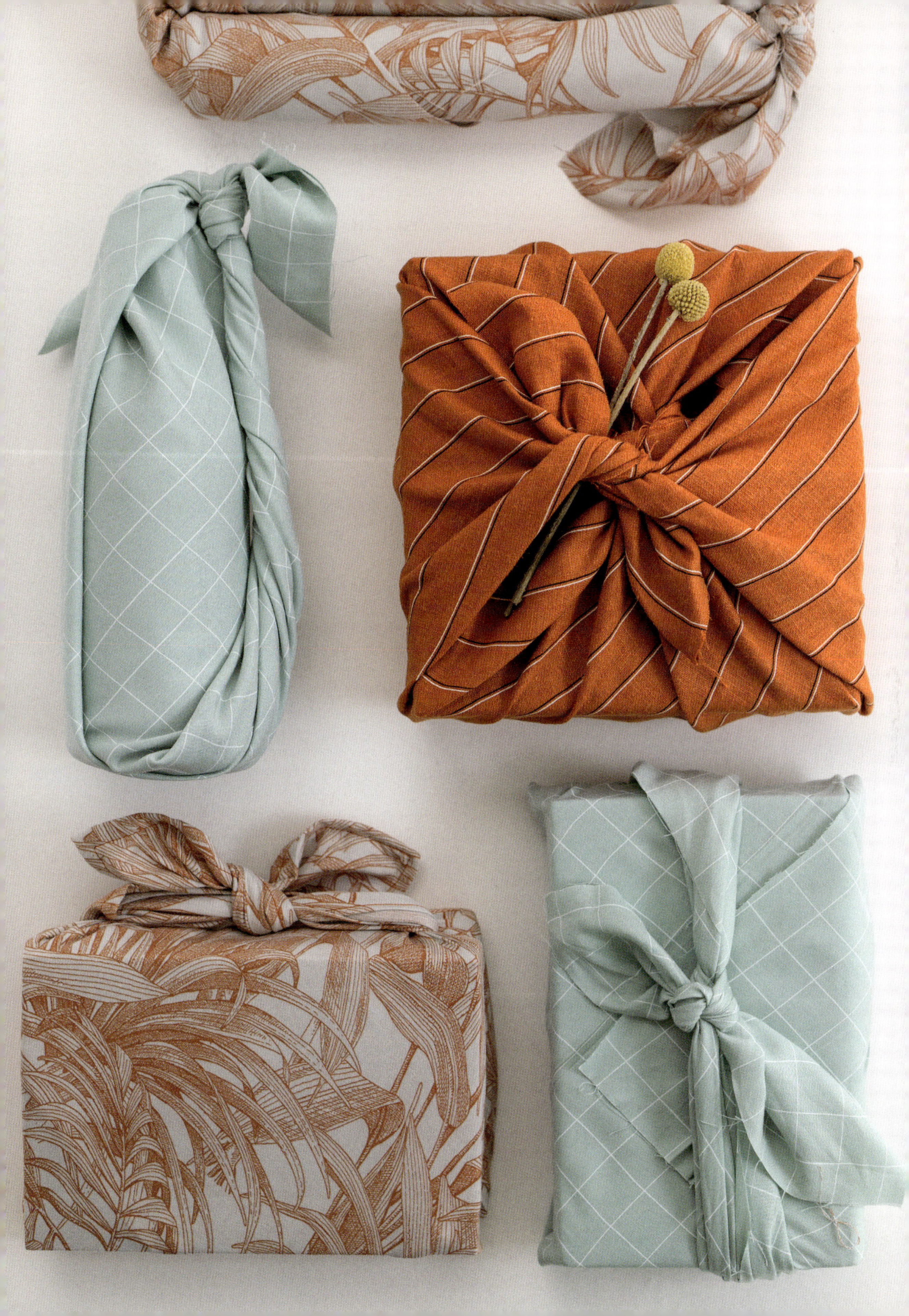

1. Stoff waschen und bügeln
Zuerst den Stoff waschen, da die meisten Stoffe beim ersten Waschen noch einlaufen. Danach bügeln.

2. Stoff zuschneiden
Schneide den Stoff in der gewünschten Größe zu. In diesem Fall habe ich ein Tuch von 45 x 45 cm gewählt. Achte beim Zuschnitt darauf, dass du eine Nahtzugabe von 1 bis 1,5 cm dazurechnest.

3. Nahtzugabe umbiegen/bügeln
Bügele die Nahtzugabe von 0,5 cm zuerst einmal und dann ein zweites Mal um. Stecke alles mit Stecknadeln fest.

4. Stoff nähen
Fädle das passende Nähgarn in deine Nähmaschine. Starte an einer Ecke und verriegle die Naht, indem du einige Male vor und zurück nähst. Nähe dann das gesamte Quadrat entlang. Wenn du wieder am Anfang angekommen bist, verriegle die Naht erneut und schneide das Nähgarn ab. Fertig ist dein Furoshiki-Tuch.

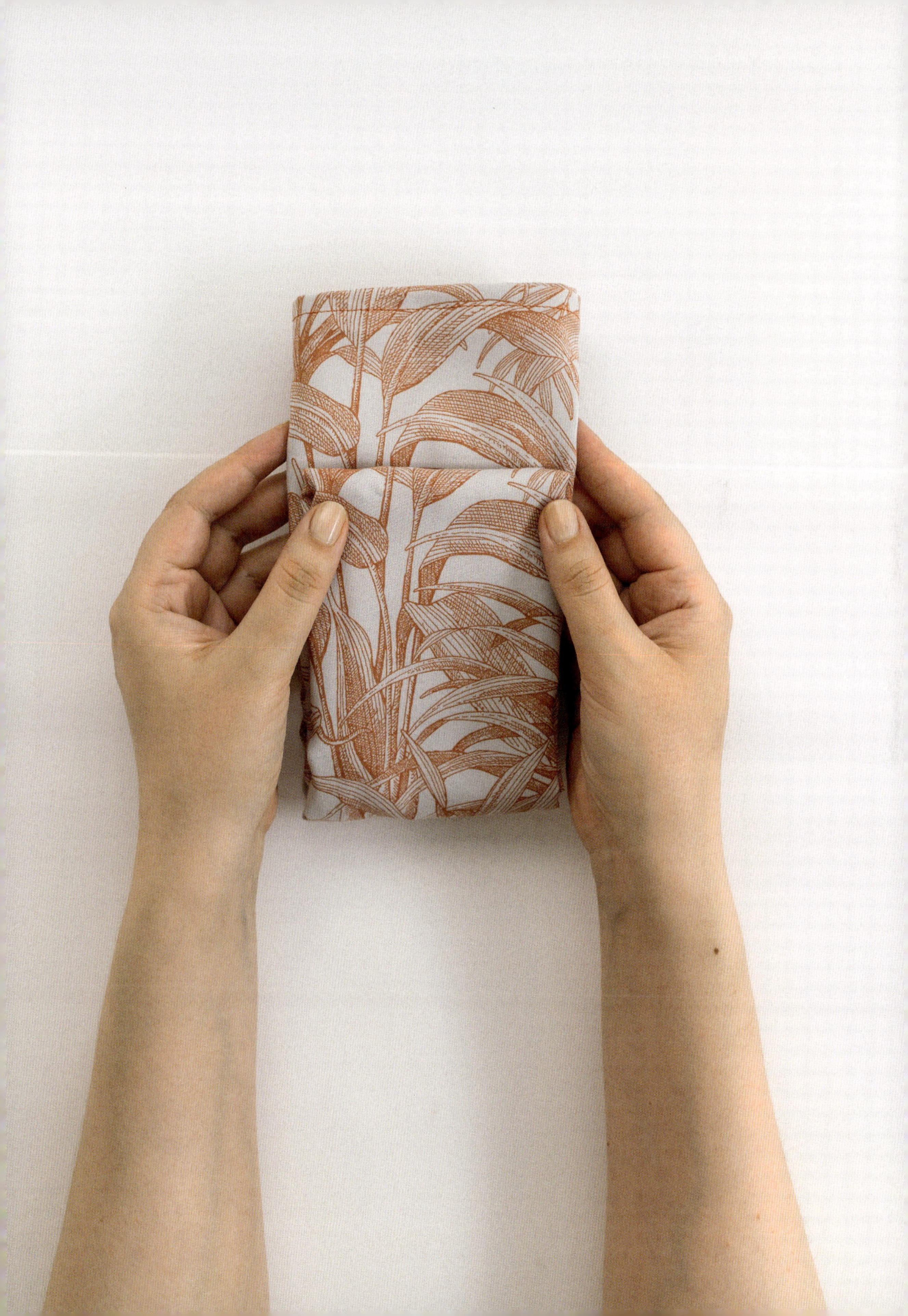

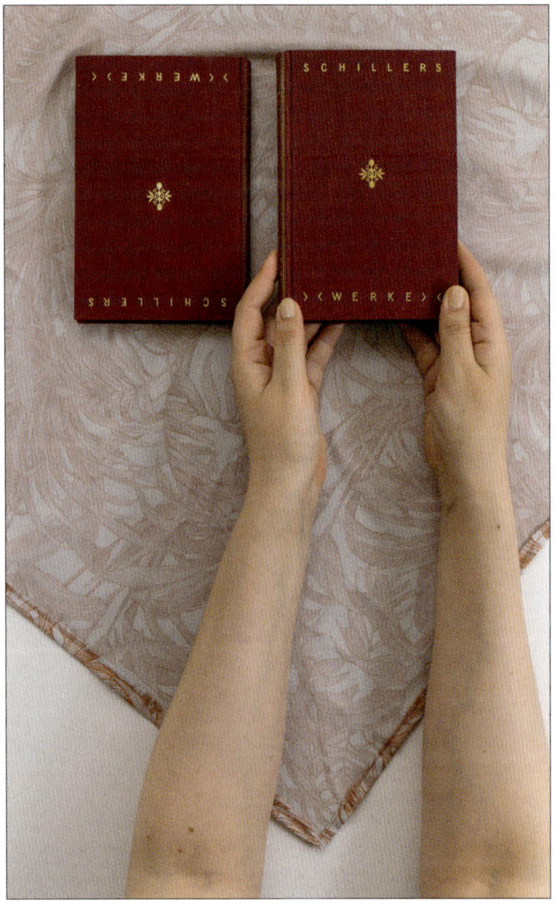

1. Tuch ausbreiten

Breite das quadratische Tuch mit der bedruckten Seite nach unten auf deiner Arbeitsfläche aus und lege zwei Bücher in die Mitte des Tuches.

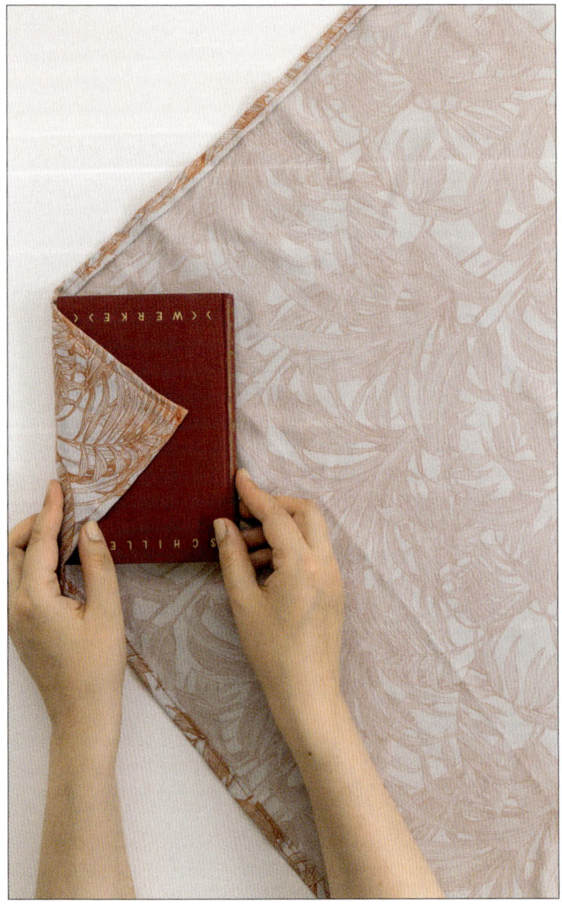

2. Bücher positionieren

Schiebe nun eines der Bücher nach links außen.

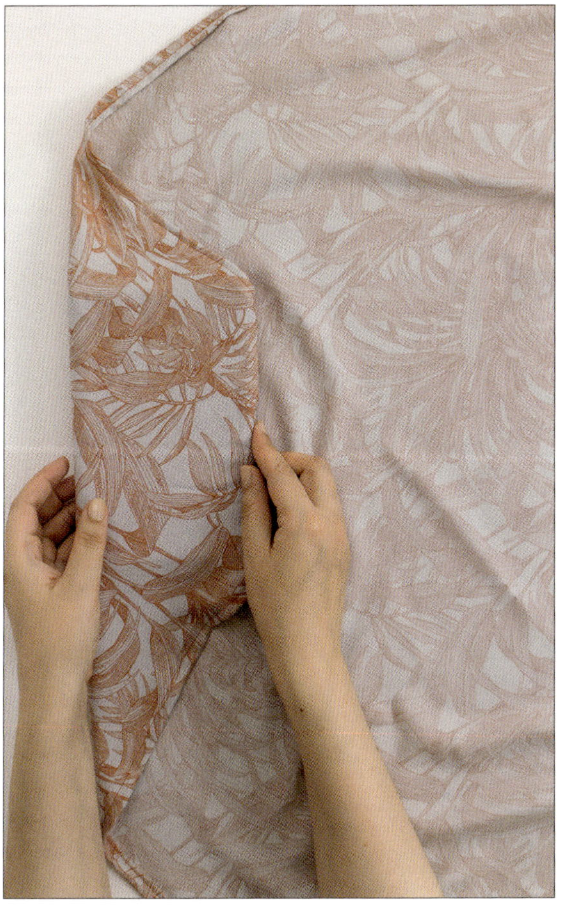

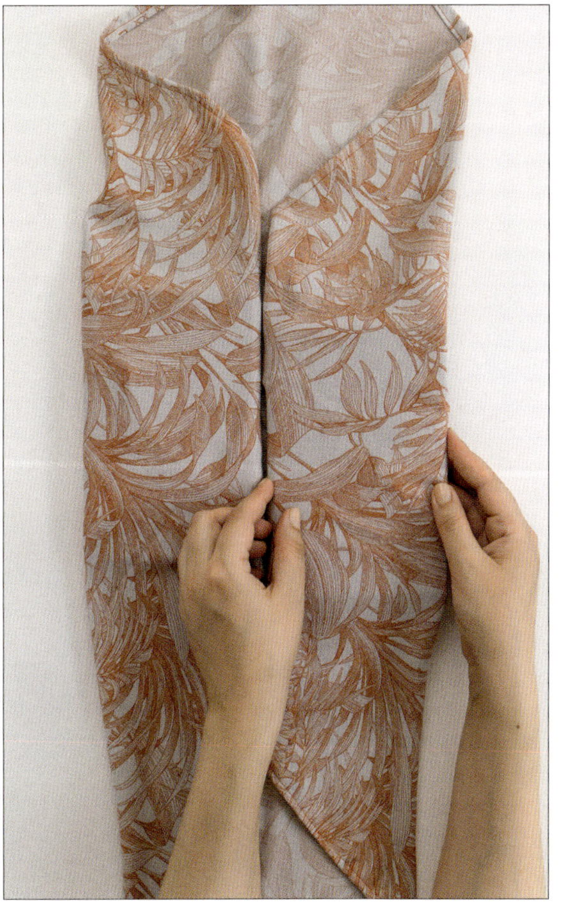

3. Linkes Buch einwickeln
Wickel den Stoff einmal von links nach rechts um das Buch. Spanne und streiche das Furoshiki-Tuch glatt, sodass keine Falten entstehen. Wickle das Buch noch einmal vertikal nach innen ein.

4. Rechtes Buch einwickeln
Wiederhole die Schritte 2 und 3 auf der rechten Seite mit dem zweiten Buch. Jetzt liegen beide Bücher wieder Seite an Seite.

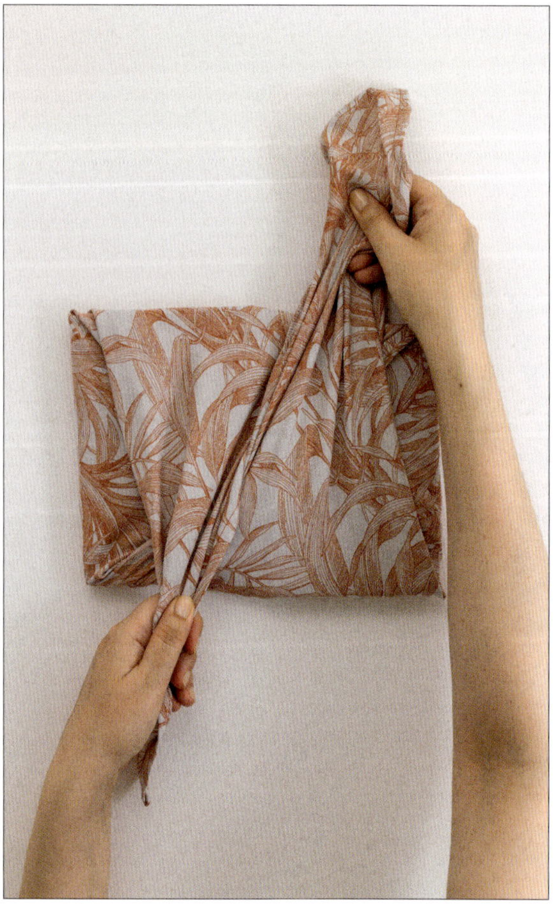

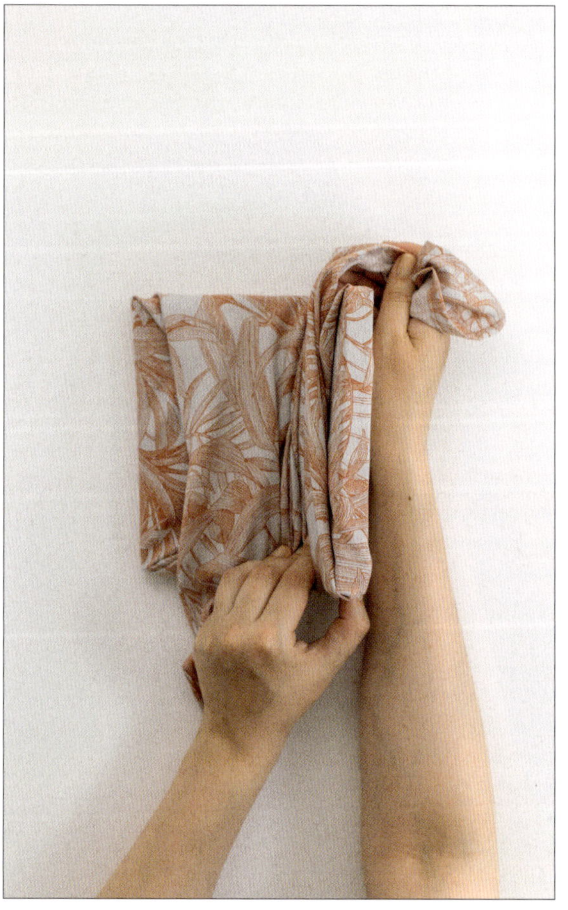

5. Bücher horizontal einwickeln
Wickle das Tuch noch einmal horizontal nach innen ein.

6. Stoff straff ziehen
Den Stoff straff ziehen und das rechte Buch langsam auf das linke Buch klappen.

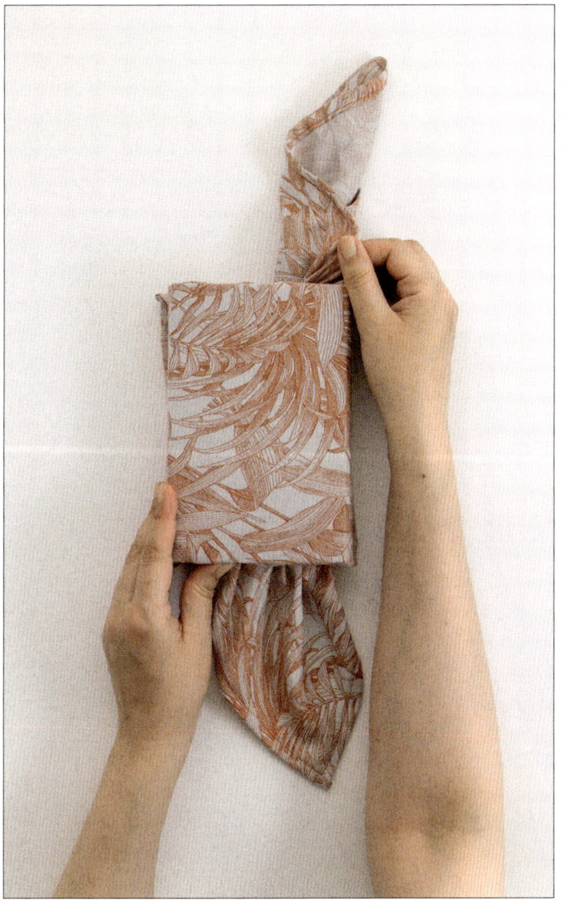

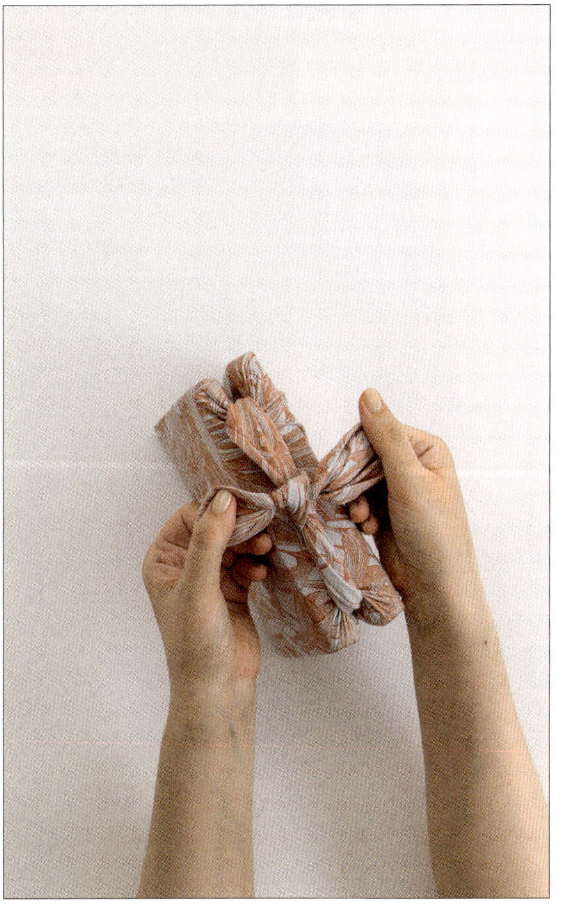

7. Bücher aufeinanderlegen
Sobald das rechte auf dem linken Buch liegt, ziehe die Tuchenden straff nach oben bzw. nach unten.

8. Tuch knoten
Ziehe die beiden freien Enden des Tuches straff und binde sie auf den Buchrücken mit einem Knoten zusammen. So entsteht ein Griff, mit dem du die eingewickelten Bücher tragen kannst. Fertig ist die Geschenkverpackung!

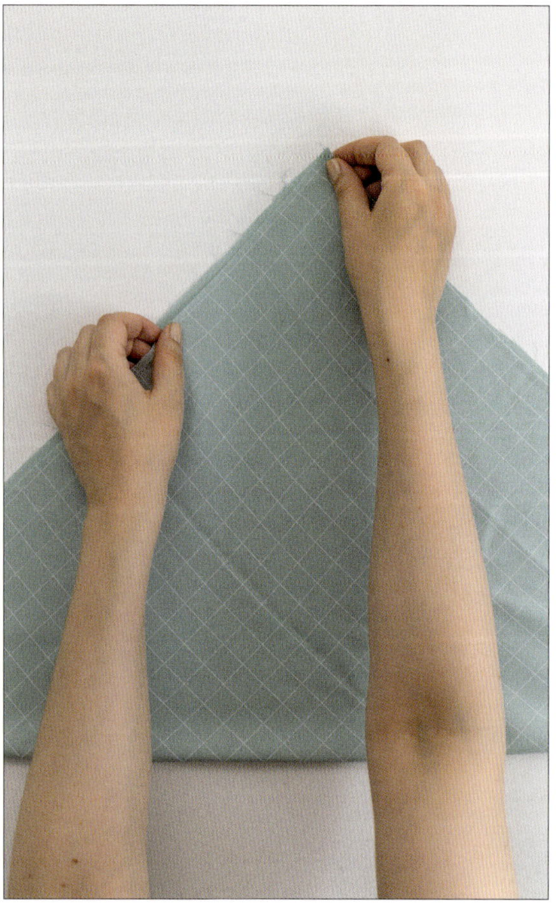

1. Tuch ausbreiten
Je nach Größe der Flasche benötigst du ein quadratisches Tuch zwischen rund 70 und 105 cm Seitenlänge. Breite das Tuch auf der Arbeitsfläche mit der bedruckten Seite nach unten aus. Falte das Tuch diagonal in der Mitte zusammen.

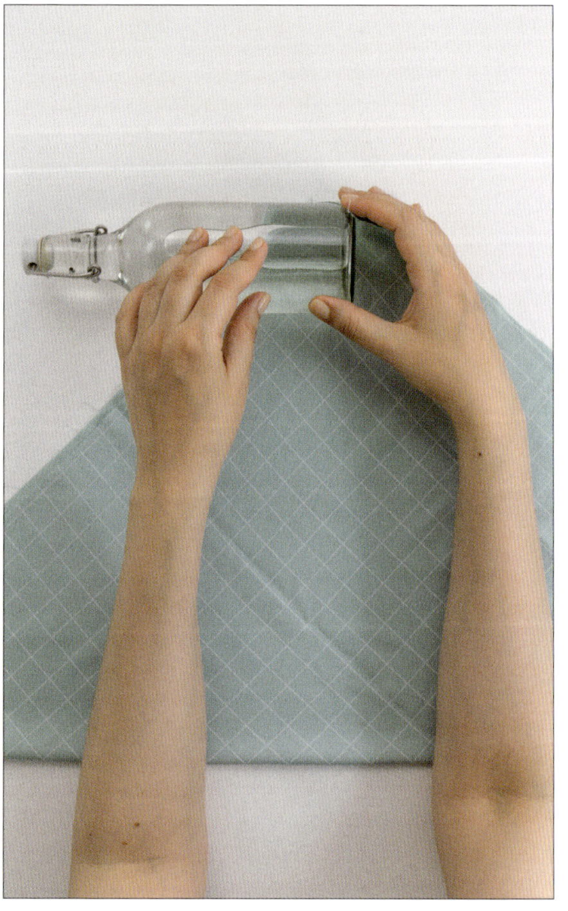

2. Flasche positionieren
Lege die Flasche auf die Spitze des Dreiecks und rolle die Flasche in das Tuch ein.

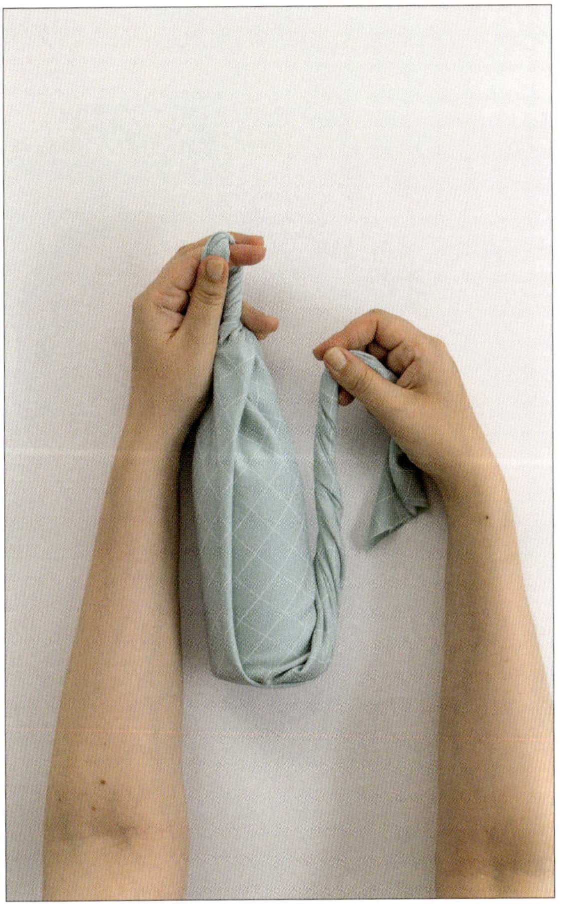

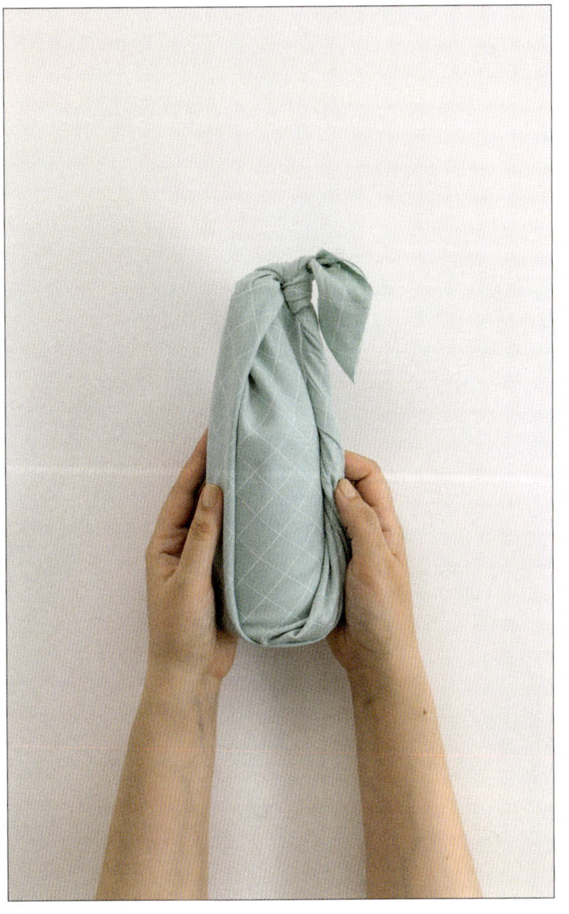

3. Tuchenden zusammenbringen

Die eingerollte Flasche liegt nun mit zwei Tuchenden vor dir. Stell die Flasche aufrecht auf die Arbeitsfläche und drehe die beiden Tuchenden vorsichtig ein.

4. Tuch verknoten

Ziehe nun die beiden Tuchenden straff Richtung Flaschenhals. Wickel sie dort einmal herum und binde eine Schleife.

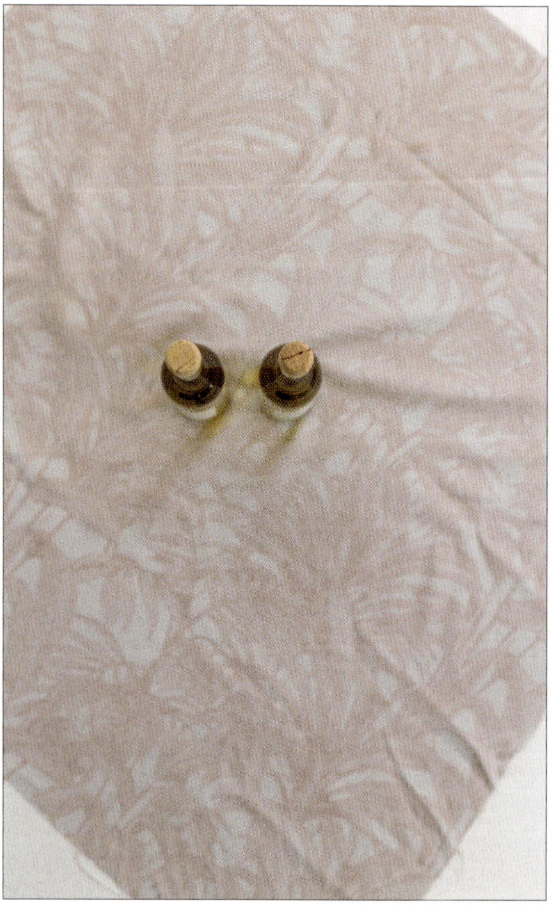

1. Tuch ausbreiten

Je nach Größe der Flaschen benötigst du ein quadratisches Tuch zwischen rund 70 und 105 cm Seitenlänge. Breite das Tuch auf der Arbeitsfläche mit der bedruckten Seite nach unten aus. Stelle die beiden Flaschen aufrecht in die Mitte des Tuches.

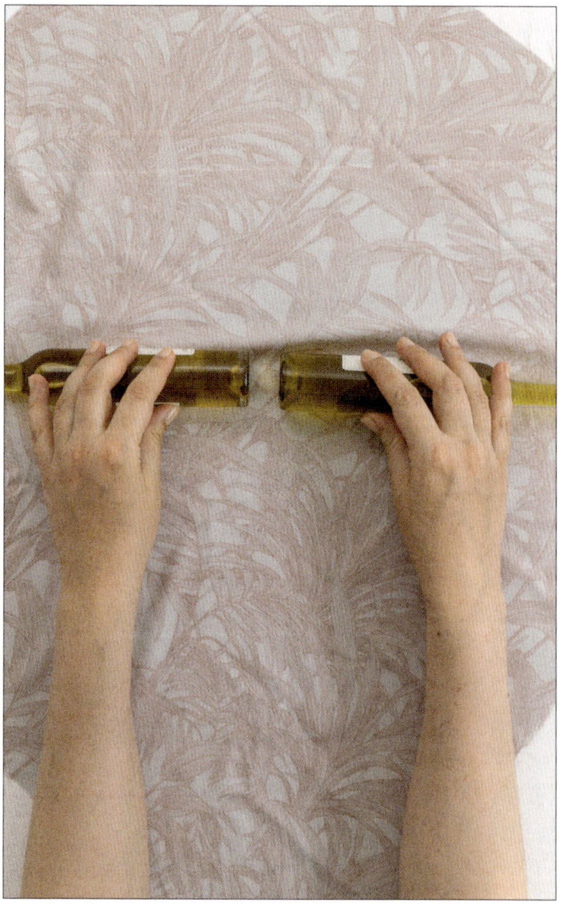

2. Flaschen positionieren

Lege die beiden Flaschen vorsichtig hin, und zwar so, dass die Flaschenhälse zu den Tuchecken zeigen.

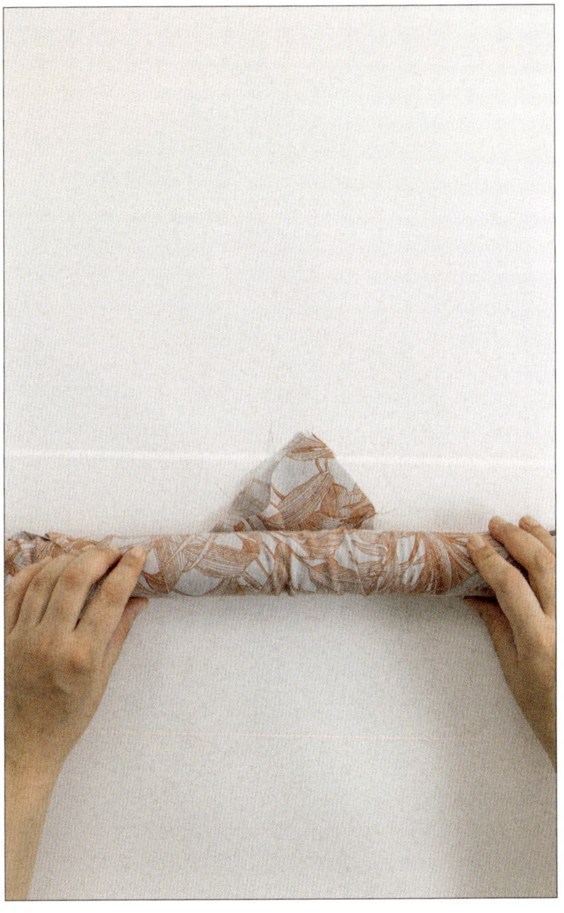

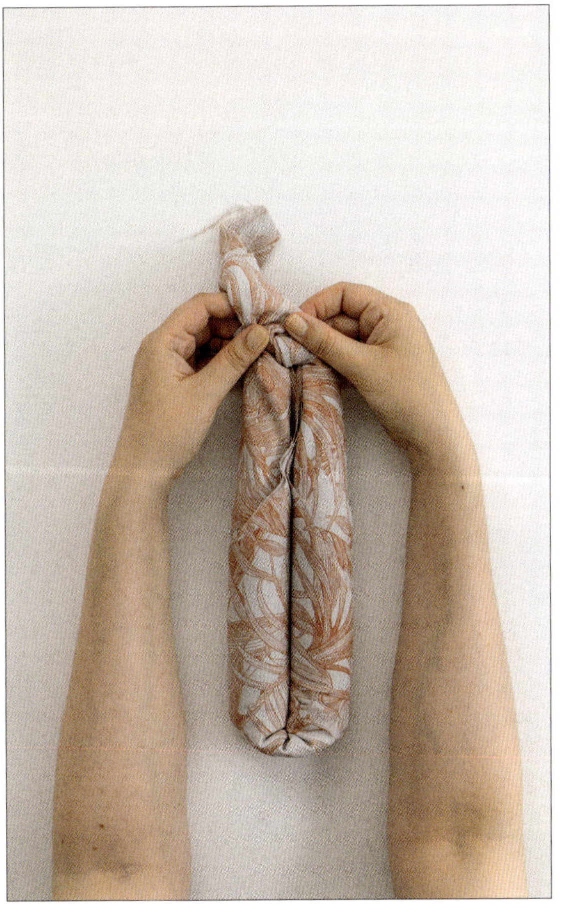

3. Tuch zusammenrollen

Nun legst du die untere Spitze des Tuchs über die Flaschen nach oben auf deinem Arbeitsplatz und rollst sie vollständig in das Tuch ein.

4. Tuch verknoten

Stelle nun die beiden Flaschen wieder aufrecht hin und ziehe die beiden Tuchenden straff nach oben. Verknote beide Enden miteinander und binde eine kleine Schleife.

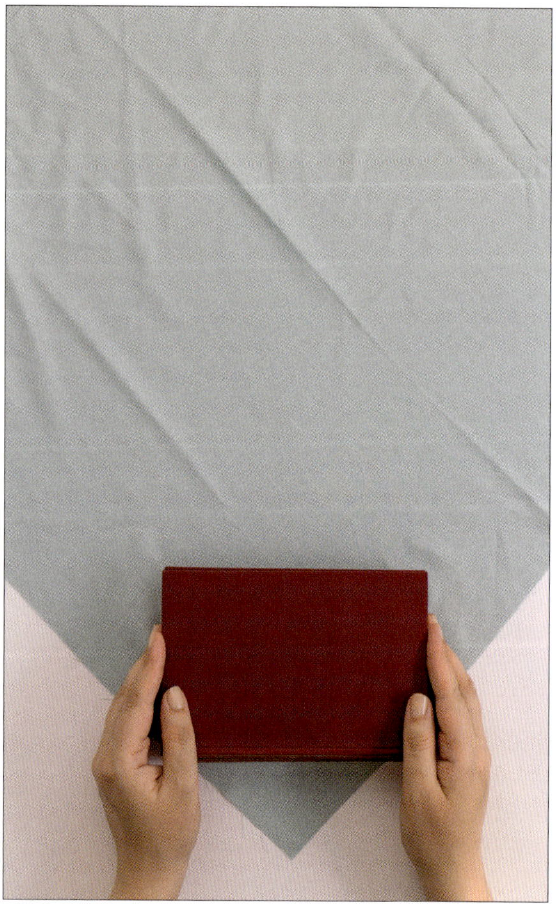

1. Tuch ausbreiten

Je nach Größe deines Geschenkes benötigst du ein quadratisches Tuch zwischen rund 70 und 105 cm Seitenlänge. Breite das Tuch auf der Arbeitsfläche mit der bedruckten Seite nach unten aus. Richte das Tuch so aus, dass eine der Spitzen zu dir schaut. Positioniere das Geschenk in den Bereich der Spitze, die dir am nächsten ist.

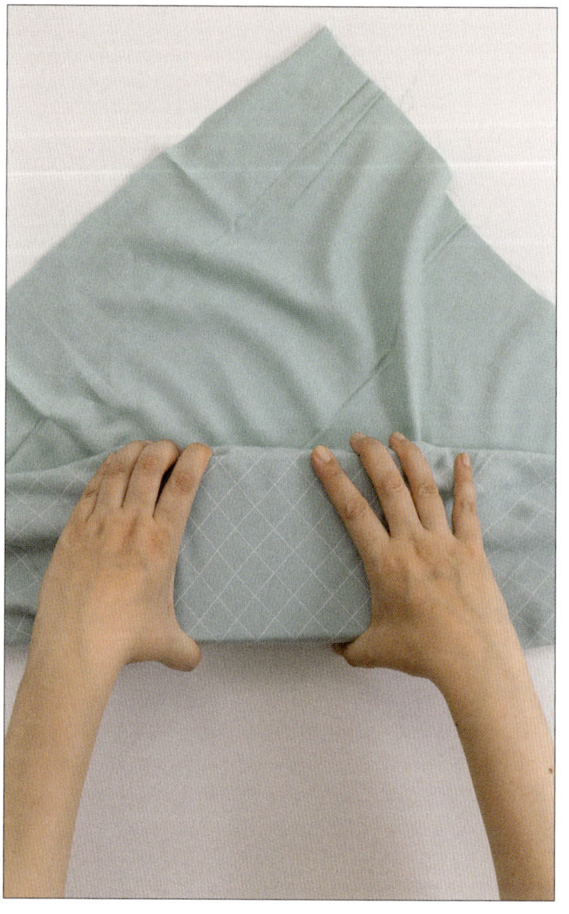

2. Geschenk einwickeln

Wickel nun das Geschenk in das Tuch ein bis zur anderen Ecke des Tuches. Achte darauf, dass der Stoff immer straff gespannt ist.

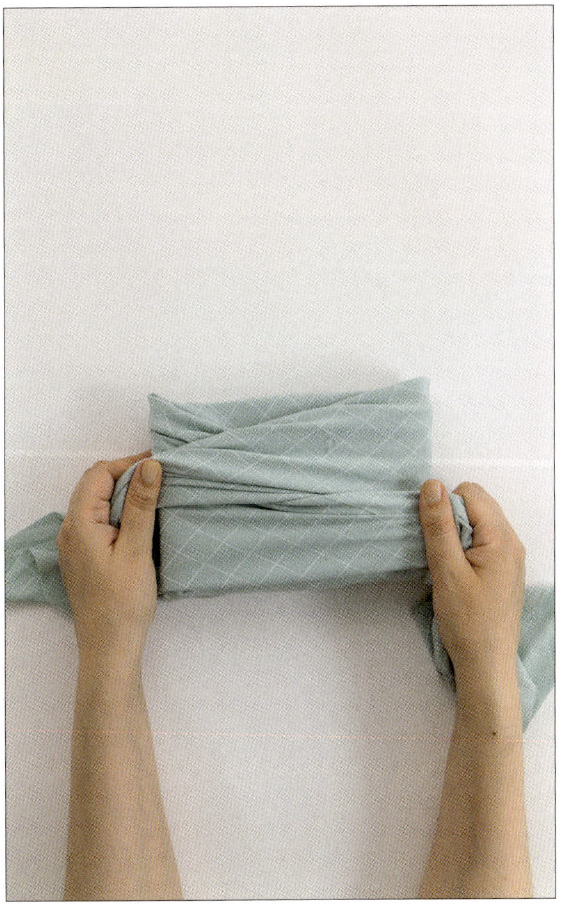

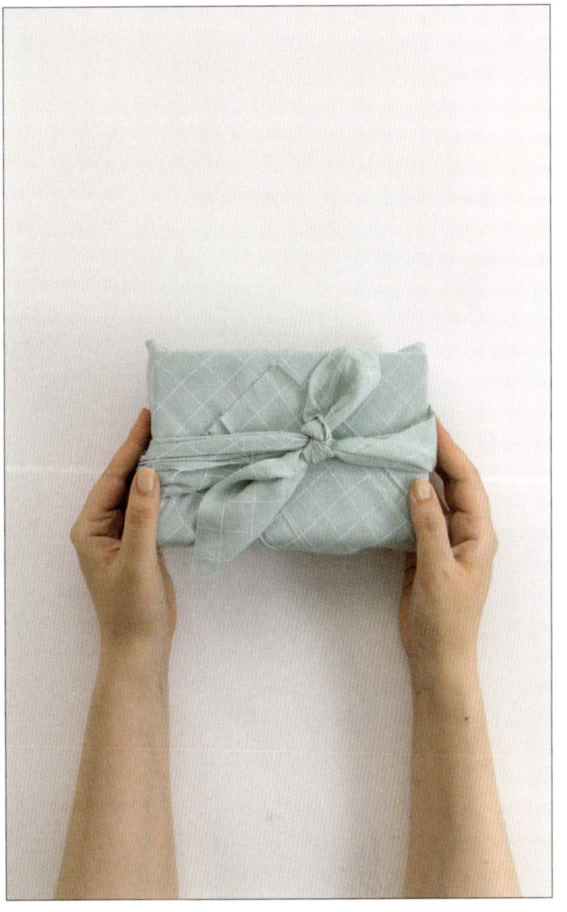

3. Tuch fixieren
Nimm nun die beiden Tuchenden, wickle sie einmal umeinander und bringe sie dann auf der anderen Seite zusammen.

4. Tuch verknoten
Drehe das umwickelte Geschenk um und verknote die beiden Tuchenden miteinander. Du kannst jetzt noch ein paar Blümchen als Dekoration unter den Knoten stecken. Fertig ist deine Geschenkverpackung.

SCHRITT-FÜR-SCHRITT-ANLEITUNG:

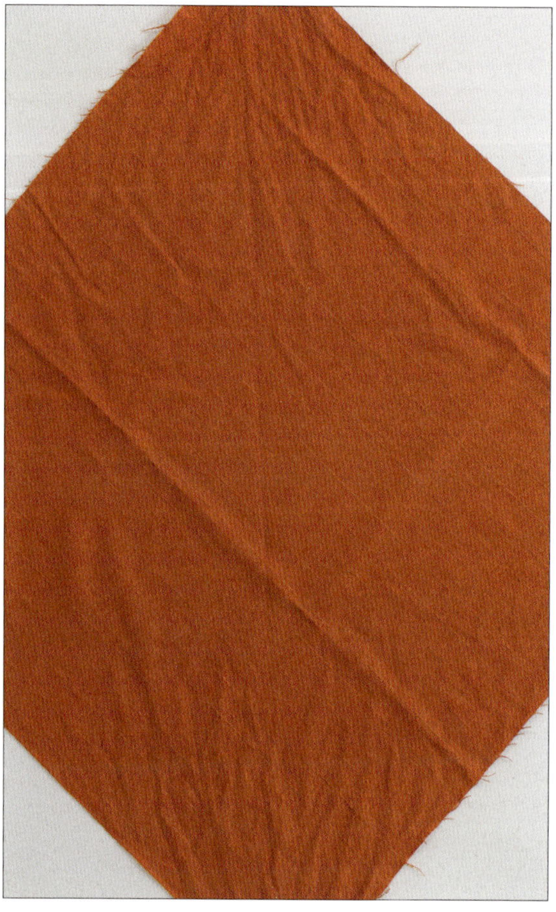

1. Tuch ausbreiten

Je nach Größe deines Geschenkes benötigst du ein quadratisches Tuch zwischen rund 70 und 105 cm Seitenlänge. Breite das Tuch auf der Arbeitsfläche mit der bedruckten Seite nach unten aus.

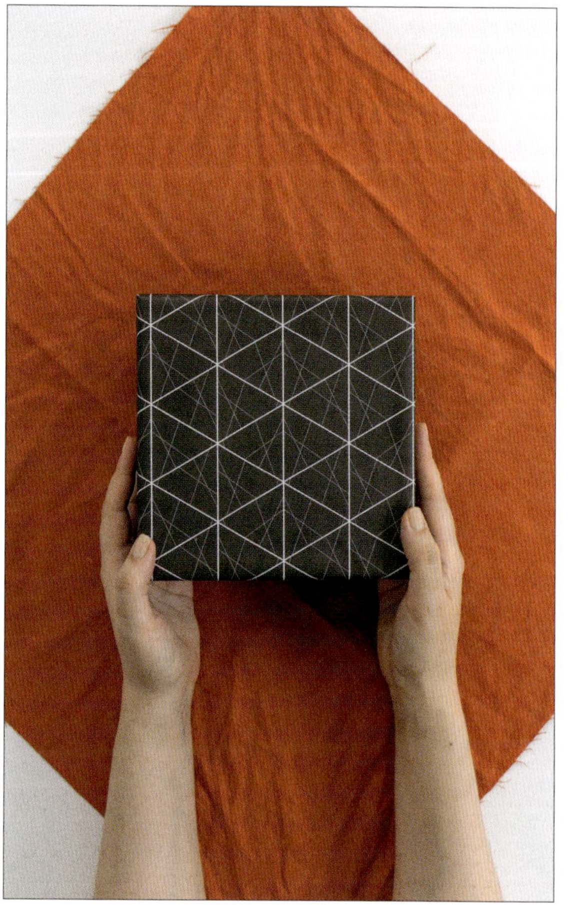

2. Geschenk positionieren

Lege das Geschenk in die Mitte des Tuches, führe zwei diagonal gegenüber liegende Tuchenden oberhalb des Geschenkes zusammen und binde einen Knoten.

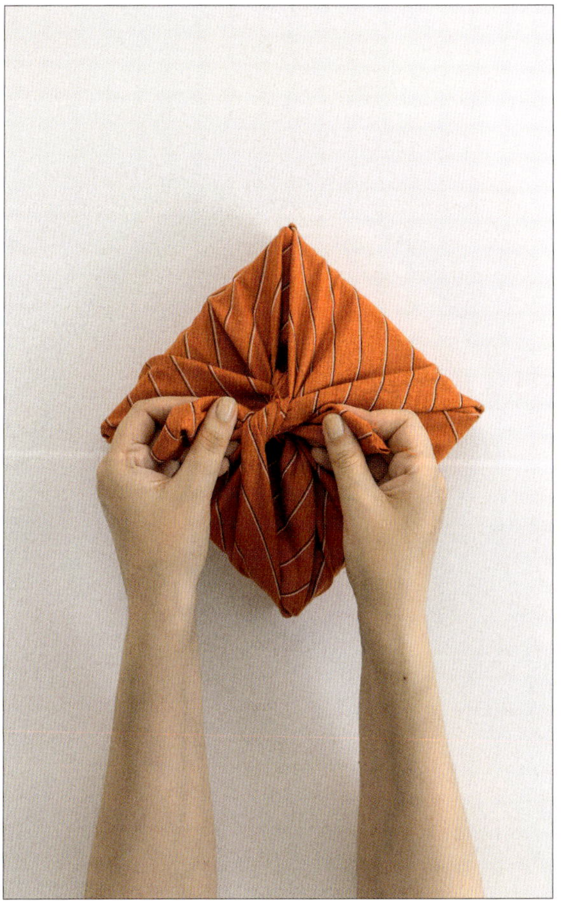

3. Tuch verknoten

Nimm nun die anderen beiden diagonal zueinander liegenden Tuchenden und führe sie ebenfalls oberhalb des Geschenks zusammen und binde ebenfalls einen kleinen Knoten.

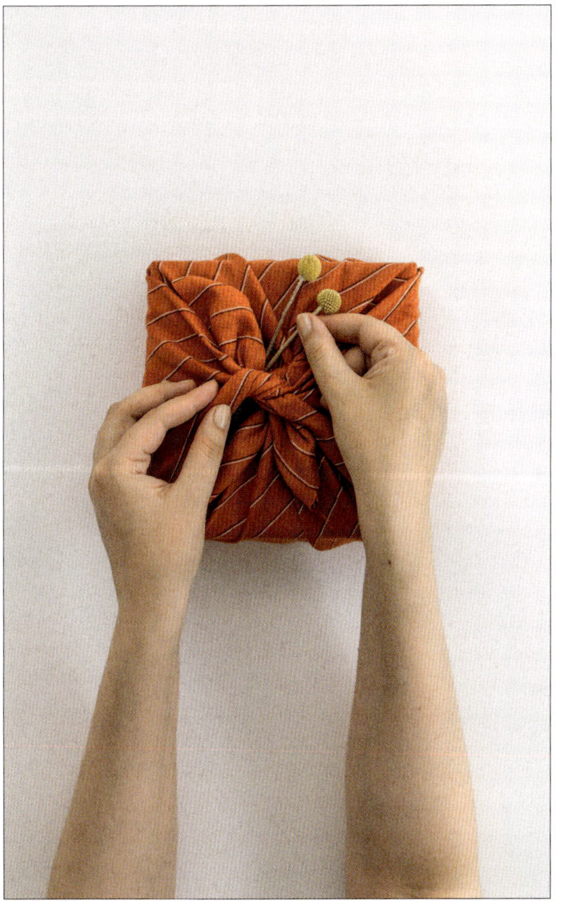

4. Geschenk dekorieren

Die beiden gleich großen Knoten ergeben eine Art Stoffblume. Wenn du möchtest, kannst du nun noch den Stoff mit ein paar Beeren oder Zweigen dekorieren.

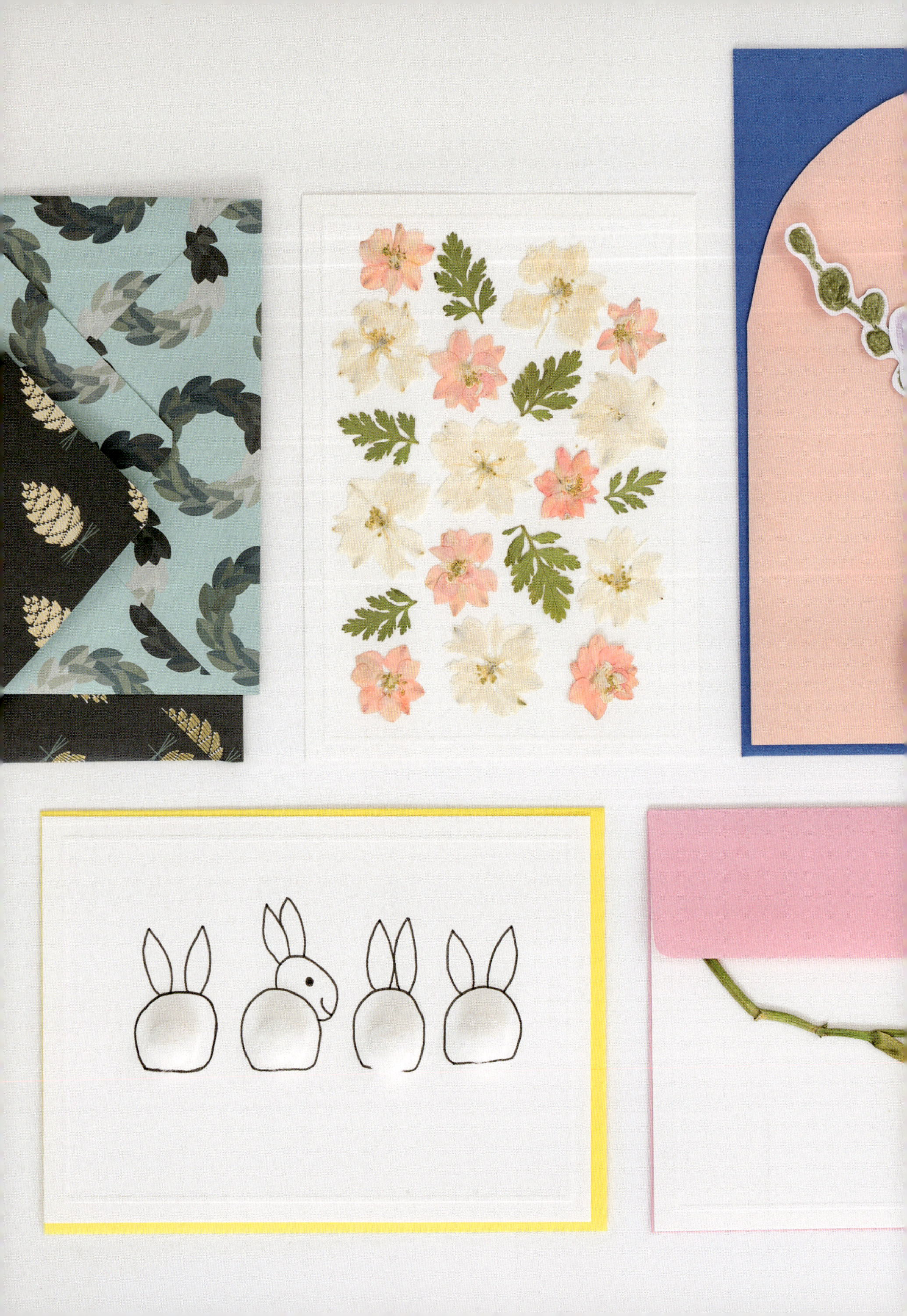

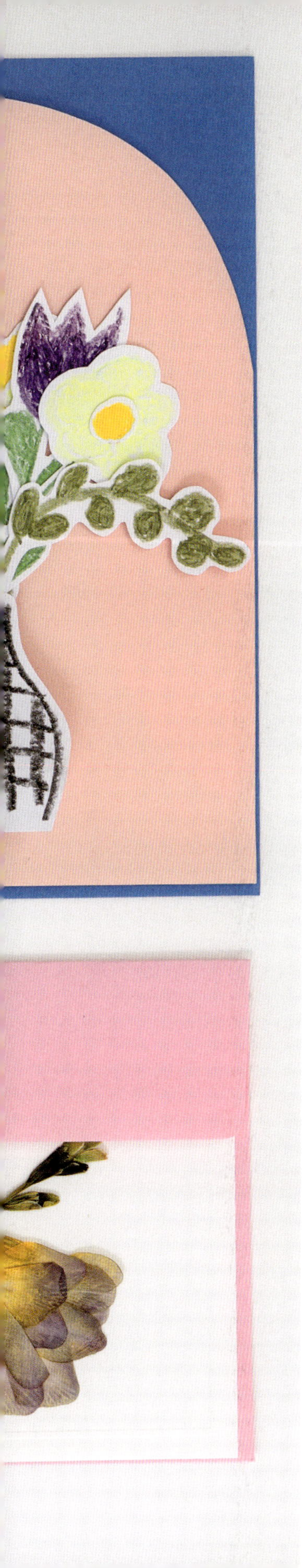

KARTEN UND KUVERTS

KARTE MIT GEPRESSTEN BLUMEN

Diese Karte mit gepressten Blumen kannst du entweder als Klappkarte oder als Grußkarte konzipieren. Sie hat mir am Ende des Tages so gut gefallen, dass ich sie in einen Wechselrahmen gegeben und mitsamt dem Rahmen überreicht habe. So kann die beschenkte Person die Karte als Bild aufhängen und die Nachricht auf der Rückseite immer wieder anschauen.

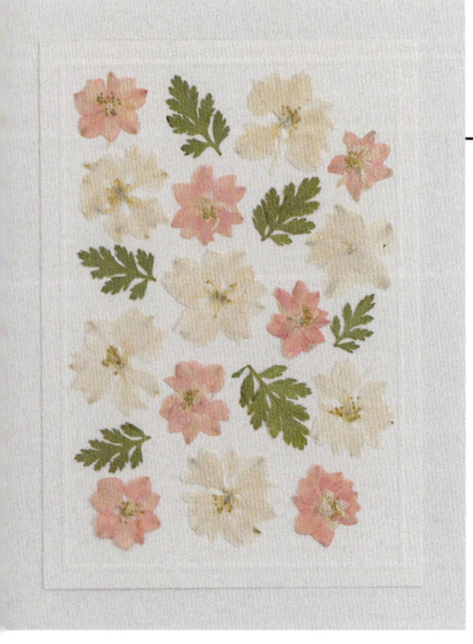

MATERIAL	WERKZEUG
gepresste Blumen	Pinzette
Karte	Superkleber
Wechselrahmen (optional)	

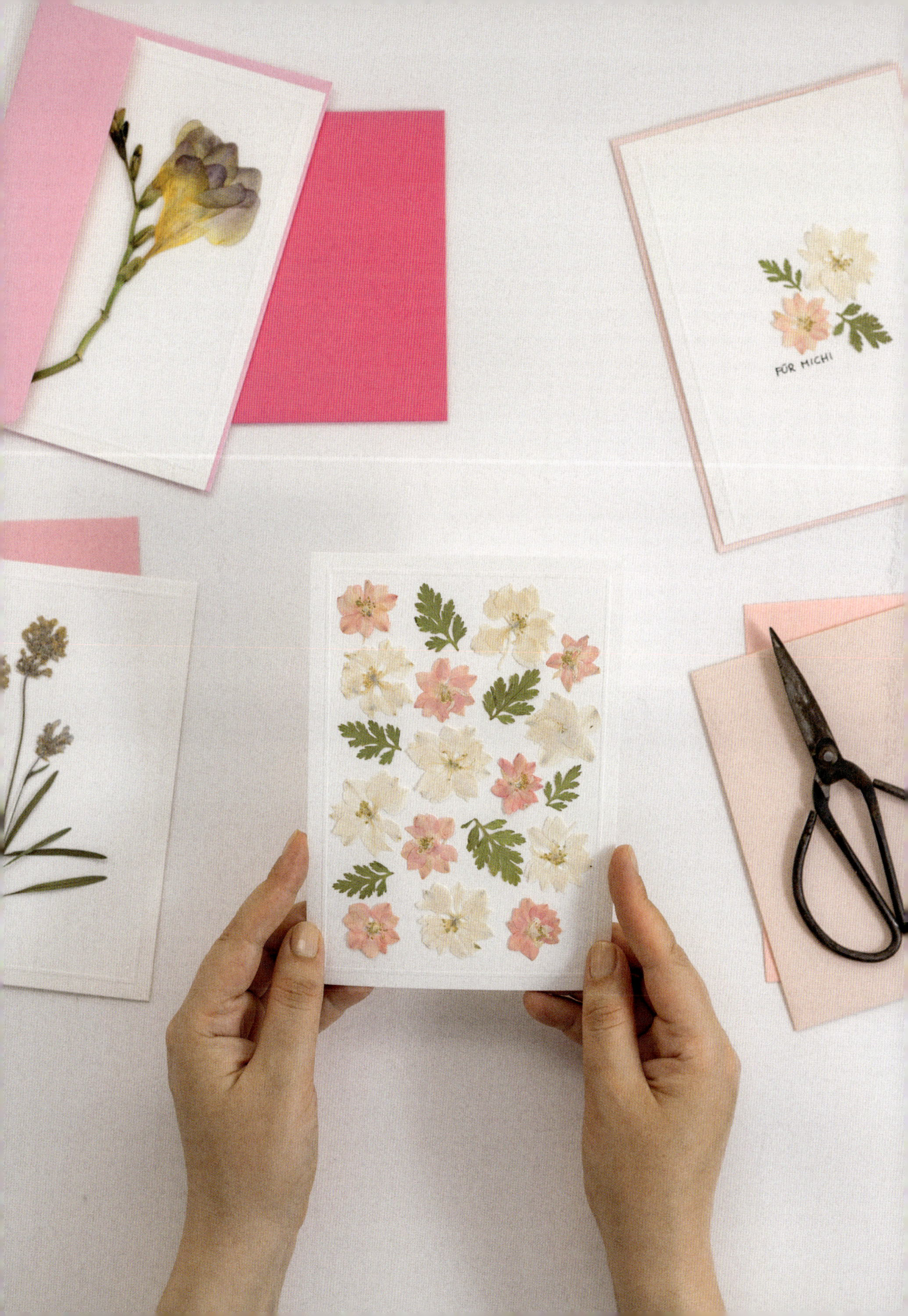
FÜR MICHI

1. Karte vorbereiten
Entweder du kaufst eine schöne Karte aus Büttenpapier oder du schneidest aus einem schönen Papier das gewünschte Format aus.

2. Gepresste Blumen vorbereiten
Du hast entweder ein paar Blumen bereits gepresst oder fertig gepresste Blumen gekauft.

3. Blumen dekorativ platzieren
Platziere die Blumen mit einer Pinzette vorsichtig auf der Vorderseite deiner Karte. Du kannst entweder einen Blumenregen oder einen kleinen Blumenstrauß gestalten, ganz, was dir am besten gefällt.

4. Blumen ankleben
Klebe die Blumen mit etwas Superkleber auf die Karte. Sobald der Kleber getrocknet ist, kannst du die Karte beschreiben und entweder in ein Kuvert oder in einen Wechselrahmen geben und diesen mit Geschenkpapier oder Stoff verpacken.

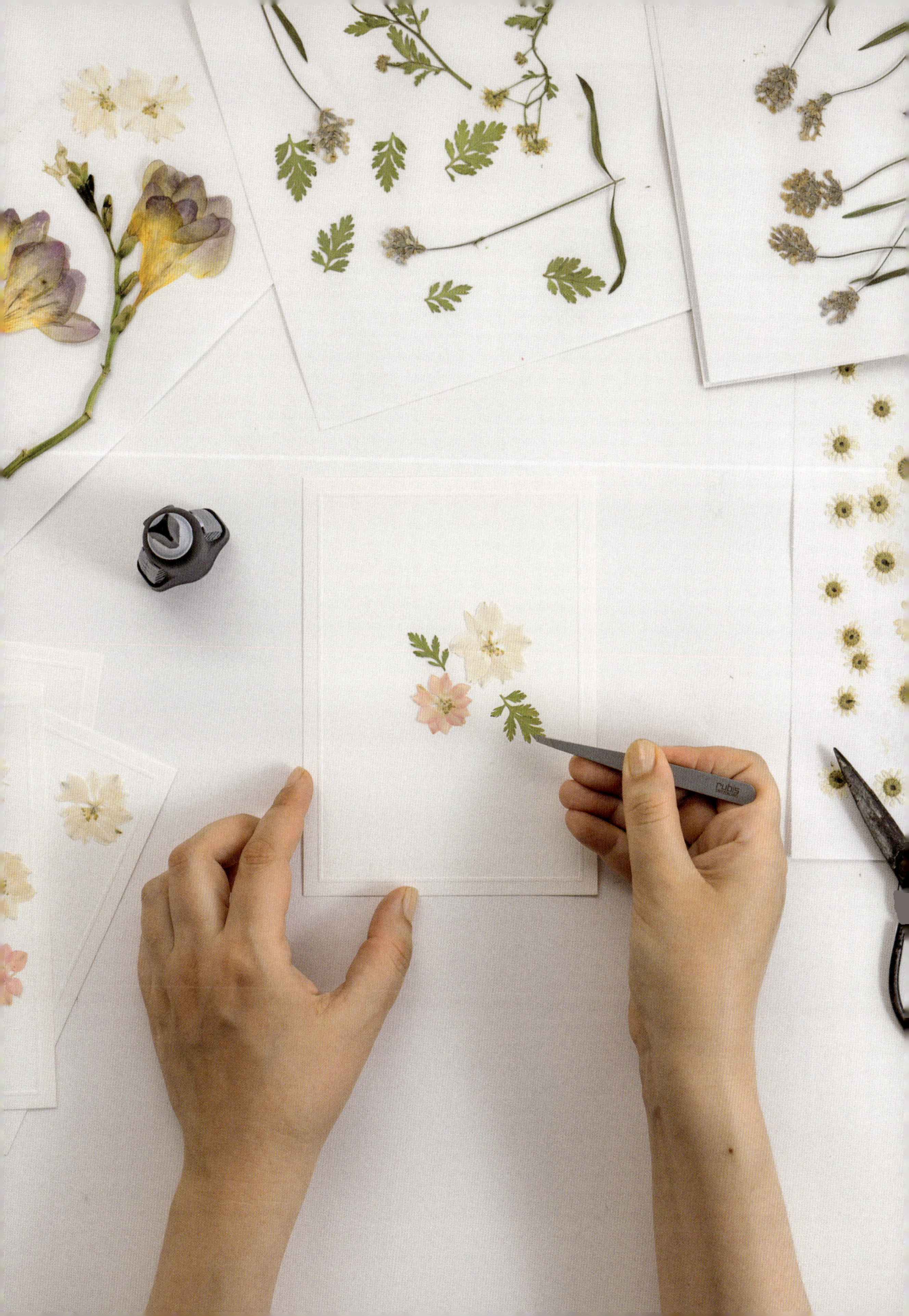

3D-KARTE MIT POMPONS ZU OSTERN

Bist du am Sonntag zu einem Osterbrunch eingeladen oder besuchst du deine Familie? Dann sag doch mit einer selbst gemachten Osterkarte „Danke!" für die Einladung. Du kannst dich zum Beispiel von unseren Häschen und Küken inspirieren lassen und selber eine Karte zeichnen. Wenn es aber schneller gehen soll, dann kannst du die Osterkarten-Vorlagen im im Downloadbereich von *welovehandmade.at* herunterladen und mit Stiften bemalen oder verzieren.

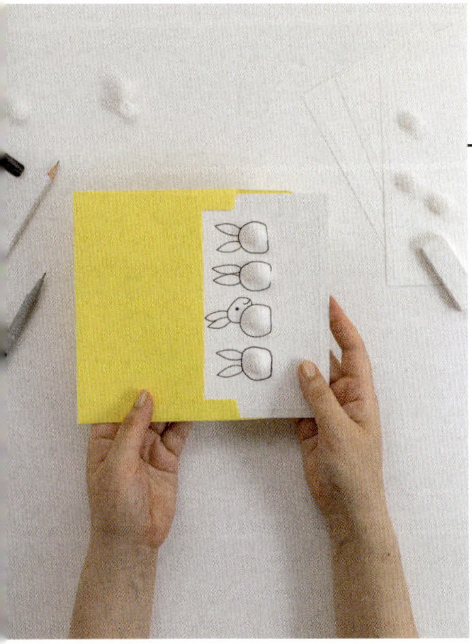

MATERIAL

Vorlage
160 g Druckerpapier für die Vorlage
Pompons
Wassermalfarben
DIN-A6-Karte oder stärkerer Karton

WERKZEUG

Klebstoff
Pinsel

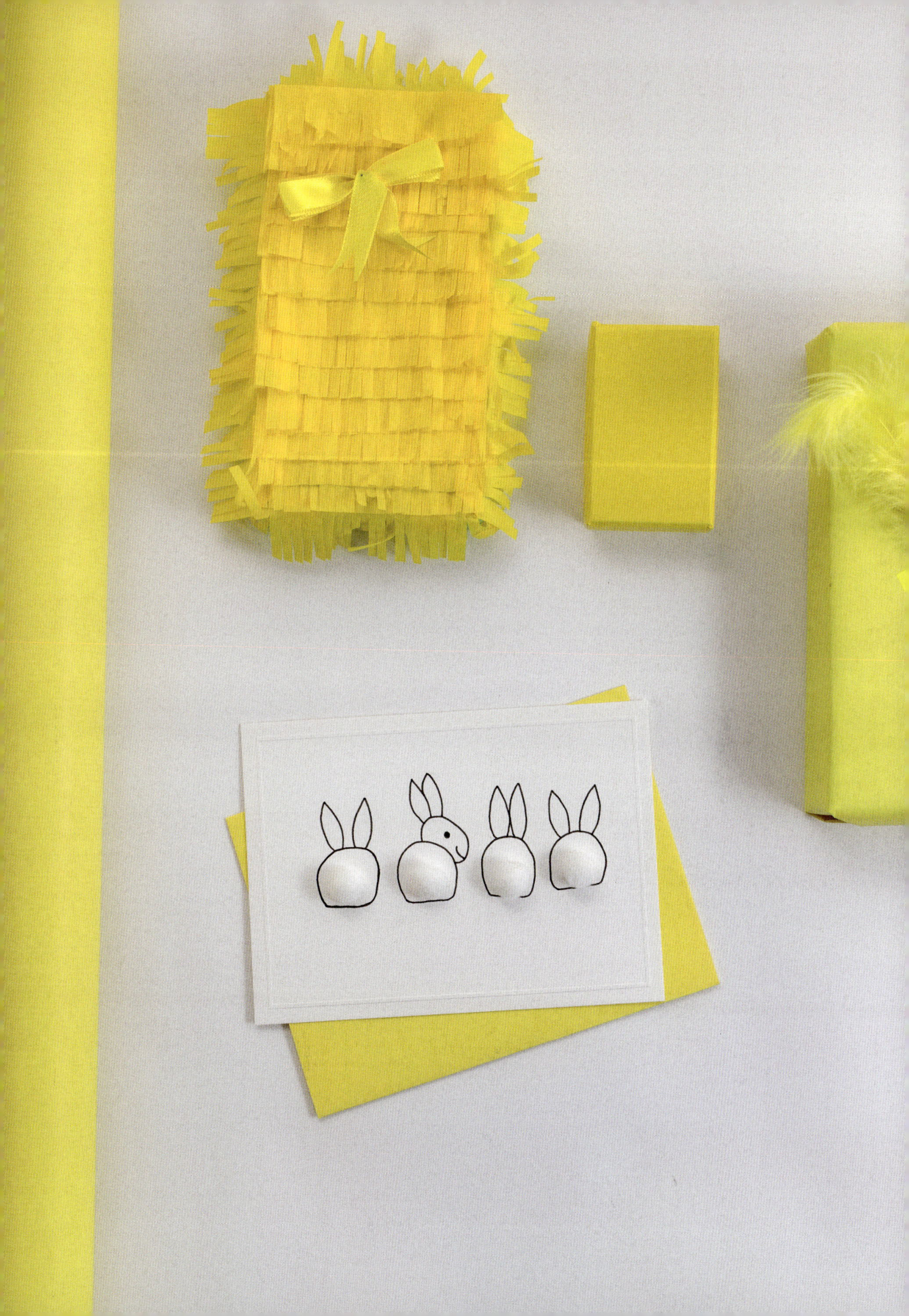

1. Karte vorbereiten

Wenn du die Vorlage verwenden möchtest, kannst du sie dir im Downloadbereich (siehe Seite 182) herunterladen. Anschließend druckst du die Vorlage direkt auf deine Karte auf. Ich habe hier eine Karte der Größe von rund 13 x 18 cm verwendet. Achte hierbei auf die notwendigen Einstellungen am Drucker. Ansonsten kannst du auch mit einem Bleistift dein eigenes Motiv auf die Karte skizzieren und anschließend mit einem Marker nachziehen.

2. Pompons ankleben

Klebe die Pompons mit etwas Klebstoff auf die Karte.

3. Karte bemalen

Zum Schluss kannst du die Osterkarten noch mit Wassermalfarben bemalen oder verzieren. So kannst du sie noch ein wenig individualisieren.

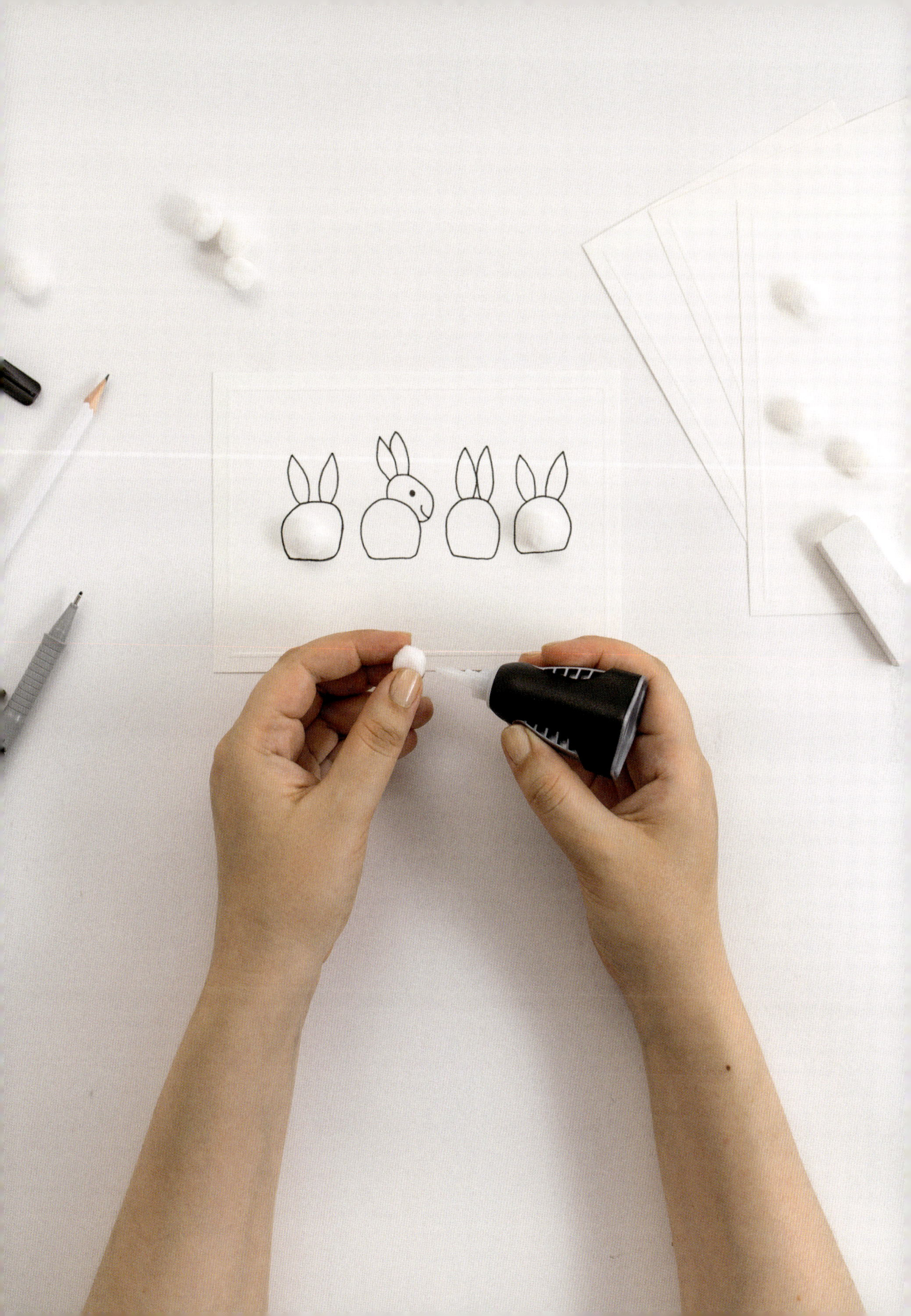

POP-UP-KARTE MIT TORTE

Karten selber zu gestalten, ist manchmal ein richtiges Ritual. Zuerst überlegst du, welche Farben und Formen du für die beschenkte Person verwenden möchtest. Beim Umsetzen der Karte denke über die richtigen Worte nach, die du in die Karte schreiben möchtest. Gerade eine Pop-up-Karte ist eine großartige Möglichkeit, auf einen bestimmten Anlass oder die Persönlichkeit der beschenkten Person einzugehen.

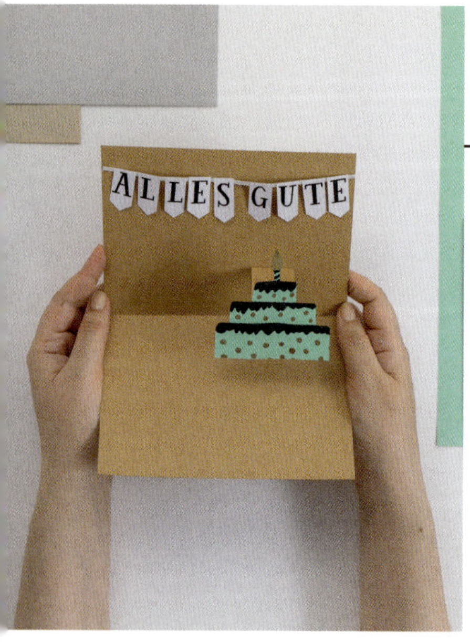

MATERIAL

Tonkarton in verschiedenen Farben
Metallic-Stifte
Fineliner

WERKZEUG

Bleistift
Bastelmesser
Schneidelineal
Schneidematte
Klebstoff
Falzbein

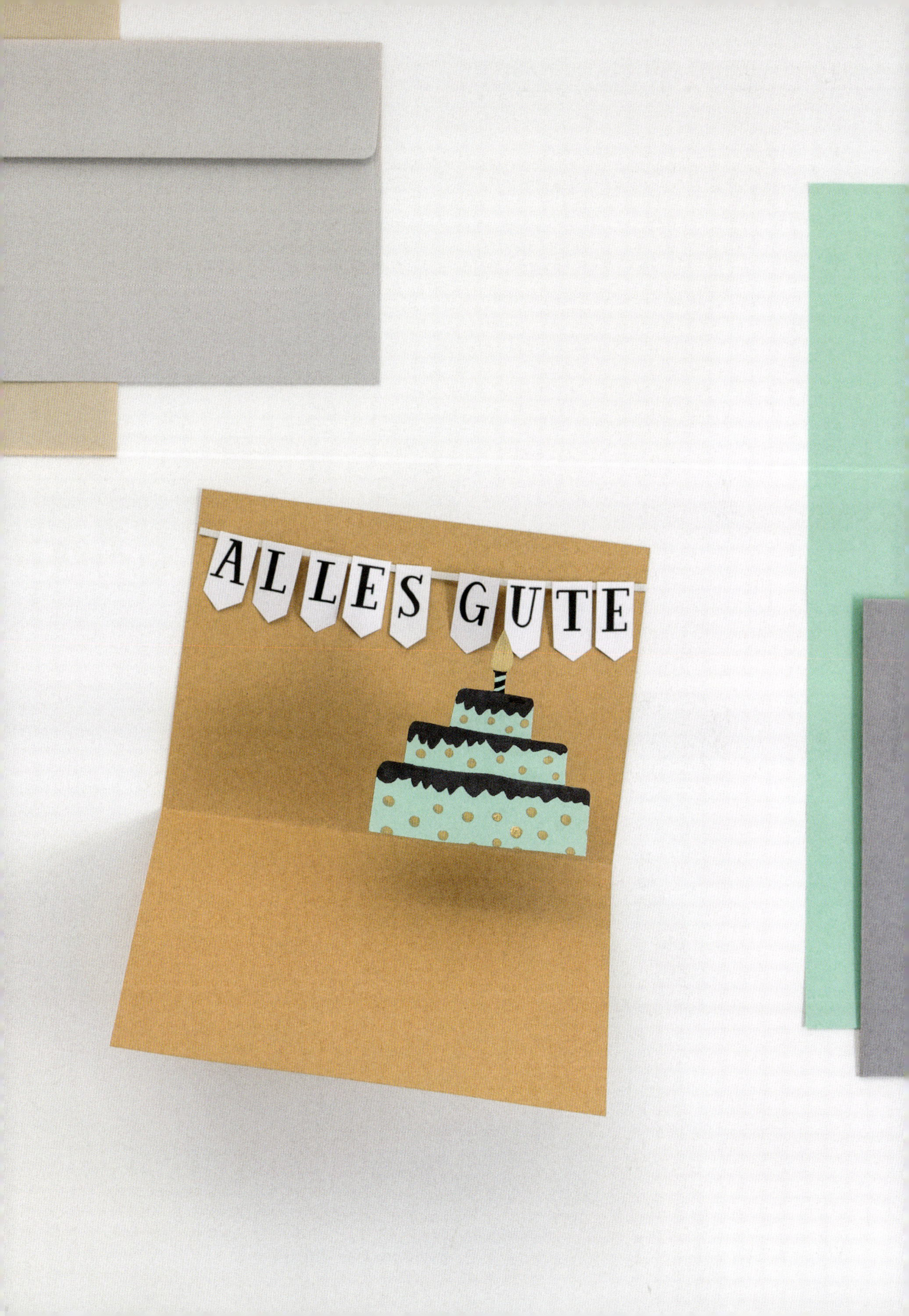
ALLES GUTE

1. Kartenform zuschneiden
Lege fest, wie groß deine Karte werden soll, wenn du das Kuvert von Seite 178 verwenden möchtest, dann orientiere dich an dieser Größe. Ich habe daher ein Rechteck von rund 25 x 18 cm zuerst mit Bleistift auf den Tonkarton vorgezeichnet und anschließend mit dem Bastelmesser und dem Schneidelineal auf der Schneidematte zugeschnitten.

2. Karten falten
Falte das Rechteck in der Mitte. Streiche den Knick mit der Längsseite des Falzbeins nach. Zeichne nun dein Motiv, das du für deine Pop-up-Karte verwenden möchtest, auf ein zweites Tonpapier. In diesem Fall habe ich eine Torte für eine Geburtstagskarte verwendet.

3. Motiv gestalten
Schneide die Form aus dem bunten Papier aus. Außerdem schneidest du dir aus dem Material deiner Klappkarte einen Steg für die Torte aus. Dann verbindest du die Klappkarte und die Torte mit dem Steg. Positioniere die Torte so, wie es dir am besten gefällt, und klebe sie mit Klebstoff fest.

4. Karte dekorieren
Gestalte eine kleine Girlande und klebe sie in das Innere der Karte. Außerdem kannst du noch ein paar Sterne oder Kerzen ankleben. Dann kannst du deine Nachricht auf die Innenseite schreiben und außen den Namen der beschenkten Person.

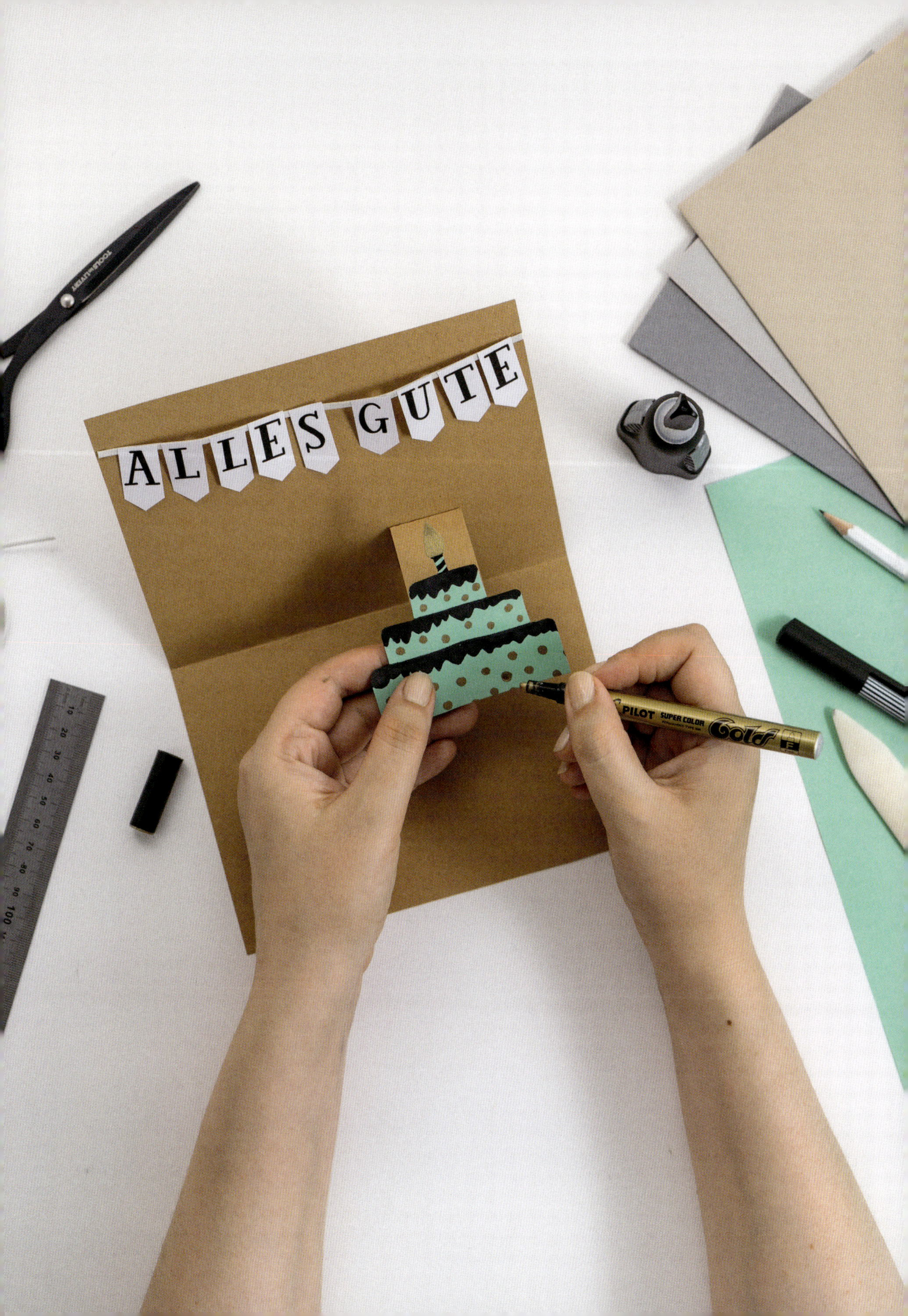
ALLES GUTE
PILOT SUPER COLOR
Gold
F

3D-KARTE MIT BLUMENGRUSS

Wenn du keine Blumen zur Hand hast, jedoch einen Blumengruß zum Geburtstag oder Jahrestag verschenken möchtest, dann ist dieses DIY-Projekt ideal. Du kannst den Blumenstrauß der aktuellen Saison anpassen und die unterschiedlichsten Farbkombinationen ausprobieren.

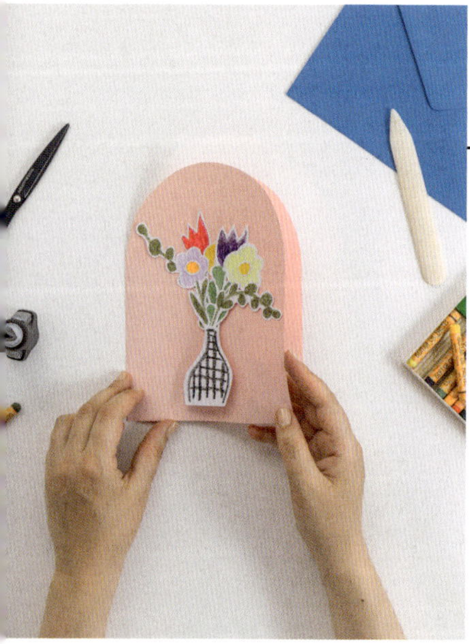

MATERIAL	WERKZEUG
Zeichenpapier in Weiß	Papierschere
Tonpapier in Rosa	Schneidelineal
Pastell-Ölkreiden	Schneidematte
	Klebstoff

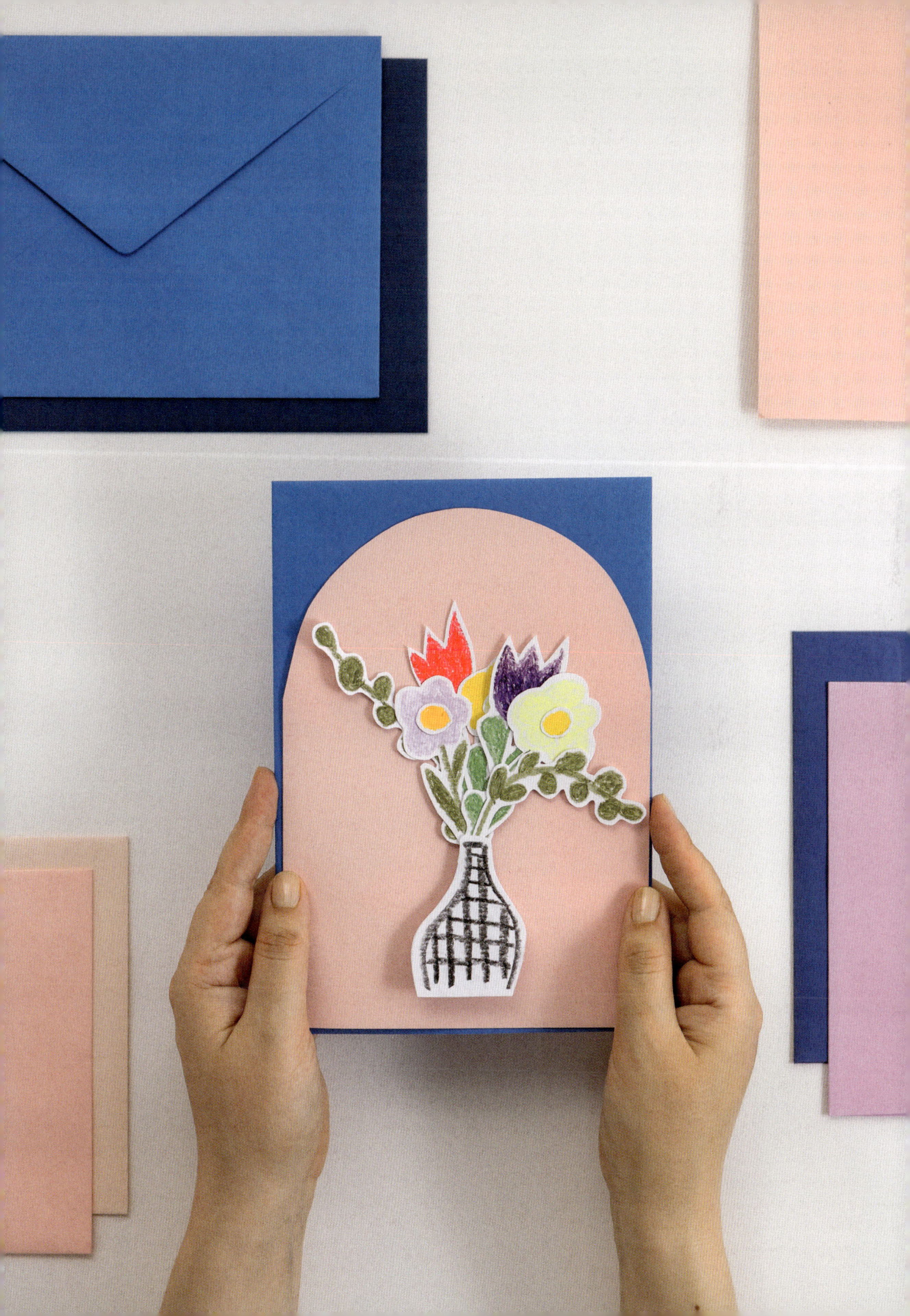

SCHRITT-FÜR-SCHRITT-ANLEITUNG

1. Karte vorbereiten
Zuerst schneidest du die (Klapp-)Karte nach deinen Größenwünschen zu. Ich habe hierfür einen rosa Tonkarton verwendet.

2. Motiv zeichnen
Skizziere dir zuerst deine Blumen und Gräser sowie eine Vase auf Druckerpapier. Wenn du mit deinem Motiv zufrieden bist, kannst du mit Pastell-Ölkreiden dein Motiv auf dickeres Zeichenpapier übertragen. Die Vase zeichnest du am besten zweimal.

3. Motiv ausschneiden
Schneide mit einer Papierschere das Motiv aus. Die Blütenstempel habe ich extra gezeichnet und ausgeschnitten.

4. Motiv anbringen
Fasse alle Blumen und Blätter zu einem schönen Blumenstrauß zusammen und lege diesen auf eine der ausgeschnittenen Vasen. Klebe alle Stängel auf die Vase. Klebe zum Abschluss die zweite Vase darüber. Nun schneidest du einen Papierstreifen von rund 6 x 1 cm zu und faltest diesen wie eine Ziehharmonika. Diesen Papierstreifen klebst du mit Klebstoff auf die Rückseite deiner Blumenvase. Platziere nun die Blumenvase aus Papier auf deiner Klappkarte und klebe sie anschließend fest.

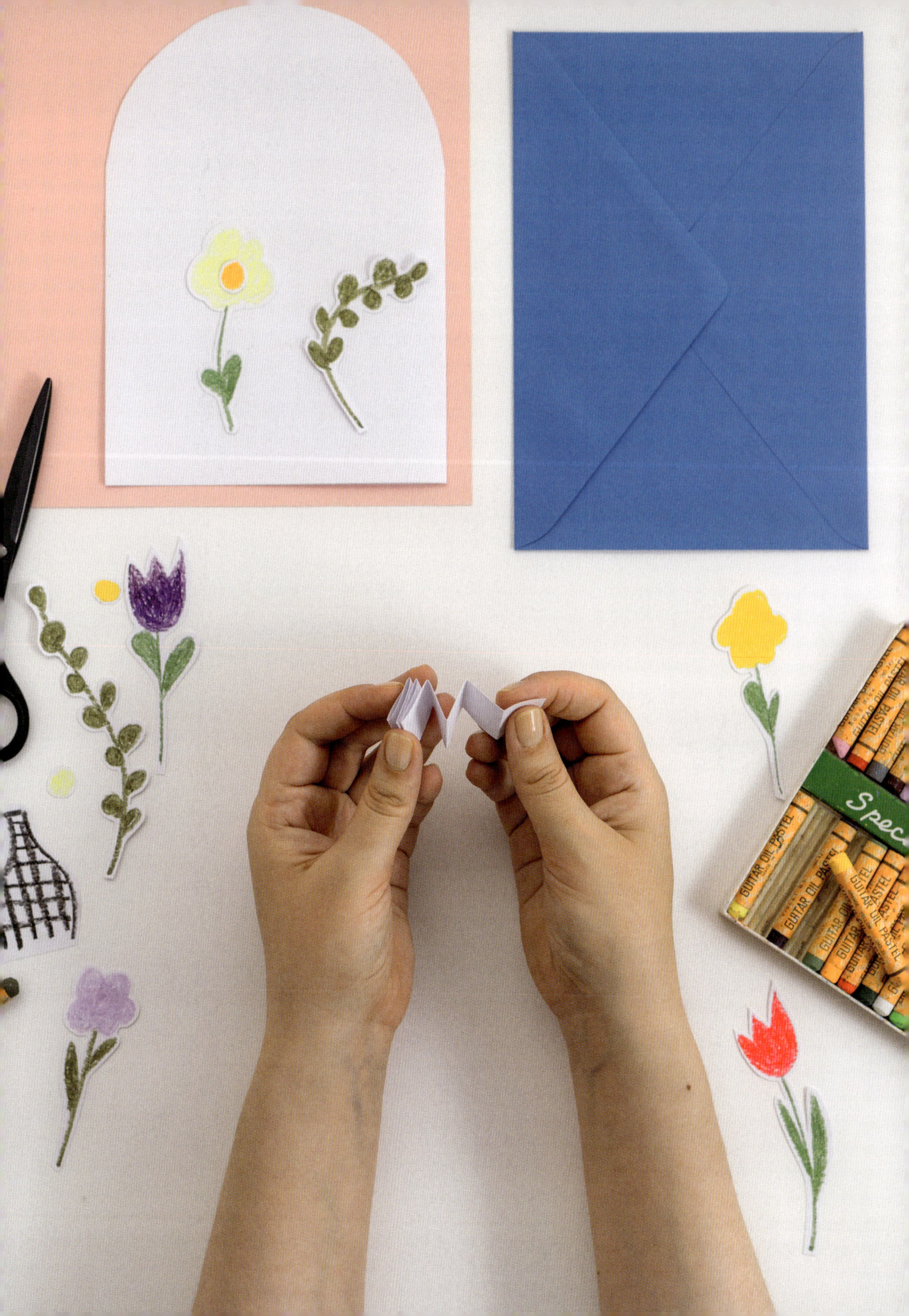
GUITAR OIL PASTEL

KUVERTS SELBER MACHEN

Weihnachtspost hat für mich einen ganz besonderen Stellenwert. Ich liebe es, jedes Jahr meinen Liebsten auf der ganzen Welt Karten zu schreiben und diese zu verschicken. Da ich nicht immer das richtige Kuvert zur Hand habe, habe ich mir angewöhnt, Kuverts selbst zu gestalten, und das kannst du auch!

Wenn du das Kuvert übergibst oder in ein Paket legst, dann kann das Papier auch durchscheinend oder transparent sein. Wenn du jedoch das Kuvert mit der Post versendest, dann solltest du ein blickdichtes Papier für dieses Projekt wählen. Es sollte auch nicht zu stark gemustert sein, damit der Brief von der Post maschinell gelesen werden kann. Du kannst außerdem deinen Briefumschlag individualisieren. Schreibe dafür auf der sichtbaren Innenseite eine kleine Botschaft oder verwende außen ein einfarbiges Papier und innen ein Schmuckpapier.

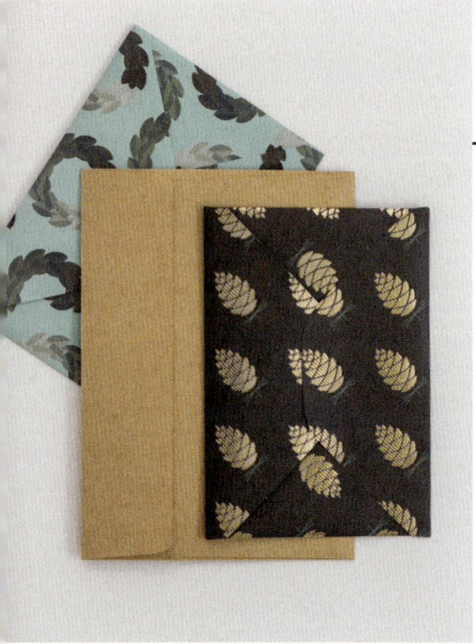

MATERIAL

Vorlagen
160 g Druckerpapier
für die Vorlage
DIN A4-Papier (optional)
Motivpapier

WERKZEUG

Schneidelineal
Schneidematte
Falzbein
Bastel- oder Haushaltsschere
Klebstoff
doppelseitige Klebestreifen

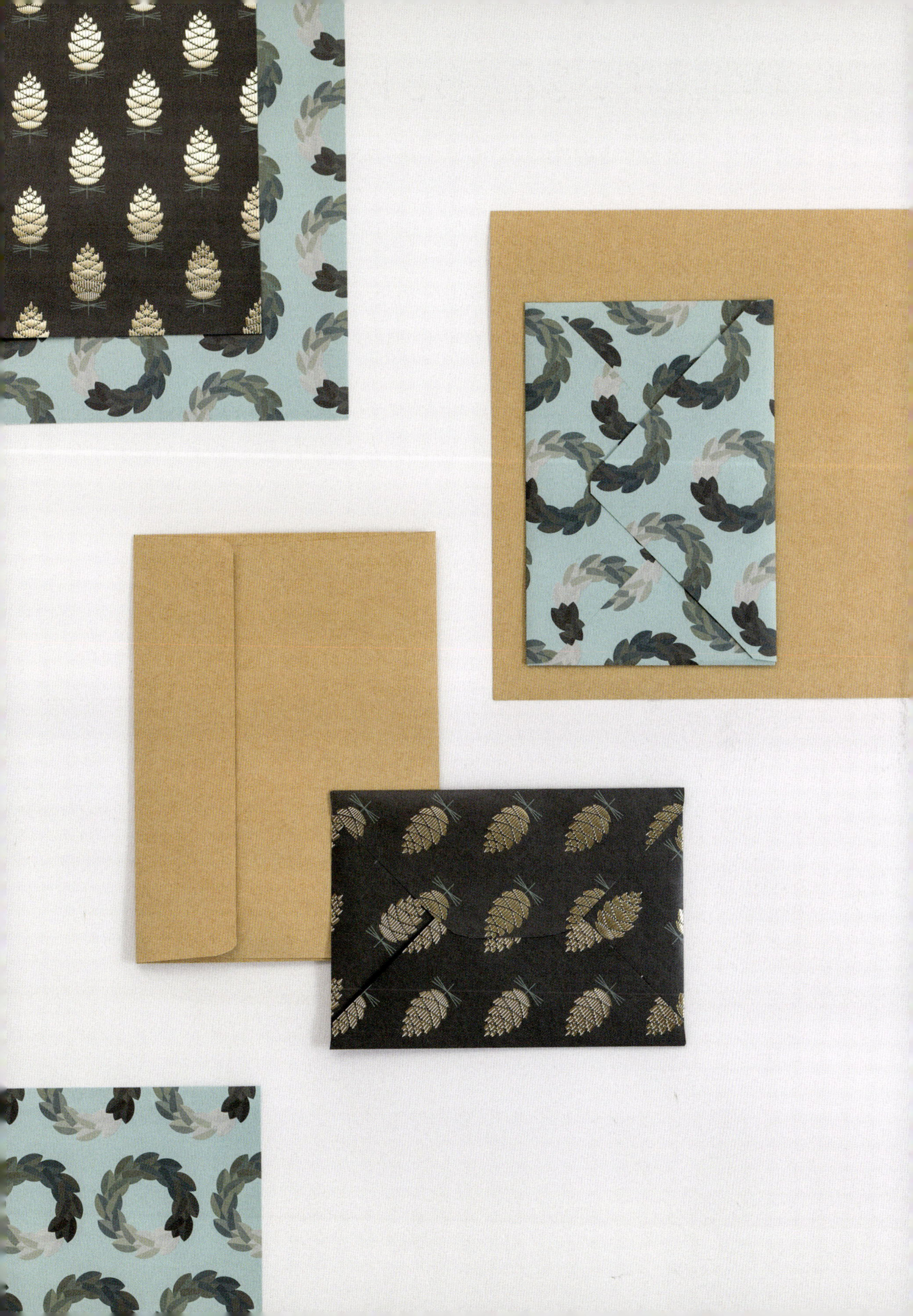

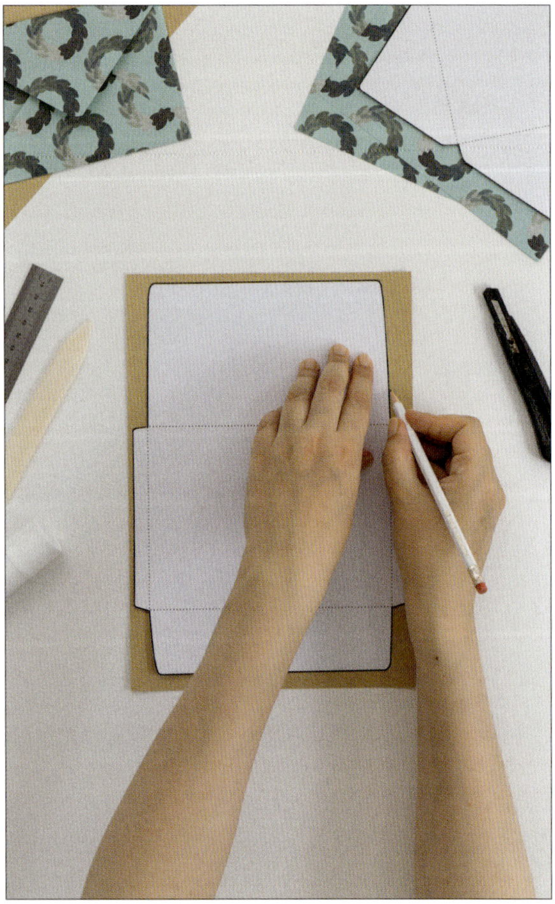

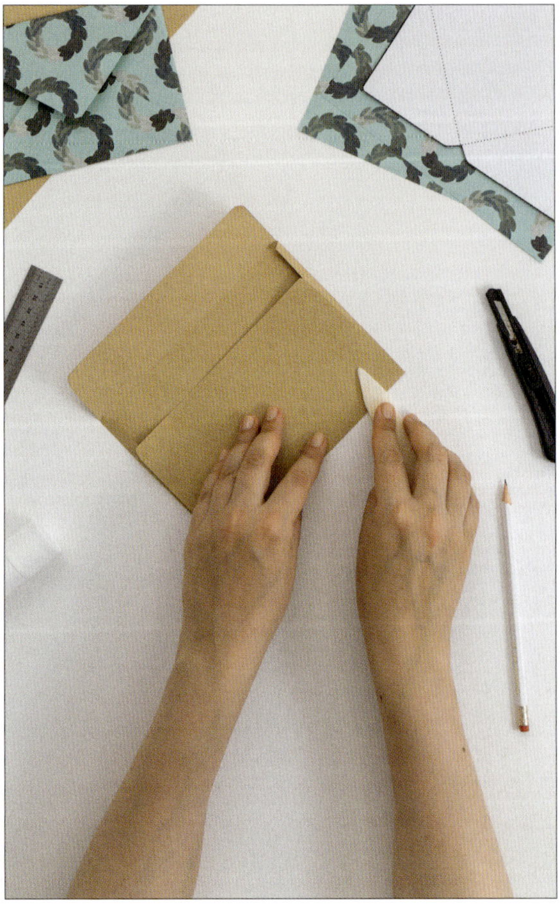

1. Vorlagen ausdrucken und zuschneiden
Im Downloadbereich (siehe Seite 182) findest du zwei Vorlagen für Kuverts. Drucke die Vorlagen entweder auf mindestens 160 g/m² starkes Papier für deine Kuverts aus oder drucke die Vorlage direkt auf das Schmuckpapier. Achte hierbei darauf, dass du nicht auf die schöne Seite druckst. Schneide das Kuvert an der durchgezogenen Linie aus, die Linien mit Unterbrechungen sind Falzlinien, diese nicht durchschneiden.

2. Kuvert falten
Zuerst ziehe die gestrichelten Linien in der Mitte des Kuverts mithilfe eines Falzbeins und einem Schneidelineal entlang, klappe die Laschen des Kuverts danach um und ziehe wie abgebildet mit dem Falzbeins die Seiten noch mal nach. So entstehen schöne gefaltete Kanten.

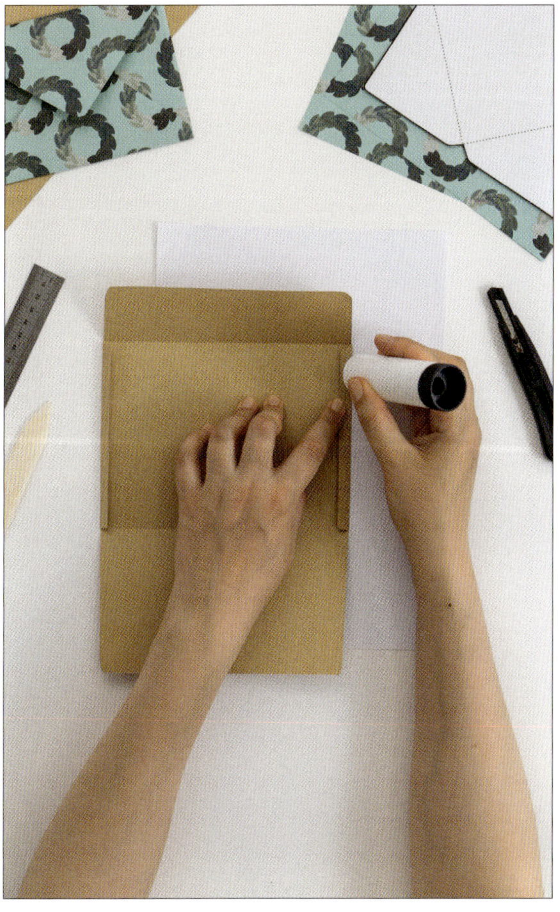

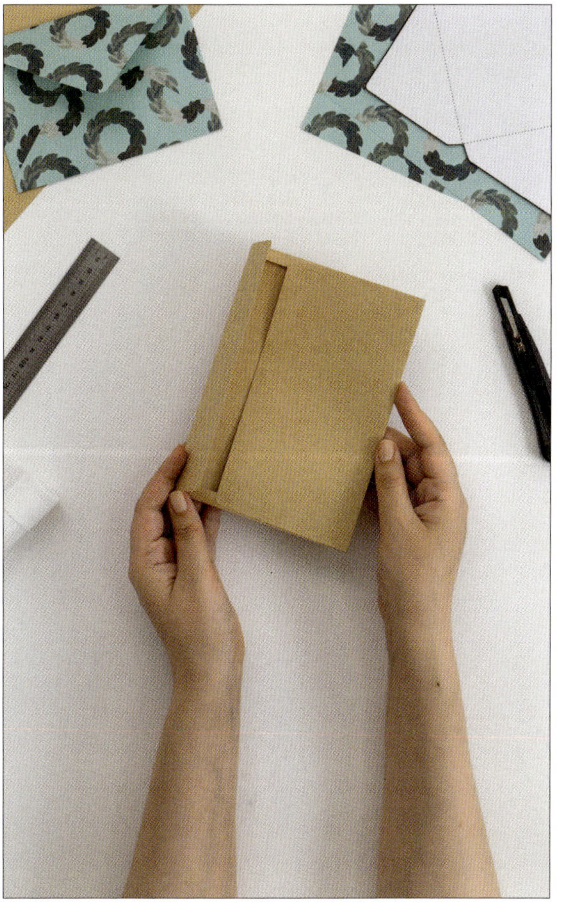

3. Kuvert kleben
Lege das Kuvert wie abgebildet mit der größeren Lasche nach unten vor dich hin. Falte zuerst die zwei kleineren Laschen bzw. Flügel nach innen. Lege ein Blatt Papier als Schutz in die Mitte des Kuverts, damit der Kleber nicht auf der Seite herausquillt. Streiche den Klebstoff auf der unteren Länge auf. Wiederhole dies auf der rechten Seite. Nimm das Blatt Papier wieder weg und falte nun die untere Lasche mit der abgeflachten Spitze nach oben und streiche mit dem Falzbein an den mit Klebstoff bestrichenen Längen vorsichtig entlang.

4. Klebestreifen anbringen
Nachdem der Klebstoff getrocknet ist, kannst du zwei doppelseitige Klebestreifen an der Lasche, die man verwendet, um das Kuvert zu schließen, anbringen. Nimm die zweite Folie erst ab, wenn du den Inhalt in dein Kuvert gegeben hast und du das Kuvert verschließen willst.

DOWNLOAD/VORLAGEN

Für einige der in diesem Buch besprochenen DIY-Projekte habe ich eine Vorlage angefertigt, um eine schnellere Umsetzung für dich zur Verfügung zu stellen. Diese Vorlagen kannst du im Downloadbereich von *https://welovehandmade.at/das-grosse-diy-geschenkbuch-die-vorlagen* kostenlos herunterladen und für den privaten Zweck verwenden.
Drucke die Schablonen und Zeichenvorlagen am besten auf rund 160 g DIN A4 Kopierpapier aus, um die Vorlagen öfter wiederverwenden zu können. Da dünneres Papier schneller einreißt oder Falten schlägt.
Die einzelnen Vorlagen sollten 100 % beziehungsweise ein DIN A4 Blatt füllend ausgedruckt werden, um die in diesem Buch angegebenen Projekte identisch nachmachen zu können. Du kannst selbstverständlich die Größen für dein Projekt individualisieren, sei dir nur bewusst, dass auch das Endergebnis, nicht dem Projekt in diesem Buch entspricht.

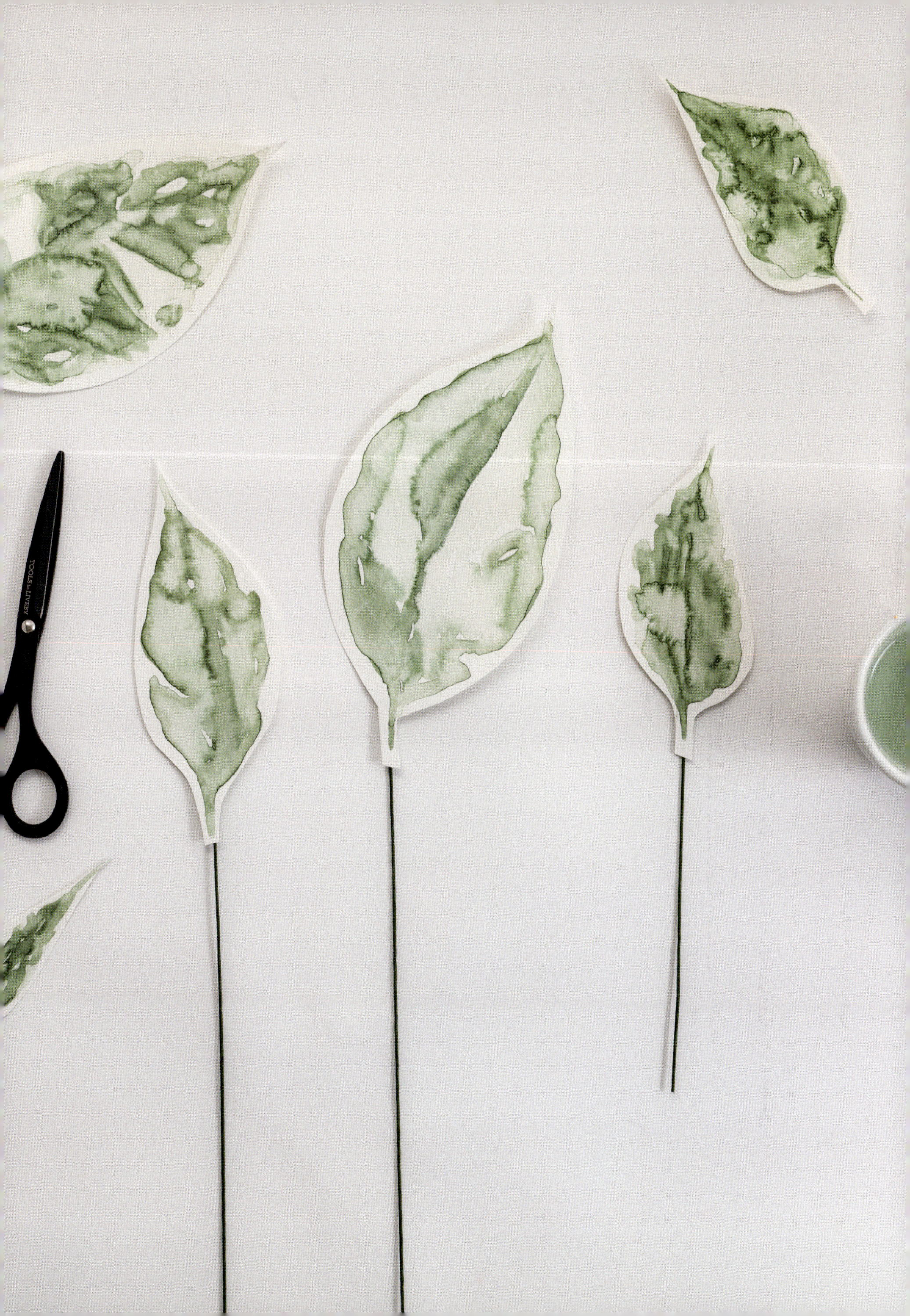

ÜBER DIE AUTORIN

Mein Name ist Anna Heuberger und ich habe 2010 die Plattform für Kreative *we love handmade* gegründet. Als Unternehmerin im Kreativbereich bin ich unter anderem als Produktfotografin, Event-Organisatorin, Betreiberin eines Onlineshops und Autorin in Wien tätig.

Als ich 2009 meinen damaligen Blog *h.anna* gestartet habe, habe ich dort über Vintage-Mode und Selbstgemachtes gebloggt. Im gleichen Jahr habe ich dann auch noch den passenden Etsy Shop dazu eröffnet und dort Selbstgemachtes und Vintage-Fundstücke verkauft. Da 2009 noch nicht die gleiche Szene vorhanden war wie heute, habe ich 2009 das ETSY TEAM AUSTRIA ins Leben gerufen, um die österreichischen Etsy-Verkäufer:innen sowohl online als auch offline zu vernetzen. Eine Website brauchte dieses Projekt auch. Daraus entstand dann nach wenigen Wochen *we love handmade*, denn ich wollte auch Kreativen außerhalb des ETSY-Kosmos eine Plattform bieten.

2010 habe ich dann das Konzept für *we love handmade* neben meinem Studium ausgebaut und im Oktober 2010 ging der erste Blogbeitrag online.

Mittlerweile hat sich das Projekt *we love handmade* mit Workshops und einem Onlineshop für Kreativbedarf vergrößert und ich betreibe es hauptberuflich.

DANKE!

Bei meinem Partner und meinen Eltern bedanke ich mich für die liebevolle und tatkräftige Unterstützung, während ich dieses Buch verfasst habe.

Außerdem bedanke ich mich bei all den *we love handmade*-Leser:innen der letzten Jahre, den vielen tollen Workshopteilnehmer:innen, den Gesprächen bei den *we love handmade*-Pop-up-Shops und den Fragen zu den einzelnen DIY-Anleitungen. Nur so konnte sich *we love handmade* in den letzten Jahren entwickeln und auch die DIY-Projekte immer wieder neu überarbeitet und verbessert werden.

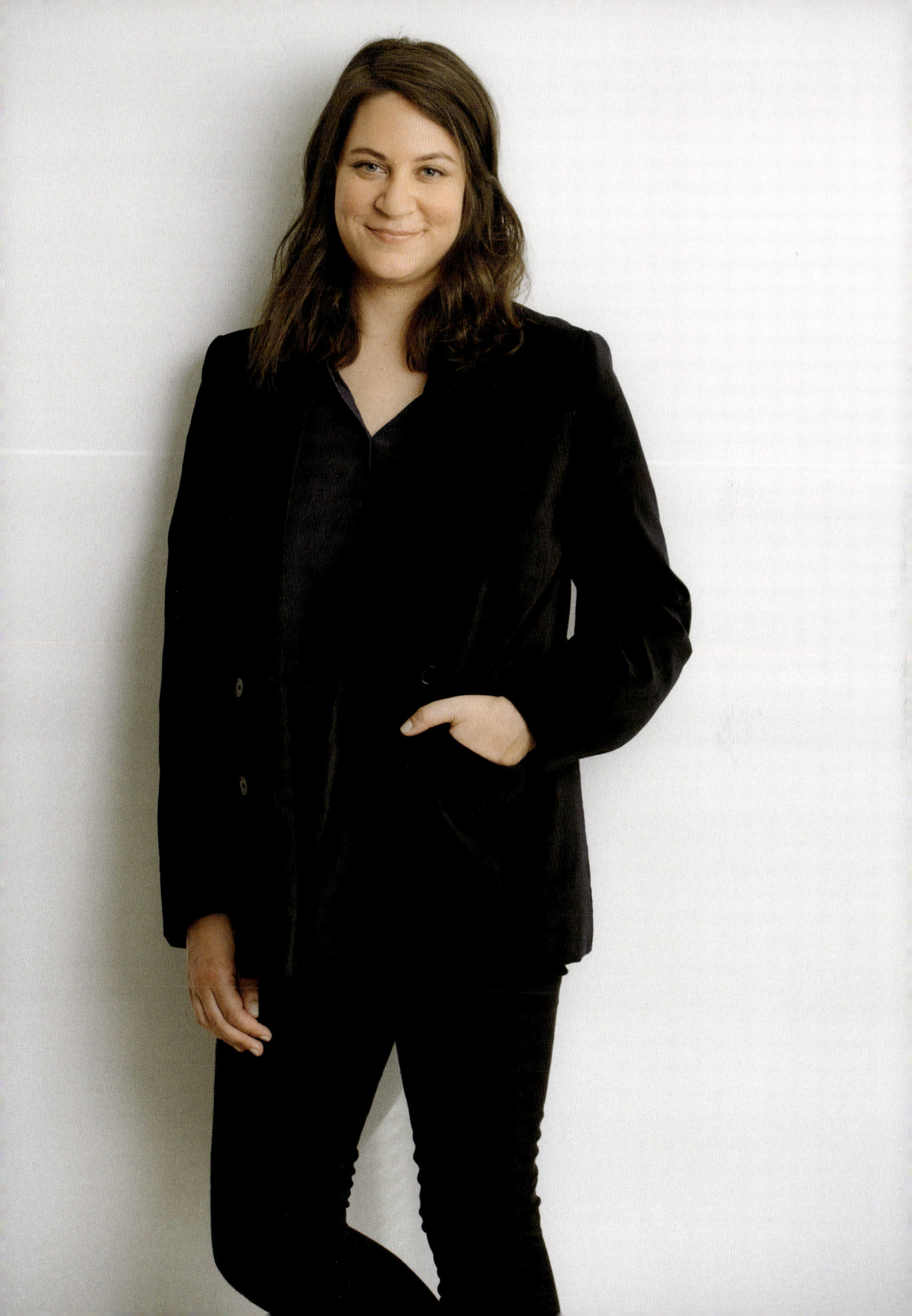

BEZUGSQUELLEN

Um die vielen DIY-Projekte in diesem Buch so schnell wie möglich umsetzen zu können, habe ich auf dieser Seite sämtliche (Online-)Shops, bei denen ich für die 30 Kreativprojekte eingekauft habe, angeführt. Einige der verwendeten Materialien und Werkzeuge findet ihr im selbst kuratierten *we love handmade*-Onlineshop für Kreativbedarf:
www.welovehandmade.at/shop

Sollte irgendetwas gerade nicht bei *we love handmade* vorrätig sein, dann werdet ihr in diesen Geschäften, online wie offline, bestimmt fündig:
www.gerstaecker.de / www.gerstaecker.at
www.boesner.com / www.boesner.at
www.mastnak.at
www.diesellerie.com
www.sous-bois.at
www.idee-shop.com
www.amazon.de
www.thalia.de / www.thalia.at
www.viadukt.at
www.faber-castell.de / www.faber-castell.at
www.stoffsalon.at

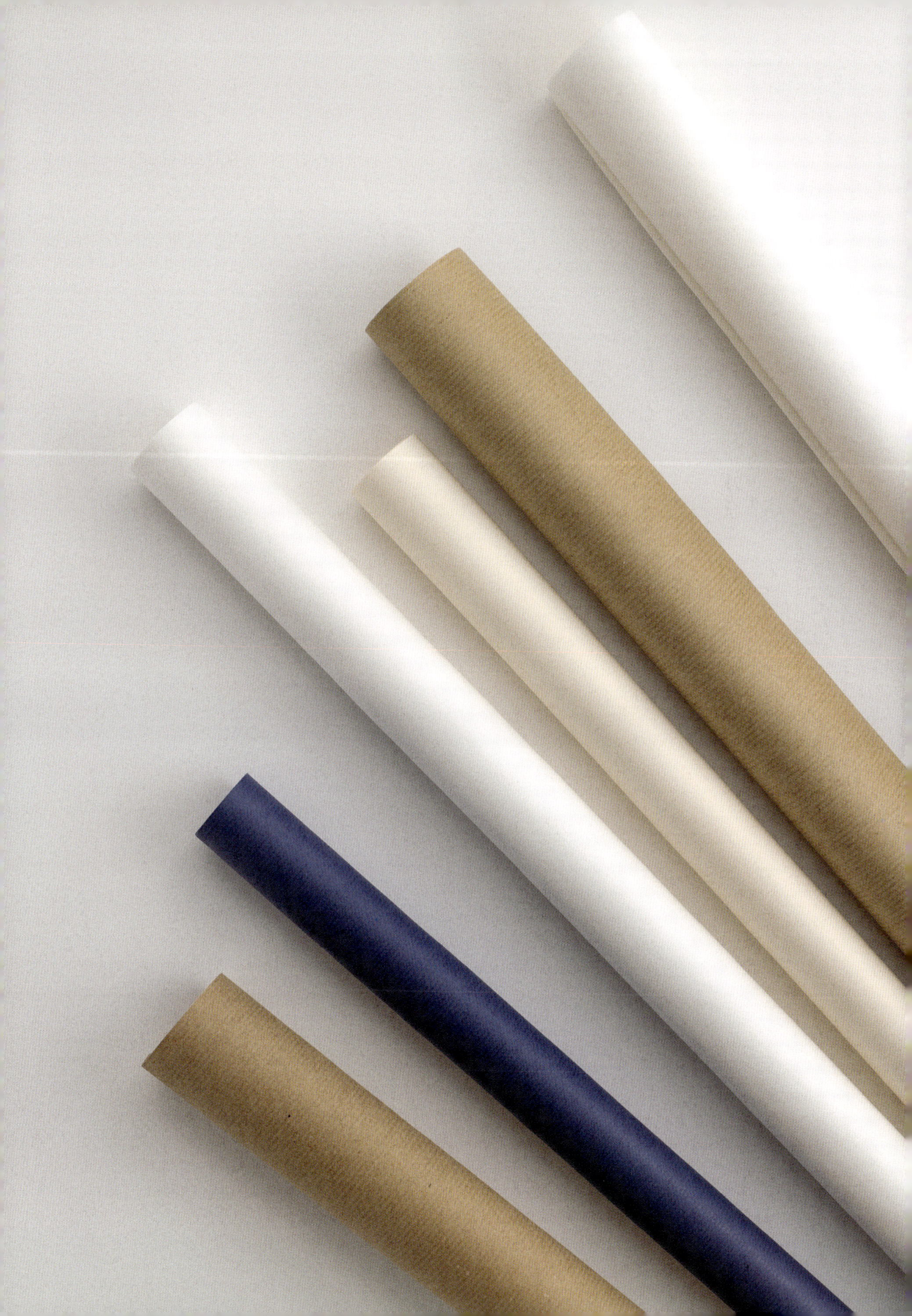

IMPRESSUM

Autorin: Anna Heuberger
Fotos & Styling: Anna Heuberger
Produktmanagement: Johanna von Pechmann
Lektorat: Dr. Brigitte Schnock
Korrektorat: Susen Truffel-Reiff
Umschlaggestaltung: Regina Degenkolbe; Rudi Stix
Layout & Satz: Elke Mader
Repro: LUDWIG:media
Herstellung: Julia Hegele
Printed in Printed in Poland by CGS Printing

★★★★★

Sind Sie mit diesem Titel zufrieden? Dann würden wir uns über Ihre Weiterempfehlung freuen. Erzählen Sie es im Freundeskreis, berichten Sie Ihrem Buchhändler oder bewerten Sie bei Onlinekauf. Und wenn Sie Kritik, Korrekturen oder Aktualisierungen haben, freuen wir uns über Ihre Nachricht an:
Christian Verlag,
Postfach 40 02 09,
D-80702 München
oder per E-Mail an lektorat@verlagshaus.de.

Unser komplettes Programm finden Sie unter

www.christophorus-verlag.de

Die Deutsche Nationalbibliothek verzeichnet diese Publikation in der Deutschen Nationalbibliografie; detaillierte bibliografische Daten sind im Internet über https://www.dnb.de/ abrufbar.

Infanteriestraße 11a
80797 München

ISBN 978-3-8388-3898-4

Kreativ-Service

Sie haben Fragen zu unseren Büchern und Materialien? Wir beraten Sie gern rund um alle Kreativthemen. Rufen Sie uns einfach an. Wir interessieren uns auch für Ihre eigenen Ideen und Anregungen. Sie erreichen uns per E-Mail: **kreativ-service@c-verlag.de** oder unter der Tel.: **+49 (0)89-1306 99 577.**

Besuchen Sie uns im Internet: www.christophorus-verlag.de & www.selbstgemacht.de

Ebenfalls erhältlich ...

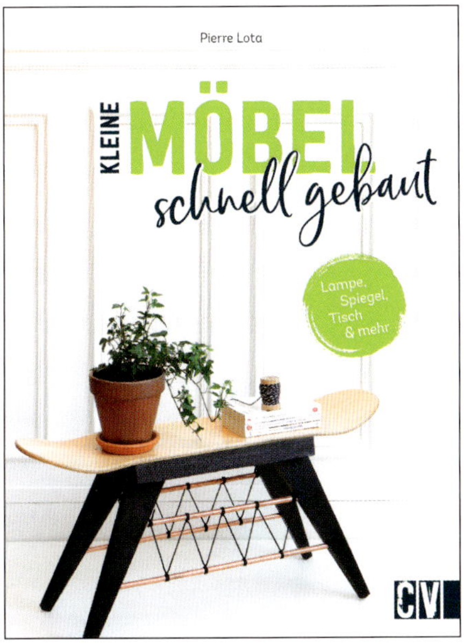

ISBN 978-3-8388-3791-8

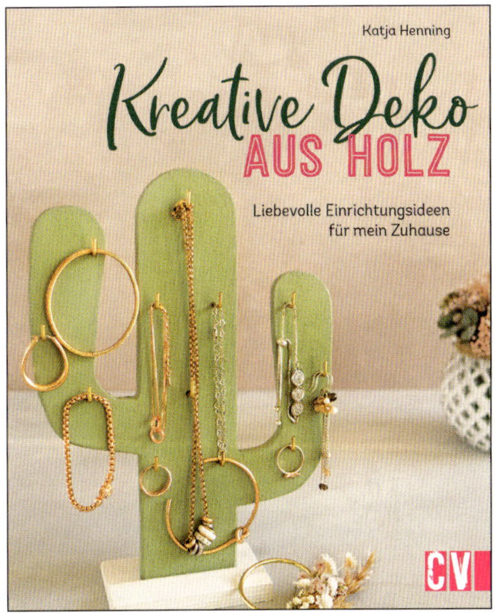

ISBN 978-3-8388-3825-0

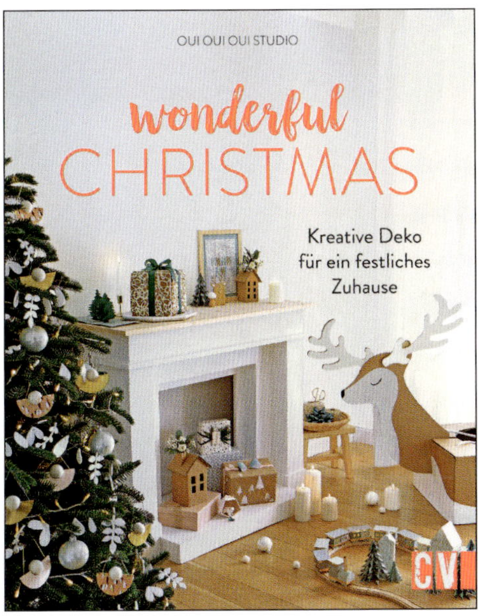

ISBN 978-3-8388-3719-2

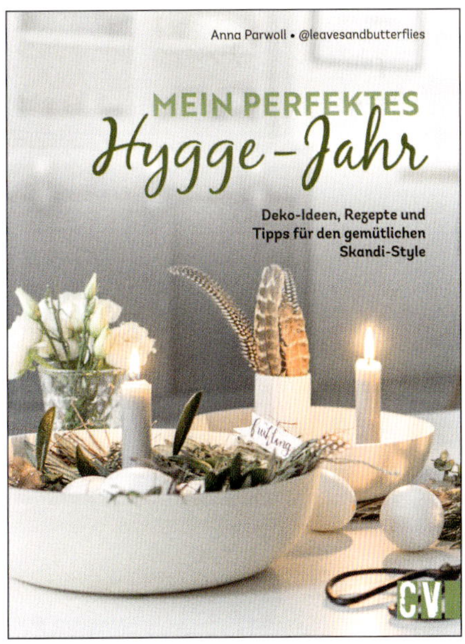

ISBN 978-3-8388-3834-2

www.christophorus-verlag.de